Machado de Assis abolicionista

Lumen Juris Editora
www.lumenjuris.com.br

Filiais

Sede: Rio de Janeiro
Rua Octávio de Faria, nº 81 – Sala 301
CEP: 22795-415
Recreio dos Bandeirantes
Rio de Janeiro – RJ
Tel. (21) 3933-4004 / (21) 3249-2898

Maceió
(Divulgação)
Cristiano Alfama Mabilia
cristiano@lumenjuris.com.br
Maceió – AL
Tel. (82) 9-9661-0421

São Paulo
(Distribuidor)
Rua Sousa Lima, 75
CEP: 01153-020
Barra Funda – São Paulo – SP
Telefax (11) 5908-0240

Machado de Assis abolicionista

Uma análise da obra ficcional machadiana

Roberta Araujo

Editora Lumen Juris
Rio de Janeiro
2022

Categoria: Literatura

Produção Editorial
Livraria e Editora Lumen Juris Ltda.

Diagramação: Rômulo Lentini
Capa: Érika de Almeida

Impresso no Brasil
Printed in Brazil

CIP-BRASIL. CATALOGAÇÃO-NA-FONTE

A663m

Araujo, Roberta
Machado de Assis abolicionista : uma análise da obra ficcional machadiana / Roberta Araujo. – Rio de Janeiro : Lumen Juris, 2022.
220 p. ; 23 cm.

Inclui bibliografia.

ISBN 978-85-519-1930-9

1. Direito e literatura. 2. Escravidão - Brasil. 3. Abolição. 4. Literatura brasileira. I. Assis, Machado de, 1839-1908. II. Título.

CDD 340

Ficha catalográfica elaborada por Ellen Tuzi CRB-7: 6927

Para minha mãe Angela,
a mulher mais incrível que conheço.
Lado a lado, sempre:
"Ain't no mountain high enough."

Para meu pai Ubirajara (in memoriam),
que sempre apoiou meus estudos
e vibrava a cada realização minha.
"In other words, I love you."

Para meu irmão Thiago,
brilhante profissional,
por acreditar na minha competência,
por todas as conversas
e pelo inventivo para que
eu elaborasse este trabalho.
"Blood on blood."

Para meu amor Rodrigo,
com quem tenho a felicidade
de compartilhar a vida.
"O amor não tem pressa, ele pode esperar".
Afinal, "nossos nomes tem um R como um elo."

Para meu filho Max,
que estava comigo,
ainda na minha barriga quando iniciei as pesqui-
sas para este trabalho.
"Não sei se o mundo é bom,
mas ele ficou melhor desde que você chegou."

Prefácio

Desde que Neusa Santos Souza nos demonstrou a profundidade da questão racial no livro *Tornar-se Negro*, sobretudo em relação às contingências enfrentadas por afro-brasileiros em processo de ascensão, abriu-se uma fenda no entendimento da noção de identidade, que revelou o jogo de forças que sempre definiu o racismo como um projeto de dominação.

Além de todas as "máscaras brancas", o apagamento aparece como estratégia eficiente e frequente na construção de um ideal de nação que encontra na manutenção dos privilégios da elite um modo de suprimir existências e se apropriar daquilo que lhes parece bom demais para ser negro. Portanto, as dúvidas que deliberadamente pairaram sobre a cor e o posicionamento de Machado de Assis são parte de um objetivo mais amplo e reforçam as estruturas da desigualdade que nos impossibilitam abordar o conceito de raça sem falar de relações de poder.

Quando Roberta Celli Moreira de Araujo se propõe a analisar a obra ficcional machadiana como instrumento crítico ao sistema escravista, promove muito mais do que um diálogo entre Direito e Literatura. Saindo da esfera da crítica para um campo de contestação, busca reposicionar o autor, sua obra e todos aqueles que não quiseram enxergar seu pertencimento e sua luta. O embranquecimento de Machado de Assis não está apenas circunscrito a um contexto histórico, serve, antes e acima de tudo, aos interesses que nos fizeram ver as relações entre negros e brancos no Brasil sob a égide da cordialidade e da suposta democracia racial.

Ao nos fazer ver a arte literária de Machado de Assis como instrumento de denúncia à repressão oficial contra negros e negras, a autora supera a ideia de imersão na obra machadiana e realiza importantes deslocamentos para que entendamos não só as conjunturas, mas a interação entre os diversos campos de produção do conhecimento. Isso permite que a reflexão assuma o protagonismo e nos dá a oportunidade de decifrar as sutilezas e a habilidade de um grande escritor.

Quando se compreende que existe uma idealização intencional em torno da figura de Machado de Assis, que pressupõe inclusive uma representação distorcida de sua cor, confirma-se que a violência racista, como bem explicou Neusa Santos Souza, consiste em recusar, negar e anular a presença do corpo negro, desconstruindo sua identidade, especialmente ao destituí-lo da condição humana. Essa necessidade de dominar passa pelo aspecto intelectual, que reconhece a excelência das obras, mas, em contrapartida, produz uma verdadeira depuração do autor para incluí-lo no rol dos grandes nomes da literatura. Em outras palavras, para que Machado de Assis fosse considerado o maior escritor brasileiro, era necessário torna-lo branco.

Todas as inquietações despertadas por *Dom Casmurro*, por exemplo, podem ser reflexos de questionamentos pontuais, ainda que subentendidos, sobre o posicionamento do autor em relação aos fatos históricos de seu tempo. É óbvio que na trama de Capitu e Bentinho, o cenário nem sempre traduz de maneira objetiva a luta contra a escravidão. Contudo, não se pode negar que a consciência de Machado de Assis impõe-se com um estilo muito particular e o coloca como um sujeito ativo e combativo numa sociedade marcada pela desigualdade.

Sendo assim, este livro não vem apenas para dizer que Machado de Assis era um homem negro, embora isso ainda pareça fundamental. Na verdade, deflagra um raciocínio bem mais profundo quando evoca e comprova seu posicionamento diante das injustiças contra o povo negro e desmonta a tese de que o próprio escritor se via como um branco. Ter sua genialidade e a grandeza de seu legado reconhecidas custou-lhe um processo de branqueamento. Isso comprova que o conceito de raça revela relações de poder. Em outros termos, raça é um conceito político que demarca os lugares sociais e serve a interesses específicos.

Dessa forma, a lógica da dominação persiste porque reconhecer a diferença como contingência humana significa diluir o poder e transpor a dinâmica colonialista. Apagar o passado é uma estratégia. Por isso, a História e seus personagens devem ser revisitados e a Literatura é um recurso legítimo para essa finalidade. A luta pela libertação dos escravizados e o movimento abolicionista conduziram boa parte da produção intelectual do século XIX e Machado de Assis não esteve à parte.

Do muito que se falou sobre sua vida e obra, pouco se ressaltou sobre sua maneira discreta de olhar para si e para os outros. Há uma incógnita, um mistério que o ronda para além dos olhos de Capitu. Talvez um homem forçado a não se ver e submetido às mesmas violências que todos os outros homens de sua condição e sua época. Há uma contradição que não cede a tudo que foi diretamente expresso porque se assenta nas palavras leves e contundentes que preferem não dizer quando se pode fazer pensar.

Roberta Celli Moreira de Araujo resgata essa memória com um compromisso verdadeiro e justo, redimensionando a presença e a atuação política do mais importante escritor brasileiro.

Rodney William Eugênio
Antropólogo
Mestre em Gerontologia
Doutor em Ciências Sociais
Babalorixá do Ilê Obá Ketu Axé Omi Nlá

Sumário

Introdução

A 13 de maio de 1988, ano de promulgação da atual Constituição da República, comemorava-se o centenário da abolição da escravatura. Os movimentos negros organizados entendiam, em contrapartida, que não havia motivos para celebração, tendo em vista a permanência do racismo institucional que ainda configurava a vida social brasileira, algo expresso, inclusive, pelo discurso do então presidente da República, José Sarney, que tratou de render homenagens "aos abolicionistas, salientando a Princesa Isabel e o Duque de Caxias".[1]

A análise rigorosa da realidade concreta parece oferecer uma cadeia processual repleta de contradições, marcada por rupturas e permanências, que expressam os conflitos da vida social. Somente dessa maneira é possível absorver o desenvolvimento histórico-social brasileiro, eivado por cerca de quatrocentos anos de escravidão, legado macabro que produz efeitos os mais deletérios para a população negra, ainda hoje.

Muitos foram os que se levantaram – e se levantam – contra a opressão do negro no mundo dos brancos.[2] Não sendo possível confundir o aparato jurídico com a justiça, é crucial afirmar que a escravidão se tratara de opressão juridicamente disciplinada pela legislação vigente.

Em resposta à pergunta "O que é Direito?", Silvio Almeida nos traz distintas concepções: direito como justiça (ligado aos jusnaturalistas, aqueles que veem o Direito como algo natural[3]), direito como norma (visto como conjunto

---

1 GORENDER, Jacob. *A escravidão reabilitada*. São Paulo: Expressão Popular, 2016, p. 25.

2 É importante trazer aqui um conceito que tem íntima conexão com o sistema opressor do racismo e com a ideia de superioridade branca: o de branquitude, que, nas palavras de Lia Vainer Shucman é "uma posição em que sujeitos ocupam esta posição foram sistematicamente privilegiados no que diz respeito ao acesso a recursos materiais e simbólicos, gerados inicialmente pelo colonialismo, e que se mantêm e são preservados na contemporaneidade". SHUCMAN, Lia Vainer. Entre o encardido, o branco e o branquíssimo: branquitude, hierarquia e poder na cidade de São Paulo. São Paulo: Annablume. 2015, p. 56.

3 Nas questões escravistas, o jusnaturalismo teve um importante papel, na tentativa de justificar aquele terrível sistema: a ordem natural seria o fundamento para a superioridade de determinadas pessoas e inferioridade de outras, que poderiam, portanto, ser escravizadas. ALMEIDA, Silvio. *Racismo estrutural*. São Paulo: Sueli Carneiro; Pólen, 2019. p. 132.

de normas jurídicas postas e garantidas pelo Estado – ligado ao juspositivismo), direito como poder (as leis seriam uma extensão do poder político e o direito seria meio de controle social) e direito como relação social (o direito não está presente apenas nas leis, mas nas relações sociais como um todo)[4]. Estas concepções são importantes para que se faça uma análise do sistema escravista.

Importante destacar que o Direito não é o fator principal de transformação social. Ele vem como resposta a revoluções, lutas e manifestações dos integrantes daquela. Nesse sentido, destaca-se o papel desempenhado pelas artes em todo o processo de lutas emancipatórias e, em específico, o campo literário, de notória beleza estética e radicalidade crítica. A arte serve como um farol que vai iluminar e mostrar à sociedade que mudanças precisam ocorrer. Assim, uma mobilização social pode surgir a partir dela, podendo incutir ou incentivar um sentimento de mudança que já era experimentado pelas pessoas. Clássicos como Luiz Gama (1830-1882) parecem revelar a necessidade que se tinha de conter, de modo bárbaro, levantes como a revolta dos Malês: é indispensável que os oprimidos sejam mantidos em um nível intelectual formal inferior ao dos opressores.

A educação é a arma mais importante que temos. Durante o Brasil oitocentista, fomos um país em que a grande maioria não sabia sequer ler e escrever.[5]Além da alfabetização, é necessária a consciência do mundo em que vivemos. Já dizia Paulo Freire: "não basta apenas ler que Eva viu a uva. É preciso compreender qual a posição que Eva ocupa no seu contexto social, quem trabalha para produzir a uva e quem lucra com este trabalho."[6] É necessário, portanto, que se tenha conhecimento e cultura, compreensão de nossa história e de campos do saber que dialogam entre si. Ter conhecimento restrito a apenas uma área, por exemplo, ao Direito, faz do jurista alguém que pode até saber aplicar as leis, mas que julga, defende ou acusa dentro de uma redoma de vidro.

---

4 Ibid., pp. 130-140.

5 O índice de analfabetismo era altíssimo: de acordo com o primeiro censo brasileiro, de 1872, a taxa era de 82,3%, que passou para 82,6% no censo de 1890. MARCHELLI, Paulo Sergio. *As minorias alfabetizadas no final do período colonial e sua transição para o império*: um estudo sobre a história social e educação no Brasil. Educação Unisinos. Rio Grande do Sul. V.10. n. 3. pp. 187-202. set-dez. 2006.

6 Esta fala de Freire foi dita durante um Simpósio Internacional para Alfabetização no Irã, em 1975 e reproduzida no livro "História das ideias pedagógicas", de Moacir Gadotti, cf. http://www.epsjv.fiocruz.br/noticias/dicionario-jornalistico/pedagogia-do-oprimido. Acesso em: 10 out. 2020.

Neste sentido, é valioso e necessário o diálogo entre o Direito e a Literatura. Através dos livros, o leitor conhece diferentes culturas, saberes, modos de pensar e realidades. É inegável que a leitura faz com que o leitor escreva melhor e que melhor desenvolva seu raciocínio. A leitura estimula a reflexão sobre os mais diversos assuntos e, consequentemente, a troca de informações entre pessoas. Por isso, não consigo imaginar um bom profissional da área jurídica que não goste de ler ou que tenha pouco contato com os livros que fujam de sua área de atuação.

Algumas pessoas tendem a comparar os estilos literários, atribuindo à obra ficcional um valor menor em relação às obras técnicas ou de não-ficção. É inegável que, com obras não ficcionais que tratem de temas relacionados ao direito, aprendemos muito. Podemos citar, por exemplo, os livros "O sol ainda brilha", de Anthony Ray Hinton, que trata de sua injusta condenação e de como lutou durante trinta anos para ser absolvido de um crime que não cometeu, "Descasos", de Alexandra Szafir, que traz casos reais e nos permite concluir como é importante uma defesa de fato efetiva e "Os grandes julgamentos da história", organizado por José Roberto de Castro Neves, para conhecermos casos históricos.

Não podemos, contudo, ignorar que, através da ficção, podemos entrar em contato com diversas questões raciais, éticas e morais, por exemplo, questões com as quais normalmente, no nosso dia-a-dia, nos deparamos – ou podemos vir a nos deparar. A literatura ficcional – seja em prosa ou em forma de poesia – abre a nossa mente. Como exemplos de prosa, podemos citar "A falência", de Julia Lopes de Almeida e "Americanah", de Chimamanda Adichie.

A reflexão de um tema a partir de uma leitura pode ser bastante eficaz – por vezes até melhor do que dados e estatísticas feitas sobre o assunto. Green e Mazocco nos trazem justificativas para isso: a literatura nos faz lidar com emoções, como alegria e tristeza e nos faz sermos mais empáticos; ela reduz resistências e ainda, através da imaginação de quem ouve/lê as narrativas, ela transporta as pessoas para aquela situação[7].

7 MAZZOCCO, Phillip J; GREEN, Melanie C. "Narrative Persuasion in Legal Settings: What's the story?". American society of trial consultants, may 2011. Disponível em: <http://www.thejuryexpert.com/wp-content/uploads/MazzoccoGreenTJEMay2011.pdf>. Acesso em: 11 out. 2020.

Como consequência, para muitas pessoas, a leitura de "Vidas secas", de Graciliano Ramos, por exemplo, em que conta a trajetória de uma família no sertão fugindo dos períodos de seca, surtirá mais efeito para a compreensão da miséria, fome e seca do que se lesse dados frios, composto apenas por números e porcentagens.

Seguramente, quem teve contato com a obra, publicada em 1938, jamais esquecerá o drama vivido pela família, a angústia e a tristeza pela morte da cadelinha Baleia. Por isso, a literatura, além de informar, é capaz de fazer com que a pessoa tenha mais empatia e solidariedade à dor do outro, que seja alguém menos egoísta e focado apenas em si mesmo. Nas palavras de Robin West, ela "nos torna pessoas mais éticas. Ela nos torna pessoas melhores.[8]" É por conta deste entendimento que Hunt analisa que "os maiores romances epistolares do século XVIII foram publicados no período que imediatamente precedeu o surgimento do conceito dos 'direitos do homem'".[9] Certamente, nem todas as pessoas serão atingidas pela leitura que fazem, a ponto de refletirem e se tornarem pessoas melhores. No entanto, é possível que uma pessoa racista, por exemplo, ao entrar em contato com leituras antirracistas mude.[10] É possível que tenhamos pessoas melhores através da informação e conhecimento adquiridos através das letras e estes aspectos, por si só, já justificam a diálogo entre o direito e a literatura.

Shecaira lembra que a literatura de ficção não é normalmente a melhor fonte de informação sobre o funcionamento de sistemas jurídicos específicos, salvo

8 WEST apud SHECAIRA, Fábio Perin. Direito e literatura. Curitiba: Alteridade. Coleção Direito, retórica e argumentação. v.5. 2019, p. 29. Shecaira não concorda com o posicionamento de West, mas traz o ponto de vista da autora para o debate.

9 HUNT apud SHECAIRA, ibid., p. 30.

10 Nos Estados Unidos há um projeto chamado "Erasing hate", dos tatuadores Corey Fleisher e Billey White, que apagam tatuagens racistas de pessoas que os procuram. O projeto é totalmente *pro bono*. Matérias disponíveis em: <https://www.tenhomaisdiscosqueamigos.com/2020/07/28/projeto-remocao-tatuagens-racistas/> e <https://www.vice.com/en_us/article/wxq48w/people-are-getting-their-racist-and-confederate-tattoos-removed-today-im-not-that-guy>. Acesso em: 16 set. 2020. Ainda, o filme "Raça e redenção", baseado em fatos reais, mostra a mudança de C.P.Ellis (vivido por Sam Rockwell), então membro da Ku Klux Klan, ao entrar em contato e dialogar com a ativista de direitos civis Ann Atwater (vivida por Taraji P. Henson), durante o início da década de 70, no tocante à integração nas escolas. A literatura, assim como a música e toda forma de arte, pode contribuir de forma positiva para a transformação de uma pessoa.

raras exceções.[11] De fato, a arte, de maneira geral, não o é. Rotineiramente, ao assistir novelas na televisão, vejo como o sistema jurídico é retratado de uma forma totalmente diferente da realidade. O mesmo acontece com filmes e seriados.

Isto não quer dizer que a literatura ficcional de nada sirva ao jurista: ela pode ser vista como fonte de lições jurídicas gerais.[12] Como exemplo, podemos citar os best sellers "Tempo de matar", de John Grisham, "O ódio que você semeia" de Angie Thomas ou ainda clássicos como "O sol é para todos", de Harper Lee.[13]

O diálogo entre direito e literatura é feito normalmente através de três abordagens: direito na literatura, direito como literatura e direito da literatura. A diferença pode, em um primeiro momento, ser sutil, em razão das preposições utilizadas, mas é justamente o contrário: sua utilização muda totalmente a abordagem que será feita e elas podem perfeitamente se complementar.

Shecaira diferencia de maneira bem didática as três abordagens: direito na literatura seria o estudo de obras que tragam questões jurídicas, para que assim sejam feitas análises do direito. O direito como literatura explora a teoria literária e a possibilidade de fornecimento de instrumentos para a análise de textos jurídicos; envolve hermenêutica e o estudo sobre a possibilidade de melhora da argumentação jurídica. Por fim, o direito da literatura estuda os direitos e deveres envolvendo as obras literárias, como direito autoral, plágio e liberdade de expressão.[14]

Este trabalho analisa a forma como a instituição da escravidão foi retratada na literatura. Neste sentido, o resgate desta literatura é essencial para que possamos nos apropriar dos processos contra-hegemônicos que deram azo ao movimento abolicionista, na luta pelos direitos das pessoas negras.

---

11 Shecaira traz o exemplo do livro "A balada de Adam Henry", de Ian McEwan, como exceção à regra. SHECAIRA, op. cit., p. 28.

12 Ibid., p. 28.

13 "Tempo de matar" aborda a importância da escolha do júri, a perseguição injustificada da promotoria, além de teses jurídicas defensivas que podem ser levantadas como erro na execução e o homicídio privilegiado. "O ódio que você semeia" nos traz a importância do depoimento da testemunha ocular, além do tratamento dado ao policial quando este aborda pessoas negras e o protocolo que elas – infelizmente – conhecem desde pequenas para se protegerem de eventuais abusos. "O sol é para todos" trata da importância de uma defesa comprometida com a causa, a ausência na prática do princípio da presunção de inocência e a falsa acusação de um crime. Todos os três livros abordam o racismo, quer no sistema judiciário, quer na polícia ou nas atitudes diárias das pessoas brancas. Ter consciência de que o racismo existe, é estrutural e institucional, é essencial para o jurista – principalmente se ele não é uma pessoa negra.

14 SHECAIRA, op. cit., pp. 43-44.

Em 1859, Maria Firmina dos Reis (1825-1917), mulher negra maranhense, publica "Úrsula", considerado o primeiro romance abolicionista brasileiro e, assim como ela, outros escritores e escritoras lançam mão da literatura como importante campo de disputa de consciências em prol da emancipação de homens e mulheres negras. A título de exemplo, Castro Alves (1847-1871) publicaria o seu poema "Navio Negreiro" em 1869. Infelizmente, o jovem autor não veria o resultado definitivo de seus esforços, posto que morreu precocemente, aos 24 anos, no ano da promulgação da Lei do Ventre Livre.[15] Ainda assim, a poesia lírica e hiperbólica do último romântico trouxe, em sua precocidade, o traço definitivo de um romantismo que, embebido de valores humanísticos e liberais, "adere à concepção do movimento histórico como embate de forças contrárias, iluminado pelo horizonte do progresso e da justiça.[16]"

Luiz Gama (1830-1882) se notabiliza por sua militância abolicionista, operada a partir da advocacia, do jornalismo e da literatura. Nascido livre e vendido pelo próprio pai como se escravizado fosse quando ainda era criança para quitar uma dívida de jogo, Gama aprendeu a ler tardiamente, em uma época em que era crime ensinar as letras a escravizados e publicou uma única obra literária que lhe renderia prestígio em uma área historicamente ocupada por brancos[17], sendo considerado um dos grandes expoentes do romantismo. Gama, que nasceu no mesmo dia de Machado de Assis, nove anos antes, chegou a escrever para o amigo em comum Quintino Bocaiúva que recomendava aos amigos Machado de Assis[18]. Outro escritor, Joaquim Nabuco, um dos criadores da Academia Brasileira de Letras, foi autor de "O Abolicionismo" e "A Escravidão" – obras não-ficcionais – e fundou, no ano de 1880, a *Sociedade Brasileira Contra a Escravidão.*

15 O historiador José Murilo de Carvalho entende que esta lei foi a "primeira clara indicação de divórcio entre o rei e os barões." Carvalho apud RAMOS, Ana Flavia Cernic. In: CHALHOUB, Sidney; NEVES, Margarida de Souza; PEREIRA, Leonardo Afonso de Miranda (orgs.). *História em cousas miúdas*. São Paulo: Unicamp. 2011, p. 90.

16 MERQUIOR, José Guilherme. *De Anchieta a Euclides*: breve história da literatura brasileira – *I*. 4 ed. São Paulo: É Realizações, 2014, p. 163

17 FERREIRA, Ligia Fonseca. *Luiz Gama: um abolicionista leitor de Renan*. São Paulo: Estudos Avançados, vol. 21, n. 60, 2007. Disponível em: <http://www.scielo.br/scielo.php?script=sci_arttext&pid=S0103-40142007000200021&lng=en&nrm=iso>. Acesso em: 05 nov. 2020.

18 MACHADO, Ubiratan. *Dicionário de Machado de Assis*. São Paulo: Imprensa Oficial do Estado de São Paulo; Rio: Academia Brasileira de Letras; Lisboa: Imprensa Nacional. 2 ed. 2021, p. 236.

No Brasil Império, na segunda metade do século XIX, um escritor negro de origem humilde ascende socialmente e goza de prestígio ainda em vida: Joaquim Maria Machado de Assis. Autor de dez romances, mais de duzentos contos e quase mil crônicas, o autor produziu ininterruptamente, de forma constante ao longo de sua vida e é aclamado até hoje como um dos maiores escritores de todos os tempos.

Machado de Assis vivenciou o período pré e pós 13 de maio. Pôde acompanhar as lutas abolicionistas, as insurreições e as promulgações das leis da época que tratavam do tema sob diversos ângulos: como jornalista e como servidor público[19] no Ministério da Agricultura, onde era responsável pelo controle do registro de escravizados e bebês nascidos sob a égide da Lei do Ventre Livre.

A abordagem utilizada neste trabalho é a do direito na literatura. Através de leitura integral dos romances e contos de Machado de Assis, verificaremos se o autor se posicionava quanto à questão da escravidão. À época, a escravidão era sistema legal no Brasil e, até a promulgação da Lei Áurea, diversas leis foram promulgadas – umas em favor do sistema, como aquelas presentes no Código Criminal do Império, outras já demonstrando a extinção gradual – a passos lentos - do regime legal.

Lima Barreto criticou Machado, no sentido de que este, ao escrever, não se preocupava com a questão da escravidão. Para o escritor, Machado de Assis escrevia com medo e, ao ser comparado com ele, falou: "Não tenho medo da palmatória do Feliciano e escrevo com muito temor de não dizer tudo o que quero e sinto, sem calcular se me rebaixo ou me exalto."[20]

Alguns críticos literários concordam com o posicionamento de Lima: Machado seria omisso quanto à questão da escravidão:

---

19 Seu amigo Quintino Bocaiúva foi o responsável por Machado ingressar no funcionalismo público, pois tinha bom trânsito nos meios políticos e apresentou Machado a Afonso Celo, então Ministro da Marinha, que lhe agraciou com um cargo no Diário Oficial. Machado, ao longo dos anos em que foi funcionário público, exerceu o cargo com disciplina e seriedade. Pediu licença em dois momentos, apenas, para cuidar de sua saúde. A primeira vez, logo depois que foi diagnosticado com infecção intestinal, com risco de degenerar para uma tísica mesentérica, com ameaça ainda de cegueira, em 1879 e a outra em 1907, quando já estava com a saúde bastante debilitada. MACHADO, op. cit., pp. 92, 490-491.

20 BARBOSA, Francisco de Assis. *A vida de Lima Barreto*. 7. ed. Rio de Janeiro: José Olympio: INLMEC, 1988, p. 228.

> Sem dúvida, muitos são os casos esporádicos, sem repercussão, em que o autor se encerra dentro dos limites do episódio, como nos dois contos em que trata da escravidão, 'Pai contra mãe', e o 'Caso da Vara'. Aí parece ter querido isolar o caso da mulata Arminda ou da negrinha Lucrécia do problema da escravidão.[21]
>
> Tanto Machado de Assis se achava mergulhado no combate político quanto agora se escondia numa espécie de abstenção. Em posição de dificuldade, esperava, sem cessar de observar ou de se pôr ao corrente das peripécias. Espectador, assistia aos jogos da política, oferecendo sua opinião pessoal apenas quanto à técnica e às regras do jogo.[22]

Ao abordar a polêmica envolvendo a obra do Bruxo do Cosme Velho[23], Eduardo de Assis Duarte cita Iranildes Rodrigues, que faz uma crítica pesada ao escritor:

> [Machado] exprimia-se como um escritor branco que não sentisse o mínimo de sangue negro correndo em seu coração (...) ficando à margem e pouco se preocupando com movimentos sociais do seu tempo, como a Abolição da República.[24]

Hemérito dos Santos igualmente tece críticas sobre Machado: seria ele indiferente à escravidão e ao destino de seus irmãos de cor[25]. Como se percebe não foram poucas as críticas ao nosso grande escritor quanto à sua falta de posicionamento, de omissão, de indiferença a um sistema cruel vigente naquele momento em nossa sociedade.

---

21 PEREIRA, Lucia Miguel. *Machado de Assis*: estudo crítico e biográfico. Brasília: Edições do Senado Federal. 2019, p. 226.

22 MASSA, Jean-Michel. *A juventude de Machado de Assis, 1839-1870:* ensaio de biografia intelectual. 2 ed. São Paulo: Unesp. 2009, p. 488.

23 Assim Carlos Drummond de Andrade se referiu a Machado de Assis, no poema "Ao bruxo, com amor", publicado no Correio da Manhã, em 28/09/1958. A partir daí, a imprensa cunhou a expressão "Bruxo do Cosme Velho", que se tornou popular e, com ela, veio a tentativa de justificá-la: Machado, tal qual um bruxo medieval, queimava papeis em um queimador na varanda de casa. MACHADO, op. cit., 101.

24 RODRIGUES apud DUARTE, Eduardo de Assis. *Machado de Assis afrodescendente*. São Paulo: Pallas. 2009, p. 09.

25 MACHADO, op.cit., p. 25.

No tocante a José do Patrocínio, fundador do jornal Cidade do Rio, Luis Murat atribui a ele uma série de insultos dirigidos a Machado. Patrocínio teria dito "odeiem-no porque é mau; odeiem-no porque odeia a sua raça a sua pátria, o seu povo". No entanto, Ubiratan Machado contra argumenta, ao trazer alguns fatos, como a defesa de Patrocínio a Machado, após os ataques de Silvio Romero – nesta ocasião, Patrocínio aproveita para demonstrar seu repúdio aos pensamentos racistas de Romero – e o presente que deu a Machado no dia da Missa Campal de 17 de maio de 1888: uma carta de Victor Hugo, escritor admirado por Machado[26].

Ao poeta Cruz e Sousa, atribui-se o seguinte triolé:

> Machado de Assis, assaz/Machado de assaz, Assis:/Oh! zebra escrita com giz,/Pega na pena faz 'zás',/Sai-lhe o 'Borba' por um triz,/Plagiário do 'Gil Blás', /Que de Le Sage por trás/Banalidades nos diz./Pavio que arde sem gás,/Carranca de chafariz,/Machado de Assis assaz,/ Machado de assaz Assis[27].

No entanto, Ubiratan Machado defende que, apesar de Carlos Fernandes atribuir a autoria deste bobo poema ao maior poeta do simbolismo brasileiro, Fernandes é quem deve ter composto tais linhas[28].

Sendo assim, o presente trabalho foi fruto de intensa pesquisa e estudos acerca da arte literária de Machado de Assis como instrumento de denúncia à repressão oficial contra os negros e negras. Teria ele feito críticas ao regime escravagista – à época, regime legal? Teria escrito acerca das leis que, lentamente, eram promulgadas e que, pouco a pouco, libertavam os escravizados? Fazia o escritor referências explícitas às leis vigentes ou alusões sutis? Posicionava-se contra ou a favor de leis como Eusébio de Queiroz, do Ventre Livre, dos Sexagenários? Tendo em vista que publicava suas obras em jornais diversos, com público distinto, ele se posicionava de maneira uníssona em todos os veículos? Com a evolução de sua obra e seu reconhecimento, em algum momento houve mudança no posicionamento ou omissão? As críticas de alguns estudiosos quanto à sua omissão de fato procedem? Haveria em seus textos crítica ao sistema escravista e ao capitalismo e, consequentemente aos direitos humanos? Como ele via a figura do escravizado?

---

26 MACHADO, op. cit., p. 410.

27 Disponível em: http://www.jornaldepoesia.jor.br/machado03.html Acesso em 02 jan. 2021.

28 MACHADO, op. cit., p. 511.

É imprescindível estudar obras de autores como Machado de Assis, para analisar se em seu tempo, buscaram, na cultura, as armas para pôr fim ao regime escravocrata brasileiro, que, desde a primeira metade do século XVI, foi o destino de milhares de navios negreiros, abarrotados de negras e negros africanos, que aqui aportavam e permaneciam contra a sua vontade, em condições de máxima desumanidade.

Ainda, é necessário estudarmos e compreendermos a evolução das leis que, naquele período, foram lentamente sendo promulgadas, frutos de pressão externa e interna, tais como: a) Lei Feijó, de 1831; b) Lei Eusébio de Queiroz, de 1850; c) Lei Nabuco de Araujo, de 1854; Lei do Ventre Livre, de 1871; d) Lei dos Sexagenários, de 1885 e, finalmente, e) Lei Áurea, de 1888. O estudo das leis em conjunto com a literatura que era à época produzida se faz necessário. Temos aqui, portanto, a abordagem do direito na literatura.

O Brasil, um país cuja população é composta por pessoas negras em sua maioria[29], ainda é marcado por reflexos do abolicionismo tardio. Exemplo disso é o fato de ter sido necessária a edição, no ano de 2003, da Lei 10.639, que torna obrigatório o ensino de história e cultura afro-brasileira e que, quase vinte anos depois, ainda enfrenta obstáculos para ser aplicada de forma efetiva.[30] A baixíssima representatividade de homens e mulheres negras em espaços de poder, comparada com a superpopulação negra encarcerada ou assassinada em favelas e conjuntos habitacionais brasileiros, parecem ilustrar o racismo institucional que configura realidade nacional.

Portanto, pesquisar o papel desempenhado pela arte literária, animada por vozes não raro omitidas ou silenciadas pelas forças conservadoras e reacionárias, assim como as suas mediações com o direito e a sociedade civil, é resgatar valores de nossa cultura, para que se consiga colocar uma pá de cal no legado do regime escravista no Brasil. De igual sorte, as expressões artísticas parecem configurar um importante instrumento para as lutas do presente e as que estão por vir.

Como referencial teórico, no tocante à literatura machadiana, foram tomados como base as obras do historiador Sidney Chalhoub e do crítico literário Roberto Schwarz.

---

29 <https://sidra.ibge.gov.br/Tabela/2094>. Acesso em: 19 jul. 2020.

30 <http://www.revistaeducacao.com.br/ensino-de-cultura-e-historia-afro-e-indigena-ainda-enfrenta-obstaculos-no-brasil/>. Acesso em: 20 jul. 2020.

No tocante ao regime jurídico da escravidão, bem como às leis que foram promulgadas com o fim de abolir o até então regime legal, as obras de Andre Barreto Campello, Elciene Azevedo e Katia Mattoso foram a base da pesquisa.

Como metodologia, como o trabalho gira em torno da análise da obra ficcional em prosa de Machado de Assis, foi feito o devido levantamento bibliográfico e foram lidos na íntegra os dez romances de Machado de Assis, a saber:

- Ressurreição (1872)
- A mão e a luva (1874)
- Helena (1876)
- Iaiá Garcia (1878)
- Memórias Póstumas de Brás Cubas (1881)
- Casa Velha (1885)[31]
- Quincas Borba (1891)
- Dom Casmurro (1899)
- Esaú e Jacó (1904)
- Memorial de Aires (1908)

Os 87 (oitenta e sete) contos analisados são os publicados nas seguintes coletâneas:

- Contos fluminenses (1870)
- Histórias da meia noite (1873)
- Papeis avulsos (1882)
- Histórias sem data (1884)
- Várias histórias (1896)
- Páginas recolhidas (1899)
- Relíquias da casa velha (1906)

31 Há dissenso quanto à Casa Velha, tratado por vezes como romance, outras como conto ou novela.

Alguns contos de Machado – que somam mais de duzentos – não foram publicados nestas coletâneas, organizadas pelo próprio autor. Estes "contos avulsos" – que totalizam 113 - presentes nos volumes de sua obra completa, também serão analisados. Dessa forma, faremos a análise de exatos 200 (duzentos) contos.

O trabalho foi organizado da seguinte forma: no Capítulo 1 é feita a contextualização do Brasil oitocentista, com a apresentação do contexto histórico, bem como das leis vigentes e seus reflexos nos tempos de hoje. No capítulo 2, é apresentada a biografia de Joaquim Maria Machado de Assis e a análise de todos os seus romances, um a um, com as devidas observações e reflexões acerca do tema proposto neste trabalho. No capítulo 3, é feita a análise de todos os contos. Ao final, é apresentada a conclusão de todo o trabalho, fruto de uma profunda imersão na obra e biografia machadiana, que teve como principal objetivo demonstrar que Machado de Assis posicionou-se contra a escravidão ao longo de sua trajetória como escritor, lutando, à sua maneira contra este terrível sistema que, durante séculos, foi amparado pela legislação brasileira. Há diversas maneiras de se abordar uma questão quando se escreve um livro. De forma implícita e sutil, de maneira explícita, com sobriedade ou ironia, com pessimismo ou otimismo e ainda, trazendo outras questões, como religião e política para defender ou refutar o seu objeto de escrita. No tocante à escravidão, diversas foram as abordagens nas obras machadianas, como será demonstrado ao longo do trabalho.

Capítulo 1 – Uma Volta ao Passado não Muito Distante: a História que a História não Conta

É indiscutível que a escravidão foi um período que deixou profundas cicatrizes em nossa sociedade. Como bem sustentava Abdias Nascimento, a escravização dos povos africanos foi o maior de todos os escândalos[32]. No entanto, até hoje, há pontos pouco explorados, divulgados, debatidos e, o mais grave: contados de maneira distorcida.

Em 2019, a Unidos de Vila Isabel - escola de samba do Rio de Janeiro – levou para a avenida o enredo "Em nome do pai, do filho e de todos os santos, a Vila canta a cidade de Pedro". Nos versos do samba-enredo, cantava a Escola: "Viva a Princesa e o tambor que não se cala (...) na passarela os herdeiros de Isabel". É no mínimo irresponsável abordar o tema desta forma, exaltando a Princesa Isabel[33], como se ela fosse a redentora, a mulher branca que acordou um dia e pensou: "ora, vamos libertar todas as pessoas negras, elas estão sofrendo!"

No mesmo ano, Sergio Camargo é nomeado por Jair Bolsonaro para ocupar o cargo de Presidente da Fundação Cultural Palmares. O Decreto n.º 6.853, de 15 de maio de 2009 regulamenta a referida instituição, cuja finalidade é "*promover a preservação dos valores culturais, sociais e econômicos decorrentes da influência negra na formação da sociedade brasileira*". Indo de

---

32 NASCIMENTO, Abdias. *O genocídio do negro brasileiro* – Processo de um racismo mascarado. São Paulo: Perspectiva. 2017. p. 57.

33 Antonio Nascimento Fernandes, bisneto de escravizados, ao falar sobre o 13 de maio e o 20 de novembro (data em que se celebra a Consciência Negra, em homenagem à Zumbi dos Palmares, que faleceu neste dia, no ano de 1695), sustenta que: "(...) a gente trabalhava muito 13 de Maio, que a princesa Isabel fez isso, mas hoje nós temos que a princesa Isabel apenas assinou uma das coisas que já tinha acontecido... O negro não foi libertado, o negro conquistou sua liberdade. E isso que eu faço questão de frisar em todo lugar que eu vou. A liberdade do negro com aspas, porque não temos ainda tal, tal a total liberdade, ela foi conquistada, nada de princesa Isabel assinou". MATTOS, Hebe Maria. Políticas de reparação e identidade coletiva no meio rural: Antônio Nascimento Fernandes e o quilombo São José. Revista Estudos Históricos, Rio de Janeiro, v. 1, n. 37, p. 167-189, jan. 2006. ISSN 2178-1494. Disponível em: <http://bibliotecadigital.fgv.br/ojs/index.php/reh/article/view/2256>. Acesso em: 24 fev. 2020.

encontro à finalidade pela qual a Instituição foi criada, bem como à história do Brasil, Camargo defendeu a extinção do feriado relativo ao dia da consciência negra – "*o Dia da Consciência Negra é uma vergonha e precisa ser combatido incansavelmente até que perca a pouca relevância que tem e desapareça do calendário*" - e teve o disparate de sustentar que a "escravidão foi benéfica para os descendentes"[34] – e ele não estava se referindo aos descendentes dos senhores, donos dos escravizados e detentores das terras.

A História do Brasil e suas personagens negras é alvo de constantes apagamentos, omissões e distorções. Indicativo disso é o fato de que, em 2019, a Estação Primeira de Mangueira trouxe para a avenida o enredo "Histórias para ninar gente grande", em que busca fazer um resgate da história e de nossa memória coletiva. Além disso, buscou também trazer fatos para contrapor ao alegado pela escola oponente quanto à Princesa Isabel (exaltada naquele mesmo ano pela outra escola).

À época da assinatura, muitos de fato creditavam à Princesa Isabel a abolição da escravatura, inclusive quem participava de movimentos abolicionistas. Um exemplo é o do capoeira Manoel Benício dos Santos, mais conhecido como Macaco Beleza[35]. No entanto, nos dias atuais é inconcebível que se adote este posicionamento. A Lei Áurea, assinada a 13 de maio de 1888, foi a "declaração de que o sistema já estava putrefato", nada houve de heroico no ato real. O que se tem é um "cálculo político para transformar a Regente (e possível futura imperatriz), na Redentora".[36]

A história que a história não conta foi escrita em versos e cantada na avenida, séculos depois e merece ser transcrita na íntegra:

> Mangueira, tira a poeira dos porões
> Ô, abre alas pros teus heróis de barracões
> Dos Brasis que se faz um país de Lecis, jamelões
> São verde e rosa, as multidões

34 Disponível em: <https://noticias.r7.com/brasil/presidente-da-fundacao-palmares-diz-que-escravidao-foi-benefica-27112019> Acesso em: 10 fev. 2020.

35 ALBUQUERQUE, Wlamyra. *O jogo da dissimulação*: abolição e cidadania negra no Brasil. São Paulo: Companhia das Letras. 2009, p. 154.

36 CAMPELLO, Andre Barreto. *Manual jurídico da escravidão*. São Paulo: Paco editorial, 2018, p. 264.

Brasil, meu nego
Deixa eu te contar
A história que a história não conta
O avesso do mesmo lugar
Na luta é que a gente se encontra

Brasil, meu dengo
A Mangueira chegou
Com versos que o livro apagou
Desde 1500 tem mais invasão do que descobrimento
Tem sangue retinto pisado
Atrás do herói emoldurado
Mulheres, tamoios, mulatos
Eu quero um país que não está no retrato

Brasil, o teu nome é Dandara
E a tua cara é de cariri
Não veio do céu
Nem das mãos de Isabel
A liberdade é um dragão no mar de Aracati

Salve os caboclos de julho
Quem foi de aço nos anos de chumbo
Brasil, chegou a vez
De ouvir as Marias, Mahins, Marielles, malês

Infelizmente, o samba, música de resistência, muitas vezes levou para a Avenida uma outra versão da História, mais propagada até os dias de hoje: a de uma Princesa Isabel heroína, como nos clássicos "História da liberdade no Brasil", samba-enredo do Salgueiro do ano de 1967 e "Liberdade, liberdade! Abre as asas sobre nós", samba-enredo da Imperatriz Leopoldinense de 1989, quando tínhamos recém completado cem anos do 13 de maio. Há ainda, no Rio Grande do Sul, uma Escola de Samba criada em 1969, chamada "Protegidos da Princesa Isabel".

Muitos heróis e heroínas abolicionistas não são conhecidos para a maior parte da população. Luiz Gama[37], citado anteriormente, apenas em 2015 a Ordem dos Advogados do Brasil – OAB – conferiu a ele o título de advogado[38]. Gama, um homem que realizou a defesa de mais de 500 pessoas escravizadas, que lutou pela causa abolicionista, apenas em 2021 recebeu o título de Doutor *Honoris Causa* pela USP[39]. Podemos citar tantos outros, como o maranhense Trajano Galvão, que teria introduzido o negro na literatura brasileira. Alguns podem até ser conhecidos de nome, mas só. É o caso de Joaquim Maria Machado de Assis, considerado por muitos o maior escritor brasileiro de todos os tempos.

Machado – por ter sido um dos poucos que ascendeu e teve o respeito de todos de sua época – sofreu um processo de embranquecimento. Ao analisar as fotografias tiradas dele, podemos perceber isso[40]. O primeiro registro fotográfico do autor, que data de 1861, ocasião em que tinha 22 anos, apresentava um rapaz com todos os traços de um homem negro. Ao longo das fotografias, sua imagem ainda continha seus traços, mas mesmo assim, ao referir-se a uma foto de 1884, João Peregrino Fagundes defende que ali era um homem branco, com "resíduos da cor e da raça (...) tão atenuados e escondidos que se torna quase impossível descobri-los à primeira vista".[41]

---

37 Por sua luta pela libertação dos escravizados, Luiz Gama foi muito perseguido, tendo inclusive sido processado por um juiz pelos crimes de calúnia e difamação, o que o impediu de cursar a Faculdade de Direito de São Paulo. Gama, ao falar sobre a ausência do diploma, disse que "não possuía pergaminhos, porque a inteligência repele os diplomas, como Deus repele a escravidão". PENA, Eduardo Spiller. *Pajens da Casa Imperial*: jurisconsultos, escravidão e a lei de 1871. São Paulo: Unicamp, 2001, p. 369.

38 <https://www.oabsp.org.br/noticias/2015/12/oab-confere-titulo-de-advogado-a-luiz-gama.10536> Acesso em 30 dez. 2020.

39 https://www.oabsp.org.br/noticias/2015/12/oab-confere-titulo-de-advogado-a-luiz-gama.10536. Acesso em 30 dez. 2020.

40 Elciene Azevedo informa que naquela época havia de fato um branqueamento de pessoas negras em fotografias. A autora cita como exceção a este padrão uma fotografia tirada de Luiz Gama por Militão Augusto de Azevedo, em que nitidamente vemos que era um homem negro. AZEVEDO, Elciene. *Orfeu de Carapinha: a trajetória de Luiz Gama na imperial cidade de São Paulo.* São Paulo: Unicamp. 1999, p. 196. Certamente, não foi o único. Ferreira de Menezes e José do Patrocínio também não teve seus traços embranquecidos, razão pela qual é importante verificarmos o porquê de Machado de Assis ter sofrido embranquecimento.

41 GUIMARÃES, Hélio de Seixas; LEBENSTAYN, Ieda (orgs.). *Escritor por escritor*: Machado de Assis segundo seus pares 1959-2008. São Paulo: Imprensa Oficial. 2019, v.2, p. 120.

Machado passa a ser lido como um homem branco. Erico Veríssimo, que entendia que no Brasil "praticamente não havia discriminação racial"[42], dizia que o autor "não mostrava nenhuma das características de sua raça".[43] Inclusive, em sua certidão de óbito, consta "cor branca"[44], o que demonstra a tentativa de trocar a cor da pele do maior escritor de nossa literatura.

Rachel de Queiroz, ao tecer infelizes comparações entre Machado e Lima Barreto (fato que assombrou este autor durante sua vida), disse absurdos sobre Machado. Segundo ela, o escritor conseguiu fazer com que "o país inteiro lhe ignorasse a cor" e este "não arrancou de si a pele parda porque não pôde e houvesse na época um esticador de cabelo, alisaria o seu".[45] Frases como estas não passam de "achismos". Não há nenhum registro, nenhum documento ou sequer uma testemunha que ateste que Machado se via como um homem branco. Inclusive, este mito de que Machado de Assis lia-se como branco (ou que queria passar-se por um) vem sendo desconstruído por diversos pesquisadores, como Ana Flavia Magalhães Pinto, Sidney Chalhoub e Eduardo de Assis Duarte.

Em uma tentativa de maquiar, de esconder o fato de que o grande escritor Machado de Assis era negro, um comercial da instituição financeira Caixa Econômica Federal[46] de 2011, retratava Machado como um homem branco. Apenas após protestos, o comercial foi retirado de circulação, com "pedido de desculpas" e substituição do ator branco que interpretava Machado por um ator negro[47]. Ao analisar os dois comerciais, percebe-se que não apenas o ator que interpretava Machado foi substituído. No início do primeiro, narrado por Gloria Pires, ela pega um livro e abre na página "Bruxo do Cosme Velho". Chamou-se o ator Ailton Graça para o comercial e é ele quem pega o livro no início e o inicia com a frase "Em respeito à história da Caixa e em respeito ao

---

42 Ibid., p. 152.

43 Ibid., p. 153.

44 MACHADO, op. cit., 131.

45 Ibid., pp. 171-173.

46 Não se pode ignorar o fato de que a instituição financeira Caixa Econômica Federal que vinculou o referido comercial é uma empresa pública, constituída com capital exclusivamente público, pertencente à Administração Pública indireta e vinculada ao Ministério da Fazenda.

47 Matéria disponível em: <http://g1.globo.com/economia/negocios/noticia/2011/09/caixa-tira-do-ar-progaganda-que-mostra-machado-de-assis-branco.html>. Acesso em 04 jul. 2020.

povo brasileiro, apresentamos Machado de Assis" (depois, o comercial passa a ser narrado por Gloria Pires).[48]

Anos depois, ainda se fez necessária a campanha "Machado de Assis real", da Faculdade Zumbi dos Palmares, para que o retrato do escritor não tenha mais a imagem embranquecida. No site da campanha, é disponibilizado inclusive local para a assinatura virtual e em poucas palavras, entendemos a importância da questão: "Machado de Assis era um homem negro. O racismo o retratou como branco. É hora de reparar essa injustiça".[49]

A construção da imagem de Machado de Assis como homem branco infelizmente surte efeitos até hoje. Em conversas informais com pessoas ao longo da preparação deste trabalho, percebi a surpresa de muitas quando falava que o escritor era negro: "Ué, sempre pensei que ele fosse branco", ouvia.

Com estes poucos exemplos de fatos que ocorreram em um passado próximo, podemos perceber o quão relevante é o tema da escravidão e da análise de tudo e todos que a cercavam. É preciso que seja feita a devida correção histórica, na verdade, já passou da hora disto ocorrer. Laurentino Gomes traz em sua obra o ditado africano que aqui cai como uma luva: "até o leão aprender a escrever, a história exaltará a versão do caçador"[50]. Em outras palavras, já passou da hora de pararmos de romantizar a História do Brasil, para que ela seja contada pela perspectiva do oprimido e não do opressor.

Em sua obra *A Memória, a História, o Esquecimento*, Paul Ricoeur trabalha a memória pessoal e a memória coletiva. Sobre o tema, o autor explica, citando os ensinamentos de Hallbwachs:

> (...) embora a memória coletiva extraia sua força e duração do fato de que um conjunto de homens lhe serve de suporte, são indivíduos que se lembram enquanto membros do grupo. Agrada-nos dizer que cada memória individual é um ponto de vista sobre a memória coletiva, que esse

---

48 Os dois comerciais, o primeiro em que o ator que interpretava Machado era branco e o segundo, retratando Machado como homem negro, estão disponíveis em: <https://www.youtube.com/watch?v=idaAFaYXnAM>. Acesso em: 10 set. 2020.

49 Disponível em: <https://www.machadodeassisreal.com.br>. Acesso em: 08 jan. 2020.

50 GOMES, Laurentino. *Escravidão*: do primeiro leilão de cativos em Portugal até a morte de Zumbi dos Palmares. v.1. Rio de Janeiro: Globo Livros, 2019, p. 38.

> ponto de vista muda segundo o lugar que nele ocupo e que, por sua vez, esse lugar muda segundo as relações que mantenho com outros meios.[51]

Ricoeur cita ainda o modo mnemônico *reminiscing* de Casey, que tem ligação com a memória coletiva e seria o "fazer reviver o passado evocando-o entre várias pessoas, uma ajudando a outra a rememorar acontecimentos ou saberes compartilhados, a lembrança de uma servindo de *reminder* para as lembranças de outra".[52]

É incrível o processo de esquecimento, de apagamento que sofremos: a população do país que vivenciou a escravidão por quase quatrocentos anos, precisa ser relembrada do genocídio, das crueldades que foram cometidas contra os povos indígenas e contra a população negra. A recordação precisa de outros e é por isso que são importantes os já mencionados testemunhos para o resgate da memória coletiva:

> Do papel do testemunho dos outros na recordação da lembrança passa-se assim gradativamente aos papeis das lembranças que temos enquanto membros de um grupo; elas exigem de nós um deslocamento de ponto de vista do qual somos eminentemente capazes. Temos, assim, acesso a acontecimentos reconstruídos para nós por outros que não nós. Portanto, é por seu lugar num conjunto que os outros se definem.[53]

Apaga-se tanto a história do Brasil que sequer sabemos que, durante a escravização concomitante dos indígenas e africanos, a palavra "negro" era sinônimo de "escravo" – o indígena seria o "negro da terra" e o africano seria o "negro da Guiné".[54] O vocábulo "negro" passou a ser utilizado em um sentido positivo apenas com a Guarda Negra da Redentora, uma organização de libertos instituída logo após o 13 de maio, que chegou a ser chamada de "partido" em razão de sua luta em assegurar ao "homem de cor" o direito de intervir nos "negócios públicos".[55]

---

51 RICOEUR, Paul. *A memória, a história, o esquecimento.* São Paulo: Unicamp, 2007, pp. 133-134

52 Ibid., p. 55.

53 RICOEUR, op. cit., p. 131.

54 GOMES, Flavio dos Santos; SCHWARCZ, Lilia Moritz. *Indígenas e africanos. In:* GOMES, Flavio dos Santos. SCHWARCZ, Lilia (orgs.). Dicionário da escravidão e liberdade. São Paulo: Companhia das Letras, 2018, p. 261.

55 DOMINGUES, Petrônio. *Associativismo Negro. In:* GOMES; SCHWARCZ, ibid., pp. 113-114.

1.1. Da necessidade de se abolir a palavra "escravo"

De início, é imperioso que se faça a devida explicação acerca da utilização do termo escravizado – e não escravo – neste trabalho. A palavra "escravo", é um substantivo, que dá a ideia de algo inerente, de uma condição natural, o que não ocorria com aquelas pessoas, que eram colocadas naquela situação terrível de servidão, à força. De pessoas livres, eram transformadas em coisas e, portanto, desumanizadas.

Laurentino Gomes entende que algumas palavras – e "escravo" seria para ele um exemplo - já foram incorporadas de tal forma ao nosso vocabulário que, por conta dos usos e costumes, deveriam permanecer sendo utilizadas. Em seu livro, ele utiliza as duas palavras – escravo e escravizado – indistintamente, trazendo um questionamento: "expressões como 'senhor de escravo' ou 'dono de escravo' permaneceriam ao domínio dos 'olhares brancos' ou seriam também aceitáveis no universo dos 'olhares negros' ou dos 'olhares atentos'?"[56] Posteriormente, em entrevista ao programa Roda Viva, o autor informa que manterá a sua posição quando da segunda edição, por razões simbólicas e por questões linguísticas, já que na língua brasileira, "escravizado" seria particípio do verbo escravizar e, tecnicamente, não poderia falar "o escravizado" e sim, "homem escravizado" e, em respeito ao dicionário, poderia sim usar o termo escravo.[57]

Discordamos deste posicionamento. Além do fato já mencionado de que a palavra "escravo" é um substantivo, aplicável somente se quiséssemos dizer que se refere a uma condição natural daquelas pessoas, temos uma outra justificativa: a linguagem acompanha a mudança da sociedade. Em nota à nova edição brasileira do livro Teoria Feminista, de bell hooks, por exemplo, há menção quanto à manutenção do texto original das palavras "lesbianismo" – e não lesbianidade - e "preferência (opção) sexual – e não orientação sexual -, já que escrito em 1984, quando tais palavras ainda eram utilizadas e também por se tratar de uma tradução de texto em inglês que teve outras edições, mas mantidas as palavras hoje inadequadas e superadas[58]. Não faz ainda o menor

---

56 GOMES, *op. cit.*, pp. 39-40.

57 Disponível em: <https://www.youtube.com/watch?v=fLASHTQaJoo>. Acesso em: 20 fev. 2020.

58 HOOKS, bell. Teoria feminista – da margem ao centro. São Paulo: Perspectiva, 2019. (Palavras negras), p. 12.

sentido trazer outras palavras – dela derivada, como é o caso de 'senhor de escravo' – para questionar a mudança: ora, é simplesmente questão de se usar "senhor" somente (como, aliás, já se faz, não seria novidade alguma).

Por fim, falar sobre escravidão é falar sobre uma ferida ainda aberta, que abarca milhares de pessoas e seus descendentes. O que se precisa fazer são as devidas reparações e elas começam pelo uso das expressões apropriadas. Por todas as razões expostas, filio-me àqueles que utilizam o termo "escravizados". Como exemplo, cito o antropólogo Kabengele Munanga, o historiador Lucian Souza e a historiadora e antropóloga Lilia Schwarcz, que justifica a utilização do termo:

> Por sinal, optamos por incluir este termo [escravizados] porque tal regime não ter nada a ver com uma origem ou opção de imigrar. Ninguém foi escravo no passado e, sendo assim, é forçoso destacar que todas essas populações foram mesmo escravizadas, pois introduzidas no país de forma compulsória.[59]

Mattos e Martins nos trazem a rica informação: os abolicionistas radicais daquela época já utilizavam a palavra *escravizado*:

> (...) a tendência política dos movimentos negros do século XXI, de preferir a palavra "escravizado", à naturalização da condição jurídica de "escravo", e repetiam, sem saber, a opção dos abolicionistas radicais do século XIX, que denunciavam, com o uso do termo "escravizado", a ilegalidade da maior parte do tráfico negreiro no Brasil imperial, quase todo posterior à lei de extinção de 1831.[60]

Esta última afirmação pode ser confirmada no seguinte trecho que analisava um processo da época e a conduta dos defensores de escravizados:

> Os curadores de Virgilio e Beatriz não eram apenas aguerridos; eles eram também sutis. Ambos se recusavam a utilizar de forma tradicional de identificação dos cativos nos documentos judiciais. Ao invés de escrever, 'Fulano, escravo de Sicrano de tal', eles escrevem 'Virgílio, escravizado por Henrique das Chagas Andrade' e 'Beatriz, escravizada por Antonio

59 SCHWARCZ, Lilia In: GOMES, Flavio; SCHWARCZ, Lilia Moritz. (orgs.). *Dicionário da escravidão e liberdade*. São Paulo: Companhia das letras, 2018, p. 27.

60 MATTOS, Hebe; MARTINS, Robson Luís Machado. *Memórias do cativeiro*. In: GOMES; SCHWARCZ, ibid., p. 309.

de Pádua Monteiro. Uma sutil mudança de expressão enfatiza o ato de força que está na origem da instituição que se quer abolir.[61]

1.2. O Brasil oitocentista de Machado de Assis

Para compreender quem foi e de que forma escreveu Joaquim Maria Machado de Assis, é necessário compreender o período que o escritor vivenciava e não se pode, portanto, deixar de abordar o sistema até então legal da escravidão e as leis que paulatinamente a foram – ou pelo menos tentaram – expurgando.

A escravidão existe desde os tempos da Antiguidade. A expressão "escravo" deriva do latim *slavus*, que designava aqueles oriundos de regiões do Mar Báltico, de pele clara e olhos azuis: os eslavos (naquela época, tais pessoas eram objeto de compra e venda e serviam seus senhores). O Código de Hamurabi, primeiro conjunto de leis escritas, baseado na conhecida lei de Talião, datado do século XVIII a.C, previa o regime da servidão e punia aquele que furtasse 'escravos'[62] e que ajudasse um fujão – também chamado de calhambola[63]- por exemplo.

Ao tratarmos do tema, é necessário que se tenha em mente que não se deve fazer comparações do tipo: "a escravidão no Brasil foi mais branda do que nos Estados Unidos". Isso porque, "não há escravidão suave ou cruel, ela dispensa adjetivos"[64].

Especificamente no Brasil, a escravidão começou com a chegada dos colonizadores, que viram nos indígenas o povo "inferior" e "selvagem" e, portanto, passível de servidão. Calcula-se que, quando da invasão[65] de Pedro

61 CHALHOUB, Sidney. *Visões de liberdade*: uma história das últimas décadas da escravidão na corte. São Paulo: Companhia de Bolso, pp. 214-215

62 II (...) 15º - Se alguém furta pela porta da cidade um escravo ou uma escrava da Corte ou um escravo ou escrava de um liberto, deverá ser morto. Disponível em: <http://www.culturabrasil.org/zip/hamurabi.pdf>. Acesso em: 10 fev. 2020.

63 "II (...) 16º - Se alguém acolhe na sua casa, um escravo ou escrava fugidos da Corte ou de um liberto e depois da proclamação pública do mordomo, não o apresenta, o dono da casa deverá ser morto. Disponível em: <http://www.culturabrasil.org/zip/hamurabi.pdf>. Acesso em: 10 fev. 2020.

64 CASTRO, Hebe Maria Mattos de. *Das cores do silêncio*: os significados da liberdade no sudeste escravista – Brasil, século XIX. São Paulo: Unicamp, 2010, p. 160.

65 Antigamente, ensinava-se que o Brasil foi "descoberto". Atualmente, procura-se corrigir este vocabulário, uma vez que, se no Brasil já existia um povo – o indígena – como se pode falar em "descobrimento"? O que houve foi uma ocupação, uma invasão das terras brasileiras por Portugal.

Álvares Cabral, suas caravelas e tripulação, havia no país entre três e quatro milhões de indígenas que, ao longo dos séculos, foram escravizados, explorados e dizimados: no início do Brasil oitocentista a população indígena foi reduzida a setecentos mil.[66]

Marquês de Pombal aboliu oficialmente a escravidão da população indígena, no século XVIII[67]. Isto não quer dizer que apenas a partir daí começou a ser realizado o tráfico negreiro. Em meados do século XVI – entre 1535 e 1570 – começaram a entrar africanos e africanas[68], retirados à força do continente africano[69], trazidos em condições subumanas nos tumbeiros – as tumbas flutuantes. Em um primeiro momento, durante o desenvolvimento do cultivo da cana-de-açúcar, indígenas e africanos trabalhavam lado a lado. Quando se percebeu que o tráfico negreiro dava um alto lucro, os últimos continuaram a ser escravizados.[70]

Até o século XIX, o tráfico negreiro era o negócio mais lucrativo, o Brasil foi o país das Américas que mais importou africanos escravizados e a única nação independente que, de forma volumosa, aproveitou-se do lucrativo negócio.[71] Os agentes dos traficantes de escravizados – chamados pombeiros – eram por vezes cativos, enviados por seu senhor para fechar o negócio. O negócio era tão lucrativo que parecia uma matrioska: dentro dele, havia outro negócio: reprodução dos cativos para que fossem vendidas as crianças.[72]

Em Luanda, maior porto negreiro da história[73], era possível comprar um ser humano – homem, saudável e em boa condição física – pelo valor referente a quinze chapéus de feltro, catorze pares de meia, vinte e três cadernos ou três

---

66 GOMES, *op. cit.*, p. 118.

67 Em 6/06/1755, foi abolida a escravidão indígena no Grão-Pará, feito que foi ampliado para todo o território nacional em 1758.

68 GOMES, *op.cit.*, p. 123.

69 É importante ressaltar que este sequestro de milhões de africanos, a colonização e o neocolonialismo foram fatores que prejudicaram o desenvolvimento do continente africano. MUNANGA *apud* William, Rodney. *Apropriação cultural*. São Paulo: Sueli Carneiro; Pólen. 2019, p. 26.

70 SCHWARCZ, Lilia. *In:* GOMES, SCHWARCZ, op.cit., p. 23.

71 ALENCASTRO, Luis Felipe de. *África, números do tráfico atlântico*. In: GOMES, SCHWARCZ, *op. cit.*, p. 57.

72 GOMES, *op. cit.*, pp. 217 e 224.

73 Ibid., p. 210.

barris de pólvora.[74] Era a coisificação, a objetificação de homens e mulheres, comercializados como se fossem animais ou objetos.

1.2.1 – Teorias raciais

Durante o século XVIII começam a fervilhar as teorias deterministas e, no século XIX, fervilham as teorias darwinistas raciais.[75] Estes estudos científicos influenciarão o modo como serão vistos os negros pela sociedade vindos de África – aqui incluindo a população local e os viajantes que aportavam no Brasil - e, consequentemente, o seu tratamento. Médicos e cientistas dividiam a espécie humana e atribuíam-lhe características de acordo com cada grupo. Aos negros eram atribuídas qualidades negativas: eram preguiçosos, indolentes e negligentes, por exemplo.[76] A escravidão seria para eles algo inerente, natural e não seriam pessoas cuja índole os faria se rebelar contra a servidão:

> (...) os africanos carregavam a servidão como um estatuto natural, e, assim, 'quanto mais você alimentá-los e não maltratá-los, eles serão contentes, alegres e dispostos a fazer qualquer coisa, e seu ânimo é visível em seus rostos; mas, se os tratar mal, eles levarão o sofrimento no coração, e frequentemente morrem de melancolia.[77]
>
> A cor preta do negro não se limita à pele, encontra-se por toda a parte; o sangue é mais escuro, a carne é de um vermelho mais carregado (...) os sábios naturalistas concordam que o negro é uma espécie à parte da raça humana e destinada, pela sua apatia, à escravidão, mesmo em sua pátria. (DEBRET, *apud* SELA, 2008, p. 269-270)

Textos absurdos sobre cor da pele e sua influência no comportamento e intelecto das pessoas brotavam. O filósofo David Hume, em 1748, assim se

---

74 Ibid., p. 225.

75 Nina Rodrigues, médico baiano, é um dos que defendia tais teorias. Autor de diversas obras, sustentava que, em razão da desigualdade entre raças, deveria existir dois Códigos penais distintos.

76 SELA, Eneida Maria Mercadante. *Modos de ser, modos de ver*: viajantes europeus e escravos africanos no Rio de Janeiro (1808-1850). São Paulo: Unicamp, 2008, p. 58.

77 SELA, Eneida M.M. *Modos de ser, modos de ver*: viajantes europeus e escravos africanos no Rio de Janeiro (1808-1850). São Paulo: Unicamp, 2008, pp. 61-62.

manifestou: "eu suspeito que os negros, como em geral todas as outras espécies de seres humanos, sejam naturalmente inferiores aos brancos".[78]

Parece que os filósofos eram mestres na arte das suposições. Em 1764, Kant escreveu:

> Os negros africanos não receberam da natureza qualquer inteligência que os coloca acima da tolice. Portanto, a diferença entre as duas raças (negra e branca) é muito substancial. A distância no que diz respeito às faculdades mentais parece ser tão grande quanto a da cor. (KANT, *apud* GOMES, 2018, p. 75)

O político francês Maximilien Radiguet, ao falar sobre as ruas do Rio Antigo Direita e do Ouvidor, mostrava sua indignação com o mau cheiro dos peixes secos aliados ao "odor infecto e particular da classe negra".[79] Sobre o cheiro diferenciado das pessoas negras, Virey afirma, em sua obra História nacional do gênero humano de 1801: "o negro tem seus órgãos de odor e paladar mais desenvolvidos do que o branco; seus sentidos tem, pois, uma grande ascendência sobre sua moral (...) o negro será, portanto, mais dados aos prazeres corporais; nós, àqueles do espírito"[80].

É ainda mais chocante ler tratados escritos por médicos, supostamente baseados em estudos, sustentando tamanha ignorância. Exemplo disso é o Tratado de cores humanas, publicado em 1765 pelo médico francês Le Cat, em que defende a capacidade que a gestante tem de alterar a cor de seu bebê com a mera imaginação e cita, para tal, um caso mencionado pelo médico alemão seiscentista Michel Hoyerus, em que uma mulher branca deu luz à um bebê negro por ter visto, durante a gravidez, um macaco[81]. Johann Kaspar Lavater, teólogo considerado fundador da fisiognomia, difundiu a seguinte teoria: a personalidade da pessoa poderia ser conhecida pelos sinais da face e, portanto, quem é considerado belo seria virtuoso.

Apesar de não fazer distinções de raça, cor ou etnia em seus estudos, Lavater deu o pontapé inicial para os estudos da craniometria e tipologias facial

78 HUME, David apud GOMES, *op. cit.*, p. 75.

79 SELA, *op. cit.*, p. 216.

80 VIREY, *apud* SELA, op. cit., p. 272.

81 SELA, ibid., p. 40-42.

e racial, vigas mestras do racismo científico.[82] Em 1844, o naturalista Carl von Martius fazia uma escala classificatória: no topo, ficavam os brancos, seguidos dos indígenas e, por último, vinham os negros no tocante à superioridade e processo de continuação de nacionalidade, com a mescla das raças.[83]

João Batista Lacerda, ao participar do I Congresso Internacional das Raças, chegou a defender que os mestiços estariam extintos dentro de um século, assim como a raça negra: era a defesa do branqueamento, que pode ser visualizado no quadro "A redenção de Cam".[84] Curiosamente, à época a tese de Lacerda foi criticada, não por não concordarem com a extinção da raça negra no país, mas por acreditarem que o período de um século era demais para o Brasil se tornar um "país branco".[85]

Esta ideia de que o Brasil é um país mestiço, "se não no sangue, ao menos na alma"[86], fez com que, séculos mais tarde, acreditássemos no mito da democracia racial. Na época de Machado de Assis, no Brasil oitocentista, serviu para propagar o preconceito, a ideologia de uma raça superior às outras e às teorias raciais acima mencionadas.

Por conta destas ideias, Neusa Santos Sousa ensina que a raça exerce funções simbólicas - valorativas e estratificadoras - e, desde o período escravista, ao definir o negro como raça, demarcou seu lugar e a maneira como deveria ser tratado. [87]

---

82 SELA, ibid., p. 79.

83 SELA, ibid., p. 211

84 Segundo o primeiro livro da Bíblia, Gênesis, Cam, filho de Noé, fala com seus irmãos Sem e Jafé que encontrou seu pai bêbado e nu. Noé condena então Cam e seu filho, Canaã a serem escravos. A tela do pintor espanhol Modesto Brocos, pintada em óleo em 1895, retrata três gerações: a avó, negra, olha para os céus, com os braços ao alto, como se agradecendo o fato de seu neto ter nascido com a cor da pele mais clara, fruto da união de sua filha com um homem branco. A avó negra, portanto, agradece aos céus a quebra da "maldição" em razão do branqueamento da próxima geração.

85 SCHWARCZ, Lilia. *Nem preto, nem branco, muito pelo contrário* - cor e raça na sociedade brasileira. São Paulo: Claro Enigma. 2017, (Coleção Agenda Brasileira), pp. 24-25.

86 ROMERO, 1949, *apud* SCHWARCZ, Lilia Moritz. *O espetáculo das raças*: cientistas, instituições e questão racial no Brasil (1870-1930). São Paulo: Companhia das Letras, 2017, p. 15.

87 SOUSA, Neusa Santos. *Tornar-se negro*. Rio: Zahar. 2021. p. 48.

1.2.2 – Os tumbeiros: travessias e chegadas aos portos brasileiros

É possível que tais "estudos" tratados no tópico acima, que gozavam de prestígio à época, tenham influenciado a descrição e reprodução artística daqueles que chegavam ao Brasil e se deparavam com uma enorme quantidade de negros e negras: "é horrível não se encontrar senão uma população preta onde quer que se vá, e toda ela de escravos. Cada dia chega um novo navio carregado com essas desgraçadas criaturas".[88] Os viajantes estudados por Selas convergem no que diz respeito à terrível cena do comércio de escravizados no Cais do Valongo e na sua aparência física: esquálidos, acocorados, seminus.[89]

Os navios negreiros eram "estranhas combinações de máquina de guerra, prisão móvel e fábrica".[90] A travessia era tão cruel que se estima que 1 milhão e oitocentas mil pessoas morreram na tentativa de cruzar o Atlântico, que se transformou em um verdadeiro local de descarte de pessoas, fato que inclusive alterou a rota dos tubarões, já que, em média, eram lançados ao mar quatorze corpos por dia durante trezentos e cinquenta anos.[91] Para entender o horror a que eram submetidos homens, mulheres e crianças de todas as idades, é necessária a seguinte transcrição:

> Em média, entre 150 e 200 cativos ficavam acorrentados nesses ambientes, às vezes misturados com porcos, cabritos e outros animais domésticos. O espaço era de dois metros quadrados por pessoa, apenas o suficiente para esticar as pernas, à noite. Comiam feijão e farinha de mandioca com um pouco de charque ou peixe seco. Na falta de sanitários, as necessidades fisiológicas eram feitas dentro do próprio barracão, que, segundo a descrição do médico português Francisco Damião Comes, fedia a fezes e urina a tal ponto que uma pessoa que ali entrasse sentiria logo ânsias de vômito ou poderia até desmaiar. Segundo outro médico português, os escravos seminus dormiam no chão e eram 'tratados como gado'. Diariamente, por volta das dez horas da manhã, eram conduzidos até o mar para banhos forçados na água salgada. (...)

---

88 SELA, *op. cit.*, p. 163.

89 SELA, ibid., pp. 196 e 199.

90 RIDIKER, apud GOMES, *op. cit.*, p. 277.

91 Ibid., pp. 46-47.

> Cada oficial tinha a prerrogativa de escolher à vontade uma escrava que, durante toda a viagem, lhe serviria 'na mesa e na cama' (...) Se chovesse ou se o mar estivesse muito revolto, os escravos podiam permanecer nestes locais por semanas a fio, sem ver a luz do dia (...)"[92]

Esses homens, mulheres e crianças eram tratados como mercadorias - peças e pecinhas -, cuja lei portuguesa de 1624 estabelecia número máximo para embarcação, mas que, na prática, era tranquilamente burlada.[93] Os malungos[94] que sobreviveram à travessia – após terem suas condições psíquicas e físicas abaladas – desembarcavam no Rio de Janeiro, no Cais do Valongo[95], verdadeiro depósito daquelas pessoas que tiveram sua liberdade arrancada. Os sobreviventes eram encaminhados às Casas de Engorda e vendidos como escravos no Largo do Depósito[96]. A venda se iniciava de dez a quinze dias após o desembarque e durava enquanto tivesse mercadoria disponível, sendo os considerados mais bonitos guardados para o final[97]. A preparação para a venda incluía a retirada das algemas, para que não ficasse qualquer marca de violência visível e o banho, com a posterior untada de óleo de dendê.[98] Os mortos eram enterrados em valas comuns, no Cemitério dos Pretos Novos. Em trecho de seu diário, a inglesa Maria Graham, amiga da imperatriz Leopoldina, assim descreveu o local:

92 GOMES, op. cit., p. 280.

93 MATTOSO, Katia de Queiros. *Ser escravo no Brasil.* 2 ed. São Paulo: Braziliense, 1988, p. 47.

94 Nome dado aos africanos que faziam a travessia no mesmo navio negreiro.

95 Situado no centro do Rio de Janeiro, o Cais do Valongo foi o maior porto negreiro das Américas, onde desembarcaram setecentos mil escravizados. A Pequena África, composta pelos bairros da Gamboa, Saúde e Santo Cristo, sofreu apagamento histórico ao longo dos séculos, apesar de se ter conhecimento de que, no local, está literalmente enterrada parte de nossa história.

96 O quadro "Mercado de escravos", de 1835, pintado pelo artista Johann Moritz Rugendas, ilustra a cruel prática nesta parte da cidade.

97 O preço do escravizado tinha algumas variáveis – inerentes ou não a ele -, tais como: concorrência, distância entre pontos de embarque e desembarque, idade, sexo, saúde e qualificação profissional. Mulheres consideradas "bonitas", eram vendidas para serem mucamas. Avaliava-se os dentes e a compleição física dos escravizados e tudo isto influenciava o preço e sua função. MATTOSO, *op. cit.*, pp. 68 e 81. Um homem entre 15 e 25 anos, forte e sem defeitos físicos, era chamado de "peça de índia". GOMES, *op. cit.*, p. 232.

98 Ibid., p. 296.

> Vi hoje o Valongo. É o mercado de escravos do Rio. Quase todas as casas desta longuíssima rua são um depósito de escravos. Passando pelas suas portas à noite, vi na maior parte delas bancos colocados rente às paredes, nos quais filas de jovens criaturas estavam sentadas, com as cabeças raspadas, os corpos macilentos, tendo na pele sinais de sarna recente. Em alguns lugares, as pobres criaturas jazem sobre tapetes, evidentemente muito fracos para sentarem-se.[99]

1.2.3 – De onde vem os diamantes

A escravidão que perdurou séculos no Brasil, tinha cor: ela marcava – física e psiquicamente - aqueles que tinham a pele negra. Seus descendentes sofrem os efeitos desta desumanização, segregação e preconceito até hoje.

Retirados à força de África, quando desembarcavam em um porto brasileiro eram batizados[100], ganhando um novo nome. Por vezes, não lembravam o nome de seus pais e mães, nem sua idade, como Esperança de São Boaventura, que, ao elaborar seu testamento, assim declarou: "sou natural da Costa d'África não sabendo minha idade e filiação por que fui uma das vítimas de horrível crime que se chama escravidão e por muitos anos ganhou este Brasil"[101]. Por conta disso, muitos negros e negras nos dias de hoje sequer conseguem traçar a sua árvore genealógica: sua ancestralidade, suas raízes lhes foram roubadas.

---

99 GRAHAM, Maria. *Diário de uma viagem ao Brasil*. São Paulo: Brasiliana, 1956, p. 254.

100 É importante salientar que jesuítas como Padre Antonio Vieira pregavam de forma a colaborar com a desumanização dos escravizados. Além disso, através de suas palavras, este Padre incutia na mente dos escravizados que eles deveriam aceitar o seu "destino" e servir aos seus senhores sem qualquer tipo de objeção, ainda que estes cometessem as mais cruéis agressões. Abdias Nascimento inclusive cita um trecho das pregações deste Padre: "Escravos, estais sujeitos e obedientes em tudo a vossos senhores, não só aos bons e modestos, senão também aos maus e injustos (...) porque nesse estado em que Deus vos pôs, é a vossa vocação semelhante à de seu Filho, o qual padeceu por nós, deixando-vos o exemplo que haveis de imitar". Por conta disso, Nascimento sustenta, com propriedade, que o Cristianismo "em qualquer de suas formas, não constituiu outra coisa que a aceitação, justificação e elogio da instituição escravocrata, com toda a sua inerente brutalidade e desumanização dos africanos" e que há, na verdade, um mito da influência humanizadora da Igreja Católica, para que ela seja livre de qualquer ligação com o racismo. NASCIMENTO, op. cit., pp. 62-63.

101 ALBUQUERQUE, *op. cit.*, p. 195.

A religião lhes era imposta: o cristianismo.[102] Portanto, precisavam esconder seus patuás e suas guias. Como reflexo, as religiões de matriz africana são até hoje perseguidas. Os terreiros são atacados e quem é do candomblé ou da umbanda, por exemplo, é alvo de preconceito que tem nome: não se trata de "intolerância religiosa", como algumas pessoas falam, mas sim de verdadeiro racismo religioso.

Perdiam sua identidade, sua ligação com seu país e sua origem e eram impedidos de professar a sua fé. Além disso, sua vida amorosa também lhes era tolhida. Como eram "coisas" e não pessoas, o Estado não reconhecia aos escravizados a possibilidade do casamento civil, já que não queria entrar em assuntos de exclusivo interesse dos senhores.[103] No tocante ao casamento religioso, celebrado na Igreja, havia as "provisões de licença para casar", ou seja, era preciso ter dinheiro para tal, o que impedia os escravizados de fazê-lo.[104]

O fato de não poderem se casar no civil e na Igreja Católica não quer dizer que não havia laços amorosos entre os escravizados. Alguns homens e mulheres formavam sim uma família e a união era duradoura para os padrões da época: em Campinas, por exemplo, há documentos de diversos casais de escravizados que ficaram juntos por mais de dez anos.[105]

O casamento era autorizado pelo senhor entre os seus escravizados, pois os donos acreditavam que assim, a paz seria mantida na senzala, evitando descontentamento, fugas e insurreições. A união entre escravizados com donos diferentes ou entre cativos e libertos era praticamente proibida.[106] No entanto, aquela família, aquele homem e mulher que, com todas as dificuldades conseguiam se unir, não poderiam ter a certeza de que permaneceriam lado a lado e tinham consciência de que, caso tivessem filhos, teriam a possibilidade de não acompanhar o seu crescimento. Isto porque, apenas com o Decreto 1.695 de 15

102 A religião cristã foi usada como forma de conquista, dominação e doutrinação e o indígena era convertido por meio da catequese, já que eram vistos, segundo Nogueira, como "papel em branco". Na época do Brasil colônia, tínhamos a tríade LRF: lei, rei (ambos de Portugal) e fé (cristianismo). NOGUEIRA, Sidnei. *Intolerância religiosa*. São Paulo: Sueli Carneiro; Pólen. 2020, pp. 36-37, 39.

103 PENA, *op. cit.*, p. 266.

104 SLENES, Robert. *Na senzala, uma flor*: esperanças e recordações na formação da família escrava. 2 ed. São Paulo: Unicamp, 2011, p. 98.

105 Dois escravizados, Policarpo e Afra, permaneceram juntos por quarenta anos. Ibid., p. 77.

106 Ibid., p. 83.

de setembro de 1869 foi proibida a venda em separado dos escravizados casados e de seus filhos (a exceção só ocorreria se estes fossem maiores de quinze anos).

Por presenciar em uma viagem esta situação, o viajante francês Charles Ribeyrolles disse que nas senzalas "não há famílias, apenas ninhadas" e que lá não viu flor, já que não existem esperanças ou recordações.[107] Slenes em sua obra defende que há, sim, flor na senzala. Há laços e há esperança: algo que move as pessoas. Da lama vem os diamantes, diz a letra do grupo Racionais MC´s. Parafraseando a letra do disco que entrou para a lista de obras obrigatórias para o vestibular da Unicamp em 2020, de África vieram os diamantes, que foram enterrados nas senzalas.

1.2.4 – As múltiplas dores da escravizada

O homem e a mulher escravizados sofrem em razão do sistema escravista. A mulher, no entanto, sofre também a opressão do sistema patriarcal. Há, portanto, uma dupla opressão. Chibatadas, máscara de flandres, queimaduras... as formas de se torturar o escravizado eram muitas. A mulher escravizada não tinha um minuto de sossego: sua vida e sua liberdade sexual estavam sempre ameaçadas.[108]

Quando vista por aquele que o comprava como uma bela "peça", servia para satisfazer a lascívia do seu senhor e sofria duplamente: com os abusos sexuais a que era submetida frequentemente e com a sinhá, que, com ciúmes, maltratava[109] uma outra mulher que, em um sistema patriarcal, encontrava-se também em situação de opressão, mas em uma opressão imensamente maior do que a sua. O senhor, além de abusar sexualmente desta mulher, poderia ainda – já que era seu dono e achava que, por esta razão, poderia tudo fazer - colocá-las na prostituição.[110]

107 Ibid., p. 139.

108 Harriet Ann Jacobs, em sua autobiografia, narra que, quando completou quinze anos, começou a ouvir palavras obscenas de seu dono e que esta é uma época difícil para uma menina escravizada, já que também sofrerá com o ciúme e raiva da sinhá. JACOBS, Harriet Ann. *Incidentes na vida de uma menina escrava*. São Paulo: Todavia. 2019, pp. 44-45.

109 Algumas sinhás chegavam a queimar partes do corpo da escravizada eleita pelo senhor como "sua", com o intuito de deixá-la "menos atraente", "menos desejável" aos olhos do senhor.

110 Há processos instaurados em que se decidiu pela libertação destas mulheres, com base no direito romano, segundo o qual os senhores que obrigavam suas escravas a se prostituir deveriam libertá-

Ela poderia escapar das garras do senhor, se este não se interessasse por ela. Poderia se unir a um escravizado – após a devida autorização, como vimos, do seu senhor – e, mesmo assim, sofrer: caso seu companheiro soubesse de uma traição, ele poderia se queixar ao senhor e ela seria açoitada.[111]

Esta mulher, que não tinha sua liberdade de ir e vir, sequer tinha a liberdade de usar seus cabelos soltos, já que, por lei, precisava escondê-los.[112] Como dito acima, esta mulher também não tinha qualquer liberdade sexual: poderia sofrer abusos a qualquer momento, ainda adolescente.

Como se não bastassem os abusos físicos e sexuais – que, muitas vezes geravam frutos – aquelas que tinham seus bebês muitas vezes eram usadas como "amas de leite": amamentavam primeiro os filhos das sinhás – ou de quem pagava pelo aluguel – para, só depois, conseguirem alguns momentos com a sua cria. Há estudos no sentido de que os bebês de escravizadas eram entregues aos cuidados das escravizadas mais velhas ou de crianças com mais idade[113]. Elas e as mucamas eram as chamadas "escravas de portas adentro", por transitarem dentro da casa grande.[114]

Durante a década de 1880, estas mulheres começaram a ser submetidas a invasivos testes antes de serem alugadas para amamentar os filhos da mulher branca. Os anúncios, colocados nos jornais da época, eram dispostos ao lado de ofertas de compra de escravizados e até mesmo de oferta de objetos dos mais variados, como tecidos e vinhos[115]. Pode-se perceber que, de fato, estas pessoas não eram consideradas mais do que coisas: objetos de valor, que rendiam aos seus senhores boas quantias quando comercializados.

O ventre da escravizada poderia carregar frutos que dariam mais lucro aos senhores, que certamente contavam com a perpetuidade do sistema escravista. Françoise Vergés traça o paralelo entre a escravidão, os corpos das

---

las. CHALHOUB, Sidney. *Visões da liberdade*: uma história das últimas décadas da escravidão na Corte. São Paulo: Companhia das Letras, 2011, p. 190.

111 SLENES, op. cit., p. 91.

112 WILLIAM, op. cit., p. 35. O autor ensina que, justamente por esta repressão que os turbantes ganham um ressignificado: passam a ser um símbolo de resistência.

113 ARIZA, Marília B.A. *Crianças/ventre livre*. In: GOMES, SCHWARCZ, op. cit., p. 171.

114 TELLES, Lorena Féres da Silva. *Amas de leite*. In: GOMES, SCHWARCZ, op. cit., p. 100.

115 KOUTSOUKOS, Sandra Sofia Machado. *Negros no estúdio do fotógrafo*. São Paulo: Unicamp. 2010. p. 145.

mulheres negras e a reprodução social, em que o ventre foi transformado em capital. A autora chama atenção para o paradoxo: escravizadas (assim como escravizados) eram coisas descartáveis, supérfluas, mas ao mesmo tempo sua existência era necessária para carregar dentro de si a semente que daria continuidade à opressão do sistema escravista[116].

Após séculos de exploração destas mulheres, durante a segunda metade do século XIX, em que estavam em ascensão os discursos higienistas, não mais se encorajava a mulher a "aceitar" que seu filho fosse amamentado por uma mulher negra, ao argumento de que esta poderia trazer doenças ao bebê através do leite.[117] Não se preocupava com o inverso: aquela mulher poderia pegar doenças que seriam transmitidas pelo bebê.[118] O chamado "aleitamento mercenário", passou a ser visto com maus olhos em razão da chegada dos estrangeiros, da tentativa de se "civilizar" o Brasil e os escravizados seriam aqueles que corromperiam este processo.[119]

Por conta da dor da mulher negra, que sofre duas vezes, uma pelo racismo e outra pelo patriarcado, Vilma Piedade cunhou o termo "dororidade". Segundo a autora, "Não é que a dor das pretas seja maior. Dor é dor, e ponto. Dói muito ser mulher atacada pelo machismo, e dói muito ser mulher atacada pelo racismo".[120]

1.2.5 – A carne mais barata

"A carne mais barata do mercado é a carne negra, que fez e faz história segurando esse país no braço"[121]. No Brasil Colônia, já tínhamos normas sobre escravidão, nos Livros IV e V das Ordenações Filipinas. O escravizado era uma mercadoria que, como qualquer outro objeto, poderia ser enjeitado caso fosse comprado pelo senhor, sem que soubesse que estava doente: aplicava-se

116 VERGÉS, Françoise. *Um feminismo decolonial*. São Paulo: Ubu editora. 2020, pp. 19-20.

117 TELLES, Lorena Féres da Silva. *Amas de leite*. In: GOMES, SCHWARCZ, *op. cit.*, p. 104.

118 KOUTSOUKOS cita o Janet Golden, que relatou casos de amas de leite que contraíram sífilis de bebês que amamentavam. KOUTSOUKOS, op. cit., p. 167.

119 Ibid., p. 158.

120 Disponível em: <https://revistacult.uol.com.br/home/dororidade-vilma-piedade/>. Acesso em 23 fev 2020.

121 Trecho de "A carne", de autoria de Seu Jorge. Disponível em <https://www.letras.mus.br/seu-jorge/a-carne/> Acesso em: 03 fev 2020.

aqui o instituto do vício redibitório[122]. Ainda, tinha-se como parte do trâmite da compra e venda o chamado "período de teste"[123], em que o negócio ficava em suspenso aguardando a "satisfação do comprador". Era quase um "direito de arrependimento", presente nos dias de hoje em nosso Código do Consumidor, em seu artigo 7º. A diferença é que, no caso da compra e venda do escravizado, o promitente comprador deveria alegar um motivo justo para não desejar concluir o negócio.

A moradia do escravizado era a senzala: uma habitação mal construída, apertada e sem janelas, que normalmente era trancada à noite[124]. Sua alimentação era precária: recebia normalmente uma ração diária fracionada de feijão, farofa e carne-seca. Em alguns relatos de viajantes, lemos que havia duas cozinhas: uma para os escravizados e outra para os brancos e que a qualidade da comida servida ao escravizado era tão ruim que sequer os cachorros a desejariam[125]. Esta divisão, esta verdadeira segregação alimentícia pode ser encontrada até os dias atuais: há diversos relatos de empregadas domésticas que sequer tem acesso à comida na geladeira e a "patroa" deixa para ela uma quantidade contada de comida por dia, algo similar à "ração" dos escravizados[126]. Por isso, concordo com o que Juliana Teixeira defende: o trabalho doméstico é uma versão atual da relação escravocrata.[127] Teixeira cita Lélia Gonzalez: "quanto à doméstica, ela nada mais é do que a mucama permitida, a da prestação de bens e serviços, ou seja, o burro de carga que carrega sua família e a dos outros nas costas".[128] De fato, Gonzalez afirma que há no Brasil uma "divisão racial do trabalho" e que não é uma coincidência o fato de que a maioria absoluta da população negra

122 CAMPELLO, *op. cit.*, pp. 32-33.

123 CHALHOUB, 2011, p. 88.

124 SLENES, *op. cit.*, p. 169.

125 TOUSSANT-SAMSON, apud SLENES, ibid., p. 195.

126 A página no facebook "Eu, empregada doméstica", reúne diversos relatos neste sentido.

127 TEIXEIRA, Juliana. *Trabalho doméstico.* São Paulo: Sueli Carneiro; Jandaíra. Coleção Feminismos Plurais. 2021. p. 173.

128 GONZALEZ, *apud* TEIXEIRA, op. cit., p. 113.

integra uma massa marginal que só cresce[129]. Preta Rara sintetiza muito bem, quando fala que "a senzala moderna é o quartinho de empregada".[130]

Voltemos ao Brasil oitocentista e a situação cruel vivida pelos escravizados. Em locais com fauna farta, a mesquinharia do senhor era grotesca: o escravizado – por ter tanta diversidade "ao seu dispor" – recebia pouco alimento. Cabia à ele resolver seu problema: quer por meio da criação de animais[131], quer encontrando tempo, disposição e ainda contar com a sorte de conseguir obter um alimento por meio da caça e pesca.[132]

A alforria – termo que vem do árabe e significa "libertar"[133] - era um procedimento não muito fácil para aquele que tinha a liberdade tolhida. Isso porque, a partir do momento em que o senhor questionava o valor, ajuizava-se uma ação e o escravizado era colocado em depósito. Isto certamente iria de encontro com os interesses do senhor, que perderia aqueles braços e pernas, seus meios de produção e com isso, para resguardar seus interesses, chegavam a requerer ao juiz que eles fossem alugados durante aquele período.[134]

Cumpre ressaltar que, até 1871, a alforria concedida poderia ser revogada por ingratidão daquele liberto. Muitos senhores, em um gesto de "compaixão", alforriavam escravizadas e seus filhos – filhos que também eram dele, frutos de um abuso - porém, os mantinham perto, já que lhes impunham a condição de continuar trabalhando para ele até que lhes fosse quitada a dívida. Em um caso documentado, datado de 1794, o senhor João Henriques, ao término do prazo de quitação da dívida pelos serviços prestados, rasgou as cartas de alforria e escravizou novamente seus próprios filhos.[135]

---

129 GONZALEZ, Lelia. *Por um feminismo afro latino americano.* RIOS, Flavia; LIMA, Marcia (orgs.). Rio: Zahar. 2021. p. 46.

130 Disponível em: https://www.brasildefato.com.br/2019/10/08/preta-rara-a-senzala-moderna-e-o-quartinho-da-empregada#:~:text=%E2%80%9CA%20senzala%20moderna%20%C3%A9%20o%20quartinho%20da%20empregada.%E2%80%9D%20A,negras%2C%20vivem%20diariamente%20no%20Brasil. Acesso em 10 jan. 2020.

131 Ibid., p. 190.

132 Ibid., p. 189.

133 PAIVA, Eduardo França. *Alforrias.* In: GOMES, SCHWARCZ, *op. cit.*, p. 92.

134 MENDONÇA, Joseli Maria Nunes. *Entre a mão e os anéis*: a lei dos sexagenários e os caminhos da abolição no Brasil. 2 ed. São Paulo: Unicamp, 1999, p. 200.

135 PENA, *op. cit.*, p. 200.

A carta de alforria (também chamada de carta de liberdade) era por vezes concedida em datas especiais para a família[136], uma espécie de "presente" do branco salvador, que enfim tiraria o escravizado da condição que aquele mesmo o submeteu. Outros senhores davam a alforria apenas em testamento, ou seja, o escravizado só estaria liberto ao término da vida de seu dono: era a alforria condicionada, condicional ou *statuliber*. No entanto, havia casos em que se concedia a alforria ao escravizado, mas seus filhos continuavam escravizados, transmitidos aos herdeiros do *de cujus*.[137]

Como se percebe, o escravizado poderia até conquistar a liberdade, mas ela não era plena, já que ele vivia com uma espada de Dâmocles em sua cabeça, dependendo da boa vontade e generosidade do antigo senhor. "Assim como não 'adquiriu' a escravidão, o escravo não 'adquire' a liberdade: ele sempre conserva a liberdade 'pela natureza', de forma 'latente', e o cativeiro significa apenas que ele foi vítima de um 'fato', do arbítrio da lei positiva".[138]

Havia ainda aqueles e aquelas que conseguiam – também por acordo com seus senhores – trabalhar como ganhadeiros/ganhadeiras:[139] as mulheres, por exemplo, saíam às ruas com imensos tabuleiros e vendiam seus quitutes. Sentiam-se livres durante aquele tempo, mas sabiam que precisavam conseguir não só vender sua mercadoria, mas dela obter lucro: isto porque os senhores ficavam com metade do valor que elas ganhavam na diária e a outra metade, certamente elas juntavam para obter a alforria. A liberdade de ir e vir era restrita: para circular pelas ruas, o escravizado precisava de um "passe", um documento assinado pelo seu senhor lhe dando esta autorização.[140]

136 CHALHOUB, 2011, p. 179.

137 A título de exemplo, o caso de Marcelino, escravizado liberto por seu senhor em testamento, que tinha filhos que permaneceram em cativeiro. Ele matou suas crianças, Josino, de 7 anos e Paulina, de 6. Foi a dois julgamentos pelo crime de filicídio – no primeiro, foi condenado à pena de morte. No segundo, foi condenado à pena de galés. Uma das testemunhas afirmou em juízo que Marcelino não suportou ver suas crianças escravizadas. FLORENTINO, Manolo; GÓES, José Roberto. *A paz nas senzalas*: famílias escravas e tráfico atlântico, Rio de Janeiro, c. 1790- c. 1830. São Paulo: Unesp. 2017. pp.11-18.

138 CHALHOUB, 2011, pp. 160-161.

139 Alguns utilizam a nomenclatura "escravos de ganho", que, por razões já expostas, não será utilizada neste trabalho.

140 REIS, João José. *Ganhadores*: A greve negra de 1857 na Bahia. **São Paulo: Companhia das Letras. 2019, p. 26.**

Sabiamente, para evitar que a escravidão perdurasse geração após geração, homens escravizados casados preferiam comprar primeiro a alforria de suas mulheres. Assim, caso engravidassem, seus filhos nasceriam livres (é o princípio do *partus sequitur ventrem*). As mulheres seguiam a mesma lógica: se tivessem filhos ou filhas, as crianças eram alforriadas em primeiro lugar. Apesar de todos sonharem com a sua liberdade, já sabiam que, em prol de uma causa maior – a erradicação da escravidão – deixavam adormecido o sonho individual e pensavam no coletivo.

Mesmo com a documentação da alforria em mãos, aquela sociedade escravocrata não deixaria o liberto se esquecer qual era seu lugar: ele carregava um documento em que constava nome, "qualidade" ("preto", "crioulo") e natureza jurídica ("escravo", "forro")[141]. Etiqueta-se aquelas pessoas que não eram desejadas pela sociedade branca escravista, uma espécie de teoria do *labeling approach,*[142] que surgiria um século mais tarde.

1.2.6 – O sistema escravista e a legislação vigente

A pressão externa, principalmente vinda da Inglaterra, ocorria desde os tempos do Brasil Colônia, o que fez com que D. João assinasse três acordos com aquele país, acordos estes que envolviam diretamente a questão do tráfico negreiro. Em 1810, os países celebraram o Tratado de Aliança e Amizade, que determinava em seu artigo X que o tráfico de negros africanos ficaria restrito às possessões de Portugal na costa da África. É uma nítida tentativa de se restringir o tráfico a determinados locais, de se fazer uma delimitação, uma demarcação para separar os locais permitidos e os proibidos. Cinco anos depois, em 1815, o acordo diplomático assinado em 22 de janeiro proibia o tráfico ao norte da linha do Equador. O terceiro e último acordo foi assinado em 1817, ocasião em que se permitia o direito de visita recíproco entre as embarcações da marinha de guerra e a formação de comissões mistas em que juízes de am-

141 PAIVA, In: GOMES, SCHWARCZ, *op. cit.*, p. 98.

142 Pela teoria criminológica do etiquetamento, surgida na década de 1960 nos Estados Unidos, as noções de crime e criminoso são construídas socialmente, a partir de uma definição legal, dada pelos legisladores. Assim, ultrapassa-se a ideia da Escola Positiva de Lombroso e Ferri, em que o crime é algo inato à pessoa. Na verdade, determinados indivíduos são etiquetados pela sociedade, o tido "comportamento desviante", que é aquele por ela definido, para que ela tenha controle sobre estes corpos.

bas as nações julgariam as apreensões feitas por navios de guerra responsáveis pelo patrulhamento nas costas da África e em alto mar.[143]

Em menos de uma década, Portugal foi duramente pressionado para exterminar gradativamente o tráfico de escravizados. No entanto, isto não foi suficiente para que a questão fosse resolvida. A 07 de setembro de 1822, o Brasil proclama a sua independência, mas mantem consigo uma dura herança: recepciona a legislação colonial, que mantinha 1.140.000 escravizados em cativeiro, que representavam 31% da população.[144]

Dois anos depois da independência, no ano de 1824, o imperador Dom Pedro I outorgou a primeira Constituição brasileira. Curiosamente, ela não tratava de forma explícita sobre a escravidão. No entanto, seu artigo 6º elencava quem era considerado "cidadão brasileiro" e o inciso I mencionava expressamente os nascidos livres e os libertos.[145] Os dois, ingênuos e libertos poderiam votar nas eleições, mas eram inelegíveis. E os escravizados? A partir da leitura deste artigo, não era preciso fazer um grande esforço para entender o que estava nas entrelinhas, o que não foi expressamente dito: o escravizado não era cidadão e, portanto, mesmo sem mencionar o termo "escravidão", o regime continuava de forma legal no país. Ainda, o artigo 4º da Carta estabelecia a propriedade (e aqui entram os escravizados) como direito inalienável.

Homens e mulheres escravizados eram considerados coisas para os códigos da época. Só eram julgados como seres humanos quando cometiam crimes como homicídio contra o senhor: sua humanização dependia,

---

143 O Alvará de 26 de janeiro de 1818 (que tinha força de lei) ratificava os Tratados assinados. Disponível em: <http://bd.camara.gov.br/bd/bitstream/handle/bdcamara/18332/colleccao_leis_1818_parte1.pdf?sequence=1> Acesso em: 21 fev. 2020. É importante ressaltar a pressão inglesa contra o tráfico quando da independência do Brasil. George Canning, secretário do Exterior britânico, instruiu seus subordinados a não reconhecerem qualquer país do Novo Mundo envolvido no tráfico. Por conta disso, D. Pedro I preferiu aguardar a Assembleia Constituinte de 1823 para se posicionar quanto ao assunto. Neste ano, José Bonifácio informou a Chamberlain que o Brasil cumpriria os tratados de 1815 e 1817. FLORENTINO, Manolo. *Em costas negras*: uma história do tráfico de escravos entre a África e o Rio de Janeiro (séculos XVIII e XIX). São Paulo: Unesp. 2014. p. 41.

144 CAMPELLO, op. cit., p. 34.

145 "Art. 6. São Cidadãos Brazileiros: I. Os que no Brazil tiverem nascido, quer sejam ingenuos, ou libertos, ainda que o pai seja estrangeiro, uma vez que este não resida por serviço de sua Nação".

portanto, da prática de ilícitos. Por isso, Gorender afirma que "o primeiro ato humano do escravo é o crime."[146]

A Inglaterra continuava sua luta para que os Tratados assinados fossem, de fato, cumpridos. O Brasil acaba por concordar com a assinatura de um novo Tratado, datado de 23 de novembro de 1826, que equiparava o tráfico de escravizados ao ato de pirataria e, portanto, uma conduta ilícita[147].

Infelizmente, de nada adiantou tanta diplomacia e assinaturas. Uma Portaria de 21/05/1831 proibia o contrabando de escravizados e, neste mesmo ano foi assinada uma nova lei, em 07 de novembro de 1831, a chamada Lei Feijó. Esta foi a primeira lei brasileira que proibia o tráfico e impunha severas penas a quem praticasse o ato ilícito. O diploma legal, no entanto, era letra morta: nas duas décadas posteriores à promulgação desta lei, mais de 750 mil negros africanos desembarcaram no Brasil à força, em razão do contrabando[148]. A lei foi tão burlada que foi daí que surgiu a expressão "lei para inglês ver".[149]

O Brasil não só continuou a trazer à força negros de África, como o tráfico aumentou entre os anos de 1831 e 1845: estima-se que neste período quatrocentos e setenta mil africanos desembarcaram dos tumbeiros em terras brasileiras. Havia um pacto de silêncio quanto ao tráfico ilegal: o governo, para não perder o apoio dos senhores, fazia "vista grossa", conduta que perdurou até a publicação da Lei Eusébio de Queiroz, em 1850.[150]

O regime escravista mantinha a economia e a questão era deveras sensível, por envolver fatores não só econômicos, mas também de interesse das

---

146 GORENDER, apud FLORENTINO; GÓES, op. cit., p. 25.

147 De acordo com o artigo 1º deste Tratado, a partir da ratificação deste documento (que ocorreu em 13 de março de 1827), contar-se-ia três anos para que o tráfico fosse considerado ilegal e, portanto, equiparado à pirataria. Na prática, cederam um pouco: a partir de 13 de março de 1830, navios negreiros brasileiros encontrados atuando no litoral africano teriam o prazo de seis meses para retornar ao Brasil. FLORENTINO, op. cit., p. 42.

148 CHALHOUB, Sidney. *A força da escravidão*: ilegalidade e costume no Brasil escravista. São Paulo: Companhia das Letras. 2012, p. 29-30. É preciso ressaltar que, somente na primeira metade do século XIX, mais de 42% de africanos chegaram em terras brasileiras em razão do tráfico negreiro. CHALHOUB, 2012, p. 35.

149 CAMPELLO, op. cit., p. 104. O barão de Fourth-Rouen, diplomata francês, registrou sua indignidade ao descumprimento da lei pelos brasileiros e entendeu que isto ocorria por entenderem que não seria contrabando, ou seja, não haveria qualquer ilicitude, já que "estão convencidos de que os negros não estão aptos a outra coisa (...) nasceram para escravo". REIS, op. cit., pp. 36-37.

150 MAMIGONIAN, Beatriz Galotti. *Africanos livres*. In: GOMES, SCHWARCZ, *op. cit.*, p. 75.

classes dominantes. Desgostosa com o fato de terem sido ignorados todos os diplomas legais assinados entre os países, a Inglaterra, por meio de seu Parlamento, promulga em 08 de agosto de 1845 a Lei Bill Aberdeen,[151] que autorizava a invasão de embarcações deste país nas águas do Brasil.

Certamente, tal ato da Inglaterra gerou uma grande comoção no Brasil. Isto porque ocorreu a captura de seiscentos e trinta e quatro tumbeiros entre 1837 e 1847,[152] além de ter ocasionado o Incidente de Paranaguá. Assim, com o intuito de evitar uma guerra com aquele país – e não por passar a entender que aquelas pessoas comercializadas deveriam ser vistas como seres humanos e não como coisas – e por resguardar a sua soberania que foi promulgada a Lei Eusébio de Queiroz,[153] em 1850, que declarava a proibição do tráfico negreiro. Cumpre ressaltar que, um dos fatores que contribuiu para a promulgação da referida lei foi a epidemia de febre amarela e a ligação que era feita entre a doença e o tráfico negreiro.[154]

Em 28 de dezembro de 1853, foi promulgado o Decreto n. 1303, que determinava que os africanos livres, cujos serviços foram arrematados por senhores, deveriam ser emancipados após quatorze anos, quando assim o requeressem. Não eram completamente livres: precisariam residir em local designado pelo governo e precisavam ter uma ocupação ou serviço assalariado.[155] O Ministério da Justiça foi tomado por petições daqueles africanos, que tiveram que aguardar até 1863 - quando da Questão Christie - por uma resposta positiva do governo. Finalmente, em 1864, foi publicado em 24 de setembro o Decreto 3.310, que determinava a emancipação definitiva de todos

151 Também conhecida como Slave Trade Supression Act ou Aberdeen Act, a lei foi elaborada por George Hamilton-Gordon, o Lorde Aberdeen, que deu o nome a ela.

152 MALHEIRO, Agostinho Marques Perdigão. *A escravidão no Brasil*: ensaio histórico-jurídico-social: africanos. v. III. Rio de Janeiro: Typographia Nacional, 1867, p. 58.

153 O nome da lei é uma referência a seu autor, Eusébio de Queirós Coutinho Matoso da Câmara (1812-1868) que também elaborou o Código Comercial de 1850. Machado de Assis, em *O Velho Senado*, assim o descreveu: "Uma só vez ouvi falar a Eusébio de Queiroz e a impressão que me deixou foi viva (...) Não foi discurso de ataque, mas de defesa, falou na qualidade de chefe do Partido Conservador. (...) era justamente respeitado dos seus e dos contrários.

154 PIMENTA, Tania Salgado. *Doenças*. In: GOMES, SCHWARCZ, op. cit., p. 196.

155 Nos Estados Unidos, a Suprema Corte decidiu em 1857, através do caso Dred Scott vs. Sanford, que o regime escravista não poderia ser juridicamente contestado. Assim como no Brasil, os negros escravizados não eram considerados cidadãos. ALMEIDA, op. cit., p. 142.

os africanos livres. Com tamanha demora em se cumprir as leis, acontece o inevitável: um terço faleceu antes de ter de volta a sua liberdade plena.[156]

Em 1854, uma lei que não é tão conhecida foi promulgada: a Lei Nabuco de Araújo, novamente com o objetivo de coibir o tráfico negreiro ilegal, já que previa sanções a autoridades que encobrissem o contrabando de escravizados.

A Inglaterra estava desgostosa com o posicionamento que o governo brasileiro adotava quanto à questão da escravidão. Este foi um dos motivos que geraram a crise diplomática entre os dois países, a Questão Christie, nome creditado ao embaixador britânico William Dougal Christie. O rompimento das relações diplomáticas ocorreu em 1863, por iniciativa do Brasil e os laços entre os países só foram restabelecidos dois anos depois, em 1865.

Em uma resposta à pressão do povo e, como forma de conter um barril de pólvora que poderia explodir a qualquer momento, foi promulgada em 28 de setembro de 1871 a Lei do Ventre Livre. O que se ensina rapidamente é que, a partir daquele ano, todos aqueles que nasciam no Brasil eram considerados livres. Pretendia-se "estancar a fonte da escravidão pelos nascimentos".[157] No entanto, ao ler a lei percebemos que não era bem assim: o dono da escravizada tinha o poder de escolha: ficar com a criança em seu poder, até que ela completasse vinte e um anos de idade – ocasião em que ela seria, de fato, livre – ou libertá-la quando completasse oito anos de idade, recebendo uma indenização de seiscentos mil réis. Percebe-se que não foi, de fato uma lei abolicionista: tentava-se adiar, tanto quanto se podia, a libertação de todas aquelas pessoas.

A promulgação da referida lei ainda trazia a seguinte questão: o filho da escravizada passaria então a ser ingênuo ou cativo? Perceba que, a depender da posição que se adota, a criança seria ou não considerada cidadã. Caso considerada ingênua, a criança seria livre e, portanto, poderia gozar de todos os direitos assegurados aos nascidos no Brasil. Ainda, quando do debate da elaboração da lei, o que se queria evitar era que estas crianças fossem tidas como propriedades dos senhores, para que se retirasse do Estado o dever de indenizá-los.[158]

---

156 MAMIGONIAN. In: GOMES, SCHWARCZ, op. cit., p. 75.

157 MENDONÇA, Joseli Maria Nunes. *Legislação emancipacionista, 1871 e 1885.* In: GOMES, SCHWARCZ, op. cit., p. 280.

158 ALBUQUERQUE, *op. cit.*, p. 76.

É importante mencionar que se caminhava a passos muito lentos. Ainda assim, houve a tentativa, por meio de um projeto de lei, de revogação das leis de 1831, 1850, 1854 e 1871[159]. O referido projeto de lei, em seu artigo 3º, assim dispunha: "Não se admite de forma nenhuma a libertação dos negros e mulatos, visto como eles poderiam aspirar a concorrer no comércio, nas letras e na política". O povo negro livre era visto como uma ameaça ao governo e por isso mesmo diversas manobras foram feitas para o controle dos corpos negros, como veremos adiante.

Superada esta tentativa de retrocesso escravista, no mesmo dia e mês em que se promulgou a Lei do Ventre Livre, agora no ano de 1885, promulgou-se a Lei Saraiva-Cotegipe, mais conhecida como Lei dos Sexagenários, fruto de intenso debate no Congresso – já que muitos parlamentares defendiam os interesses dos senhores de escravizados - e negligenciada pela historiografia.[160]

Mais uma vez, aprende-se que esta seria uma ótima lei, já que concedia alforria a todos aqueles que tinham sessenta anos de idade ou mais. No entanto, camufla-se o fato de que, por mais três anos deveriam os escravizados trabalhar para seus senhores, que valeriam como uma espécie de indenização. Ora, como se não bastasse o extenso período pelo qual foram explorados, eles ainda teriam que fazê-lo por mais três anos, quando já contavam com uma idade avançada, levando-se em conta a expectativa de vida daquela época. Ainda, quando alforriados, não tinham liberdade de ir e vir: deveriam permanecer na cidade em que receberam a alforria por cinco anos. Caso, por um milagre, conseguissem a liberdade, já contariam com uma idade avançada, com a saúde comprometida em razão dos longos anos de exploração e, portanto, improdutivos para uma sociedade movida à exploração de mão-de-obra. Para onde iriam aqueles homens e mulheres?

1.3 – O movimento abolicionista: do povo, pelo povo, para o povo

Acerca do regime escravista – até então legal – havia quem defendia que a escravidão seria um "mal necessário" e que, para não ruir por completo o

159 PINTO, Ana Flávia Magalhães. *Escritos de liberdade*: literatos negros, racismo e cidadania no Brasil oitocentista. São Paulo: Unicamp. 2018. op. cit., p. 243.

160 MENDONÇA, *op. cit.*, pp. 21 e 23.

país, sua extinção deveria ser feita de forma gradual. Neste sentido, o deputado Almeida Nogueira: "aqueles que pretendem que é permitido arrancar aos senhores sua propriedade negra, pura e simplesmente porque essa propriedade é e sempre foi ilegítima, desconhecem que ela é e sempre foi legal".[161]

Sim, o regime era legal e era nisso que se amparavam os castigos corporais aos escravizados. Açoitados, amarrados a árvores, ameaçados de serem chicoteados constantemente caso não fizessem seu trabalho da forma correta, os senhores tinham essas reprováveis condutas - se não pelo ponto de vista jurídico, pelo viés moral - total amparadas pelo Código Criminal do Império de 1830, mais especificamente em seu artigo 60.[162] O que não se permitia era o castigo tido como "excessivo":

> A prática disciplinar e corriqueira do castigo sobre os escravos estava bem longe de ser percebida como problema ou sequer como um dilema de cunho moral; quando muito, as autoridades e os clérigos coloniais, por razões políticas, espirituais e mesmo de racionalidade econômica, aconselhavam seus proprietários a evitar os 'abusos' nos castigos (...) [163]

Portanto, castigos moderados seriam legais, uma forma de "mostrar ao escravizado quem mandava".[164] Afinal, não se poderia permitir, por exemplo, que ele afrontasse e desobedecesse às ordens do senhor impunemente. O que se determinava como "moderação" já era em si algo cruel. Contava-se o número máximo de chibatadas não por pena daquela pessoa amarrada, apanhando, mas sim por medo de que a "peça" ficasse "avariada" ou "inutilizada", causando assim prejuízo ao dono.

Muitas pessoas escravizadas ingressavam em juízo em face de seus senhores, tendo como causa de pedir o excessivo castigo. No entanto, os plei-

---

161 MENDONÇA, op. cit., p. 143.

162 Apenas em 15 de outubro de 1886, pouco antes da promulgação da Lei Áurea, foi aprovada no Brasil lei que aboliu a aplicação da pena de açoites contra escravizados. A nova norma legal revogou o artigo 60 do Código Criminal e a lei de 10 de junho de 1835, na parte em que instituía a pena de açoites para os cativos julgados e condenados nos tribunais.

163 PENA, Eduardo Spiller. *Pajens da Casa Imperial*: jurisconsultos, escravidão e a lei de 1871. São Paulo: Unicamp, 2001, p. 98.

164 "Art. 14. Será o crime justificavel, e não terá lugar a punição delle: (...) 6º Quando o mal consistir no castigo moderado, que os pais derem a seus filhos, os senhores a seus escravos, e os mestres a seus discipulos; ou desse castigo resultar, uma vez que a qualidade delle, não seja contraria às Leis em vigor".

tos na maioria das vezes não eram levados em consideração.[165] Como mencionado acima, o escravizado tinha a natureza jurídica de bem semovente. Assim, como um semovente, uma coisa, poderia denunciar seu senhor por maus tratos? Paradoxalmente, caso ele matasse seu senhor, responderia pelo crime[166] – como se pessoa fosse[167] – assim como nos casos de insurreição.[168] O escravizado, portanto, adquiria a natureza jurídica tal qual fosse conveniente ao sistema legal vigente e àqueles que dele se beneficiavam.

O problema é que, quem tinha este posicionamento era uma pessoa livre,[169] que não tinha ideia – ou, se tinha, não dava a menor importância - do que foi ser arrancado de seu país para sofrer física e psiquicamente nas mãos de senhores que tinham total domínio de seus corpos e sua força braçal. Pensava-se muito nos interesses dos senhores – inclusive quando estes iam a juízo[170] -, colocados na posição de vítimas caso a escravidão fosse extinta, pois sofreriam com a tomada à força de sua propriedade – lembrando que o escravizado não era mais

165 Por vezes, magistrados julgavam a causa em favor do escravizado, senão por questões humanas, que seja por questões de Justiça. Exemplo disso é o juiz Negreiro Lobato: "E nem se digam que perigoso se torna para a sociedade a punição dos crimes dos senhores contra seus escravos. O Poder Judiciário quando trata de administrar a Justiça deve desconhecer estes fantásticos perigos, e descarregar com imparcialidade a espada da Justiça sobre o verdadeiro culpado; talvez por assim não ter praticado sempre, é que tenham aparecido estas cenas de sangue". (LOBATO, Negreiro. *apud* AZEVEDO, Elciene. *O direito dos escravos*. São Paulo: Unicamp, 2010, p. 45)

166 Lei n. 4, de 10 de junho de 1835: "Art. 1º Serão punidos com a pena de morte os escravos ou escravas, que matarem por qualquer maneira que seja, propinarem veneno, ferirem gravemente ou fizerem outra qualquer grave offensa physica a seu senhor, a sua mulher, a descendentes ou ascendentes, que em sua companhia morarem, a administrador, feitor e às suas mulheres, que com elles viverem".

167 Com o Decreto 1.310 de 02 de janeiro de 1854, abriu-se a possibilidade de o escravizado condenado recorrer ao Poder Moderador, a fim de que lhe fosse concedida graça (aqui entendida não perdão individual, mas sim uma comutação da pena).

168 "Art. 113. Julgar-se-ha commettido este crime, retinindo-se vinte ou mais escravos para haverem a liberdade por meio da força".

169 Perdigão Malheiro, autor de "A escravidão no Brasil", adotava este posicionamento: entendia a escravidão como algo ilegítimo, mas que estava positivado pelo ordenamento jurídico. No melhor estilo *dura lex sed lex*, lamentava a servidão, mas argumentava que nada poderia ser feito, já que a lei era dura, mas ainda assim, era a lei e, portanto, devemos obediência a ela. No mesmo sentido, Teixeira de Freitas lamentava a "mácula" que era a escravidão. No entanto, por ser um direito de propriedade garantido por lei, nada deveria ser feito: lamenta-se a violência, mas as mãos para agir em prol daquelas pessoas estão atadas.

170 Ao contrário de Luiz Gama, Caetano Soares – chamado de "advogado da liberdade" por Joaquim Manoel de Macedo – prestava assistência jurídica a escravizados e libertos, desde que não ofendessem os 'legítimos interesses' dos senhores. PENA, op. cit., p.82.

do que uma coisa – sem qualquer tipo de indenização: "se a escravidão é uma violência, a emancipação sem a indenização é uma violência da mesma natureza. Seria procurar reparar uma injustiça com outra injustiça".[171]

Os abolicionistas clamavam pela libertação, apesar de alguns serem classificados como "moderados" em suas ideias de liberdade, por acreditarem que a escravidão não poderia ser extinta de imediato, mas sim passo a passo, gradativamente. O jurista e religioso Caetano Soares, por exemplo, entendia que a abolição total e pronta era uma "teoria bela", mas vinha com uma proposta mais "humilde": "melhoramento da sorte dos escravos, legando ao tempo e às sucessivas e graduais transformações da lei o fim mesmo da escravidão".[172] Segundo ele, a ruptura total do sistema escravocrata destruiria as fortunas e a agricultura e faria com que a civilização, tal qual um caranguejo, andasse para trás. Chegou ao ponto de defender a existência de uma "magistratura especial" – uma vara especializada, talvez – competente para "conhecer das queixas dos escravos". Caso o pedido daquele escravizado fosse julgado procedente, ele deveria ser vendido para um senhor "mais humano".[173] Infelizmente, a emancipação gradual também era a posição oficial do IAB – Instituto dos Advogados do Brasil.[174]

Perdigão Malheiro, dito abolicionista, concedeu alforria condicionada a seus escravizados: eles deveriam trabalhar para ele gratuitamente durante mais cinco anos. Segundo ele, aqueles que ganhavam a alforria condicionada poderiam ser equiparados aos menores de idade: não estariam preparados para exercer plenamente todos os atos da vida civil. Libertos, os ex-cativos não teriam condições morais de viver em uma sociedade livre.[175] Impossível não verificar aqui o paternalismo.

Joaquim Nabuco, conhecido por todos pelas obras "A escravidão" e "O abolicionismo", o dito "herói da abolição" e defensor desta causa, adotava tal postura de forma similar a um verniz: debaixo dela, há sua real posição quando aos escravizados, tidos como bárbaros, selvagens, que são movidos a paixões que precisam ser satisfeitas. Ainda, não poderiam se defender, por

171 MENDONÇA, op. cit., p. 144.

172 PENA, op. cit., p. 147

173 Ibid., p. 161.

174 Ibid., p. 276

175 CHALHOUB, 2011, pp. 174-175.

não conhecer seus direitos, cabendo, portanto, mais uma vez ao branco, com diploma, o papel de salvador, de herói: a ele teria sido outorgado um instrumento de "mandato da raça negra".[176]

Por conta disso, penso que não se deveria chamar todos indistintamente de abolicionistas. Esta nomenclatura deveria ser reservada apenas àqueles que, de fato, lutavam pela extinção da escravidão – sem qualquer prazo ou condição - e abominavam totalmente este regime. Ao menos, se assim não se entender, ao se referir a estas pessoas tidas como "moderadas" em seus ideais de abolição, este adjetivo deveria ser sempre utilizado, para chamar a atenção de como os ideais abolicionistas eram por ela tratados. Afinal, no Brasil imperial, "todos condenavam a escravidão, mas quase ninguém queria dar um passo para viver sem ela".[177]

Homens e mulheres, brancos e negros, lutavam pela liberdade. Em 1823, antes mesmo da primeira Constituição brasileira ser outorgada, José Bonifácio já bradava que não poderia existir nação realmente livre e independente enquanto existisse divisão civil interna entre senhores e escravos.[178] Bonifácio entendia que a abolição não deveria vir em etapas, de forma gradual: deveria ser "tudo" (não haveria hipótese de "tudo ou nada") e, para isso, todos os meios poderiam ser utilizados, ainda que a legalidade fosse deixada de lado.[179]

A historiadora e professora Joseli Maria Nunes Mendonça, no processo de pesquisa para a sua tese, se perguntou como aqueles homens poderiam se esforçar tanto intelectualmente para defender a legalidade da escravidão.[180]

Como já mencionado, muitas pessoas acreditavam que a escravidão era um mal, mas um mal necessário. José de Alencar, um dos mais aclamados escritores brasileiros, publicou Cartas ao Imperador a favor do regime escravista. Curiosamente, esta obra, datada de 1867, não é conhecida do grande público, já que nela contém o posicionamento daquele que era considerado abolicionista, "mas nem tanto". A escravidão justificava-se por ter como base uma lei, que era justa, moral e útil, já que realizava um "melhoramento na sociedade" e caso

176 CHALHOUB, 2011, pp. 215-216.

177 CHALHOUB, Sidney. Machado de Assis historiador. São Paulo: Companhia das Letras. 2003. p. 141.

178 PENA, *op.* cit., p. 273.

179 ALBUQUERQUE, op. cit., p. 331.

180 MENDONÇA, op. cit., p. 146.

"não fosse inventada, a marcha da humanidade seria impossível (...) Sem a escravidão africana e o tráfico que a realizou, a América seria ainda hoje um vasto deserto". [181] Na condição de homem livre, tem a ousadia de dizer que o regime é bom tanto para quem domina quanto para quem é dominado e diz que apesar de a lei ainda considerar o escravo como coisa, o costume já o considera um homem "embora interdito e sujeito". Ainda, ressalta que "o mais sagrado dos direitos civis, o matrimônio, também está ao alcance do escravo em nosso país. Ele forma a sua família; o senhor a respeita e a garante".[182]

Ao ler as cartas de Alencar, poder-se-ia, em um primeiro momento, pensar que ele estaria fazendo uma crítica, de forma irônica. Infelizmente, a leitura do texto integral nos revela que este homem branco pensa que a abolição deve vir a passos largos e extinguir-se como que por combustão espontânea, já que é uma amálgama na sociedade e deve dela se descolar espontaneamente, para que não cause efeitos desastrosos.

Manter a escravidão pelo maior tempo possível era o foco principal. No entanto, a situação já estava insustentável. Além das pressões externas sofridas desde o início daquela década, o governo também sofria pressões internas: havia a resistência do povo, que se organizava e se rebelava contra o governo e a escravidão.

É completamente desonesto tratar o movimento abolicionista como fruto de uma classe de intelectuais de cor branca que, sensibilizados, resolveram se juntar para lutar pela causa, apagando completamente a luta de milhares de escravizados e libertos. Falar em passividade e aceitação da população escravizada – que, portanto, nasceu para ser mandada – é apagar importante parte da história do Brasil, fazendo com que os brancos, na qualidade de heróis – seria o papel do "branco salvador"[183]- salvassem a população negra escravizada daquele regime cruel:

181 ALENCAR, José de. *Cartas a favor da escravidão.* São Paulo: Hedra, 2008. pp. 64-65 e 69.

182 Ibid., p. 89.

183 Spike Lee, na premiação de 2019 do Oscar, ameaçou deixar a cerimônia ao ouvir que o filme "Green Book" teria ganhado o Oscar de melhor filme (o filme de Lee, "Infiltrado na Klan", concorria nesta categoria). Depois, em entrevista, desabafou: "toda vez que alguém está conduzindo alguém, eu perco". Lee, em 1989, filmou "Faça a coisa certa", que sequer chegou aos cinco indicados ao Oscar de Melhor Filme em 1990. Naquele ano, o filme que ganhou a estatueta foi "Conduzindo Miss Daisy". A fala de Lee tem uma crítica sutil: não se trata do fato de os dois filmes vencedores terem motoristas no papel, mas sim pelo fato de termos as figuras do "branco salvador" – o herói que salva o negro – e do "negro mágico" – aquele que não deseja os holofotes para si, que fica contente com seu papel de ajudante da pessoa branca. Disponível em: <https://cultura.estadao.com.br/noticias/cinema,toda-vez-que-alguem-esta-conduzindo-alguem-eu-perco-o-oscar-diz-spike-lee,70002735803>. Acesso em: 20 fev. 2020.

> Essa interpretação paternalista (de Joaquim Nabuco) se casou muito bem com a corrente historiográfica sobre a escravidão no Brasil, segundo a qual o escravo, espoliado de sua humanidade pela violência do regime escravista, seria desprovido de qualquer ação autônoma, cabendo aos abolicionistas, movidos por sentimentos humanitários e progressistas o dever de resgatá-los do cativeiro.[184]

É justamente por isso que muitas pessoas desconhecem uma das maiores revoltas que tivemos – a dos Malês, na Bahia, em 1835.[185] Apenas de algum tempo para cá passou-se a falar e a conhecer figuras importantes, como Luisa Mahin, uma das líderes daquela rebelião.

Como os escravizados não adotavam a figura de passividade[186], a Revolta dos Malês não foi a única. No entanto, se esta, uma grande revolta, não é estudada, que dirá as revoltas que aconteciam em menor proporção, nas demais províncias? A Bahia, por exemplo, foi palco de inúmeras ressurreições entre 1807 e 1835. Este quadro se repetia em outras regiões do Brasil.[187] Em 1832, por exemplo, foi elaborado um plano de insurreição que envolvia escravizados de quinze engenhos de açúcar em Campinas, no Estado de São Paulo.[188]

Além das rebeliões, há inúmeros casos documentados de suicídios[189] e de escravizados que matavam seus senhores[190]. A imprensa marrom, adotando o

---

184 AZEVEDO, Elciene. *O direito dos escravos*. São Paulo: Unicamp. 2010, p. 21.

185 SHWARCZ. In: GOMES, SCHWARCZ, op. cit., p. 30.

186 Em 1828, foi criada a Justiça de Paz, com o objetivo de conter os protestos dos escravizados. CARVALHO, Marcus J. M de. *Cidades escravistas*. In: GOMES, Flavio; SCHWARCZ, Lilia Moritz. (orgs.). op. cit., p. 160.

187 A título de exemplo, temos as seguintes revoltas: de Carrancas (Minas Gerais, 1833), São Carlos (Campinas/SP, 1832), Manuel Congo (Vassouras/RJ, 1838), Queimado (Espírito Santo, 1849), Serro (Minas Gerais, 1864) e Viana (Maranhão, 1867). Isso demonstra que, durante todo o período oitocentista, diversas rebeliões eclodiram em todo o Brasil. SHWARCZ. In: GOMES, SCHWARCZ, op. cit., p. 31.

188 Esta revolta foi tema da dissertação de Mestrado de Ricardo Figueiredo Pirola, posteriormente adaptada para o livro Senzala Insurgente, lançado pela Editora da Unicamp, em 2011.

189 Segundo dados, os escravizados se suicidavam mais do que homens livres. MATTOSO, op. cit., p. 155.

190 Luiz Gama, que exercia a defesa de escravizados e foi responsável pela libertação de mais de quinhentos deles, arguia a excludente da legítima defesa ao tratar de casos de homicídio dos senhores pelos escravizados, sendo dele a seguinte frase: "O escravo que mata o senhor, seja em que circunstância for, mata sempre em legítima defesa". Caso o escravizado fosse condenado, a pena era de morte, abolida de nosso ordenamento jurídico apenas em 1876.

jargão "*if it bleeds, it leads*",[191] escrevia manchetes sensacionalistas: "Cenas de sangue".[192] Um dos inúmeros casos de assassinatos documentados remonta abril de 1871, tendo o escravizado assim justificado a sua conduta: "não sabia a razão pelo qual havia de trabalhar toda a sua vida em proveito exclusivo de um homem igual a si".[193] Igualmente incontáveis foram os casos de fugas individuais ou em grupo, que eram "a expressão violenta da revolta interior do escravo inadaptado".[194] Caso tivessem sucesso, eram acolhidos por indígenas – havia inclusive casamentos entre o escravizado fugido e indígena – ou por quilombos[195]. No entanto, muitos eram recapturados e tinham a letra "F" (para que todos soubessem que era fujão) marcada em sua testa, ato permitido pela Ordenação Real de 1741.[196]

Não se pode deixar de mencionar a grande Revolta de São Domingos, no Haiti, que durou de 1791 a 1804, aboliu a escravidão, tornou o Haiti um país independente governado por pessoas de ascendência africana e certamente fez os senhores, donos de escravizados no Brasil, recearem bastante que algo parecido ocorresse por aqui.

Aprendemos em física que, para toda ação, tem-se uma reação. Com o regime escravista não foi diferente:

> Ao contrário do que revela a iconografia, marcou o sistema [escravista] um verdadeiro toma lá dá cá, em que a escalada da violência da escravidão foi acompanhada pela mesma proporção na reação. Revoltas e insurreições sempre existiram, sendo algumas individuais – como os assassinatos, envenenamentos, suicídios e até abortos, outras mais coletivas. Uma das modalidades mais temidas foi a revolta aberta: movimentos em

---

191 "Se tem sangue vira manchete, reza o antigo lema dos jornais populares e dos plantões jornalísticos" Cf. SONTAG, Susan. *Diante da dor dos outros*. São Paulo: Cia das Letras, 2003, p. 37.

192 AZEVEDO, op. cit., p. 37.

193 PENA, op. cit., pp. 26-27.

194 MATTOSO, op. cit., p. 153.

195 Lugares – e símbolos - de resistência, os quilombos existiram – e existem, resistem – em todo o país. Segundo Gonzalez, data de 1559 a notícia dos primeiros quilombos. Ela ainda ensina que a palavra quilombo vem do quimbundo, língua banto falada em Angola, cuja tradução seria "capital, povoação, união". No entanto, a tradução dada é "valhacouto de escravos fugidos". Op. cit., p. 51.

196 Ibid., p. 162.

> que escravos planejavam ações de invasão de vilas, cadeias; ataques aos engenhos e/ou forças coloniais e imperiais.[197] (SCHWARCZ, 2018, p. 30)

É, portanto, falacioso dizer que no Brasil os escravizados aceitaram pacificamente sua condição e que nada fizeram para conquistar a liberdade. Aliás, desde a sua captura eles se insurgiam contra a tomada de sua liberdade: dentro dos tumbeiros já se rebelavam, tendo um dos episódios narrados nas telas de cinema, no filme *Amistad*,[198] dirigido por Steven Spielberg.

Ainda, é importante que se reconheça a associação das pessoas escravizadas – não apenas com o intuito de planejar uma insurreição, mas também de professar a sua fé – nos terreiros de candomblé[199] – e através das maltas de capoeira.[200]

Importantes Sociedades foram criadas durante este período, no intuito de lutar pela abolição no país. A Sociedade Libertadora 7 de Setembro foi uma delas. Castro Alves, mais conhecido por seu poema "Navio Negreiro", que lhe rendeu o apelido de "Poeta dos escravos", apesar de morrer muito jovem, aos vinte e quatro anos, fez muito pela causa: fundou a referida sociedade, que contou com quinhentos e doze sócios e, através dela, conseguiu a alforria de quinhentos escravizados, além de fundar o Jornal "O Abolicionista".[201]

No dia 25 de março de 1884, a então província do Ceará aboliu a escravidão, tendo como uma figura essencial para este feito ao jangadeiro Chico da Matilde – o Dragão do Mar, que tinha em sua embarcação a palavra "liberdade" inscrita. Ele bravamente liderou uma greve, impedindo o mercado

---

197 SCHWARCZ, Lilia. In: GOMES, Flavio; SCHWARCZ, Lilia Moritz. (orgs.). op. cit., p. 30.

198 Amistad concorreu a quatro categorias no Oscar de 1998: ator coadjuvante, figurino, trilha sonora original e fotografia. Apesar do belo trabalho em transpor para as telas a história daqueles homens acondicionados no navio La Amistad, o filme, lançado em 1997 foi ofuscado pelo blockbuster Titanic naquele ano.

199 As religiões de matriz africana sofrem perseguições até hoje. Infelizmente, é comum termos conhecimento de terreiros que sofrem ataque por conta do racismo religioso. Em matéria datada de 24 de setembro de 2019, a Folha de São Paulo denuncia o aumento no número de terreiros atacados: imagens destruídas, invasões, incêndios e pichações são alguns dos exemplos de ataques. Disponível em: <https://www1.folha.uol.com.br/ilustrissima/2019/09/relatos-apontam-proliferacao-de-ataques-as-religioes-afro-brasileiras.shtml> Acesso em: 23 fev. 2020.

200 A capoeira foi criminalizada logo após o 13 de maio, afinal, era preciso, de todas as formas possíveis, ter o controle do corpo negro. O Código Penal de 1890, em seu artigo 402 e seguintes, tratava do crime de capoeiragem.

201 ALBUQUERQUE, op. cit., p. 84.

de compra e venda de escravizados no Porto. A data é tão importante para a nossa história que, por meio da Emenda Constitucional n. 73 de 01/12/2011, ficou estabelecida como data magna do Estado do Ceará.

Havia também o medo de que houvesse no Brasil uma guerra parecida com a Guerra de Secessão norteamericana, em que Estados do Norte (a União) entraram em conflito com Estados do Sul (os Confederados). A guerra durou de 1861 a 1865 teve a escravidão como um dos fatores que a desencadeou.

Mesmo com todo o medo de uma guerra interna e das pressões que só aumentavam, alguns parlamentares – apesar de não defenderem abertamente que o regime escravista era necessário para a economia – levantavam a seguinte questão: o que aconteceria com aquela massa liberta? Espantosa é ler a resposta: não se pensou em dar terras ou trabalho remunerado, já que a consequência seria "lógica": as pessoas libertas seriam "refratárias ao trabalho e ávidas de ociosidade" e "infestaria, com o latrocínio à mão armada, a vastidão enorme e mal policiada do nosso país". O raciocínio era no sentido de que o liberto seria, por índole, "preguiçoso, e só forçado sujeita-se a trabalho pesado".[202]

A Guerra do Paraguai, maior conflito armado da América Latina, que durou de 1864 a 1870, teve batalhões compostos por negros escravizados. Seus senhores os alistavam, para que lutassem em seus lugares. Apesar de posicionamentos como o de Eusebio de Queiroz, que defendia a contratação de soldados brancos estrangeiros, ao argumento de que o negro – ainda que brasileiro – era menos confiável do que qualquer branco (brasileiro ou estrangeiro),[203] foi promulgado o Decreto 3.725-A, de 06 de novembro de 1866, por meio do qual o Governo prometia a "liberdade gratuita aos escravos da Nação designados ao serviço do Exército",[204] liberdade esta que se estenderia àqueles que eram casados. Eusebio de Queiroz não conseguia esconder o seu pavor com relação ao fato de entregar armas nas mãos dos libertos. Neste mesmo ano, D. Pedro II manifestava-se quanto ao fim da escravidão: era questão de forma e oportunidade e a pauta deveria ser enfrentada (convenientemente) com o término da Guerra.[205]

202 MENDONÇA, *op. cit.*, p. 48 e 50.

203 ALBUQUERQUE, *op. cit.*, p. 70.

204 Decreto disponível em: <https://www2.camara.leg.br/legin/fed/decret/1824-1899/decreto-3725-a-6-novembro-1866-554505-publicacaooriginal-73127-pe.html> Acesso em: 23 fev. 2020.

205 ALBUQUERQUE, op. cit., p. 72.

Em 13 de maio de 1888, declara-se extinta a escravidão, por meio da Lei Áurea, assinada pela Princesa Isabel. Ao ver o documento, emoldurado no Museu Imperial em Petrópolis, temos uma sensação de que, finalmente, o sofrimento de todas aquelas pessoas, que foram objetificadas, tratadas da forma mais cruel, teria chegado ao fim. Uma simples assinatura com uma pena de ouro teria concedido a liberdade a todas elas.

Nosso escritor Machado de Assis compareceu à festa, tendo inclusive escrito o poema 13 de maio, impresso em papeis coloridos e distribuídos como *souvenir* aos presentes:

> Brasileiros, pesai a longa vida
> Da nossa pátria, e a curta vida nossa:
> Se há dor que possa remorder, que possa
> Odiar uma campanha, ora vencida,
> Longe essa dor e os ódios seus extremos:
> Vede que aquele doloroso orvalho
> De sangue nesta guerra não vertemos...
> União, brasileiros! E entoemos
> O hino do trabalho

Cinco anos depois, o Bruxo do Cosme Velho assim descreve o 13 de maio de 1888:

> Houve sol, e grande sol, naquele domingo de 1888, em que o Senado votou a lei que a regente sancionou, e todos saímos à rua. Sim, também eu saí à rua, eu o mais encolhido dos caramujos, também eu entrei no préstito, em carruagem aberta, se me fazem favor, hóspede de um gordo amigo ausente; todos respiravam felicidade, tudo era delírio. Verdadeiramente, foi o único dia de delírio público que me lembra ter visto.[206]

Não foi apenas nesta ocasião que Machado abordou a questão da abolição. Em uma de suas crônicas escritas dentro de "A semana", o autor trata do tema de forma irônica, deixando sua crítica: será que com uma simples assinatura a condição dos escravizados mudaria?

---

206 Magalhães Jr, R. (2017). Machado de Assis funcionário público. *Revista Do Serviço Público*, *38*(4), 61-72. Disponível em: <https://doi.org/10.21874/rsp.v38i4.2326>. Acesso em: 05 jul. 2020.

> A preta Ana dormiu na escravidão, não sabendo até ontem que estava livre; mas como o sono da escravidão só se prolonga com a dormideira do chicote, a preta Ana, para não acordar e saber casualmente que a liberdade começara, bebia de quando em quando a miraculosa poção. (MACHADO DE ASSIS, v.1, p. 28)

O relato de Machado encontra similaridade com os comunicados recebidos pelo Ministério da Justiça: havia se instaurado um "perigoso estado eufórico".[207]

Apenas um ano depois, quando já havia sido instaurada a República por meio de um golpe militar, ao entoar o "Hino da República", percebemos em uma de suas estrofes duas coisas: o brasileiro tem de fato memória curta (ou se esforçava – como o faz até hoje - para apagar os traços do cruel sistema) e era hipócrita ao declamar que "somos todos irmãos": o mito da democracia racial e de que não há racismo[208] no Brasil existe desde aquela época;

> Nós nem cremos que escravos outrora
> Tenha havido em tão nobre País
> Hoje o rubro lampejo da aurora
> Acha irmãos, não tiranos hostis.

Neste mesmo ano, no dia 17 de novembro de 1889, ocorreu em São Luís do Maranhão o episódio "Massacre dos libertos", em que uma tropa do exército alvejou os "cidadãos do treze de maio", que realizavam um protesto em frente à sede do jornal O Globo. Este é apenas um dos episódios sangrentos que a maioria da população desconhece. Já na época, figuras públicas como o poeta Sousândrade aconselhava que a população "esquecesse o ocorrido".[209] Tenta-se, a todo custo, apagar a memória coletiva e silenciar vozes. Corpos negros que continuavam a ser contidos, das mais variadas formas, como através de leis que incriminavam suas condutas, e da força policial. O genocídio do povo negro continuaria.

---

207 ALBUQUERQUE, ibid., p. 95.

208 É importante ressaltar que "ser branco" e "ser negro" são construções sociais e, segundo Fanon, seria o negro um "produto do racismo, sobredeterminado pelo exterior". Fanon *apud* Almeida, *op. cit.*, pp. 76-77. O racismo seria uma relação de poder que se manifesta em circunstâncias históricas, que não se reproduziria se não fosse alimentado pelo próprio Estado. ALMEIDA, op. cit., pp. 86-87.

209 GATO, Matheus. *O massacre dos libertos:* sobre raça e república no Brasil (1888-1889). São Paulo: Perspectiva. 2020, p. 3.

Século XX, século XXI... A luta abolicionista chegou ao fim? Infelizmente, não se pode dizer que sim. "O processo de racialização no Brasil no fim do século XIX, (...) foi fundamental para o estabelecimento de critérios diferenciados de cidadania e para a construção de lugares sociais qualitativamente distintos"[210]. A abolição, portanto, ocorreu apenas de maneira formal e a escravidão persiste até hoje, com uma nova roupagem. As opressões, fruto da escravidão e das teorias raciais, persistem. É o que Florestan Fernandes chama de "metamorfose do escravo": a utilização de termos como negro (que se refere à cor da pele) no lugar de classe subalterna[211].

Traçado o panorama do sistema escravista do Brasil oitocentista, assim como as leis que vigiam à época e a luta abolicionista, cumpre no próximo capítulo analisar a obra ficcional do maior escritor brasileiro – que viveu entre 1839 e 1908 - de forma a verificar se era ou não crítica ao cruel regime vigente à época.

---

210 ALBUQUERQUE, op. cit., p. 242.

211 FERNANDES, Florestan. *A integração do negro na sociedade de classes.* São Paulo: Nacional. 1965. 2 vol. p. 30.

Capítulo 2 – Análise dos Romances Machadianos

2.1 – De Machadinho a Machado de Assis

Apesar de possuir mais de uma biografia, a vida de Machado ainda é repleta de mistérios e lacunas. Pouco se sabe, por exemplo, do período da infância e pré-adolescência do escritor. De fato, uma biografia dificilmente será completa. Isso porque em uma biografia "os seres só vivem na medida em que outros os conheceram e tomaram nota de suas ações".[212] Ainda que houvesse uma autobiografia, seu autor poderia colocar apenas alguns fatos – camuflando os que considerasse desabonadores - ou, ainda que nada omitisse, a narrativa poderia ser questionada. Isso porque ela seria feita a partir do seu ponto de vista – que não necessariamente seria passível de concordância unívoca. Afinal, há sempre mais de uma versão para os mesmos fatos e é por isso que Pereira entende que uma biografia há de ser uma interpretação.[213] Com relação a Machado de Assis, além dos fatos desconhecidos há controvérsias sobre vários outros.

No dia 21 de junho de 1839, nascia Joaquim Maria Machado de Assis, no Rio de Janeiro, mais precisamente no Morro do Livramento[214]. Sua origem era humilde e ele carregava em seu sangue a herança e dor de seus ancestrais. Seus avós paternos – Francisco de Assis e Inácia Maria Rosa – foram escravizados que conseguiram obter alforria. Seu pai, Francisco José de Assis, era pintor de paredes e sua mãe, Maria Leopoldina da Camara Machado, era lavadeira e descendente de portugueses que imigraram da Ilha de São Miguel, do arquipélago de Açores, para o Brasil em 1815.

---

212 PEREIRA, *op. cit.*, p. 37.

213 Ibid., p. 37.

214 O local era composto por uma imensa chácara, de propriedade do senador e brigadeiro Bento Barroso Pereira. Com sua morte, em 1837, sua esposa, Dona Maria José de Mendonça Barroso Pereira, assumiu a administração.

Durante o Brasil império, como dito acima, raras eram as pessoas alfabetizadas. Indo de encontro a estas duras estatísticas, os pais de Machado sabiam ler e escrever. Eram agregados de Dona Maria José de Mendonça Barroso Pereira e, portanto, moravam em sua casa "de favor".

Os pais de Machado deram seu nome – Joaquim Maria – em homenagem à sua madrinha – Dona Maria José - e padrinho – Joaquim Alberto Sousa da Silveira. Em 1841, quando Machado tinha dois anos, ganhou uma irmã, Maria.

A infância de Machado foi marcada pela perda das mulheres que o cercavam e amavam. No mesmo ano em que foi aprovada na Inglaterra a Lei Aberdeen, sua irmã Maria, aos quatro anos de idade, e sua madrinha falecem em decorrência da epidemia de varíola que vitimou milhares de pessoas. Pouco tempo depois, em 1849, aos dez anos de idade, ele perde a sua mãe.

Ainda pequeno, aprendeu as primeiras letras com um padre[215] e, para ajudar a renda da casa, vendia balas em um colégio em São Cristóvão. O menino, muito interessado, aprendeu a falar francês com um padeiro naquele bairro, entre os anos de 1950 e 1954.[216] Frequentou os bancos escolares apenas durante a educação primária. Depois, se escondia atrás das portas das salas de aula para ouvir as lições que eram dadas às meninas ricas.[217] A ânsia pelo saber o acompanhou até o fim dos dias: pouco antes de falecer, começou a aprender grego.[218]

Ainda adolescente, aos quinze anos, começa a trabalhar na tipografia de Paula Brito, lugar em que aprendeu bastante. Brito é considerado o primeiro editor importante brasileiro, considerado o precursor da imprensa negra no país. Em sua tipografia foi impresso, em 1833, o jornal "O homem de cor" e ele foi o responsável pela publicação das duas primeiras obras de Machado, "Quedas que as mulheres têm para os tolos"[219] e "Desencantos"[220].

---

215 GUIMARÃES, Hélio de Seixas; LEBENSTAYN, Ieda, op. cit., v. 2., p. 137.

216 Ibid., p. 129.

217 Ibid., p. 128.

218 Ibid., p.282.

219 Por muito tempo, acreditou-se que este seria um original de Machado, quando, na verdade, trata-se de tradução de "De l'amour des femmes pour les sots", de Victor Hénaux, publicado em 1859. MACHADO, op. cit., p. 443.

220 Inclusive, "Desencantos" foi dedicado ao amigo Quintino Bocaiúva. Apenas esta obra e "Os deuses da casaca" foram dedicadas, esta última para José Feliciano de Castilho. Crisálidas contou com uma homenagem póstuma a seu pai e sua mãe. Quanto a prefácios em obra, tudo indica que Machado

A primeira publicação autoral de Machado, ao contrário do que muitos podem pensar, foi um poema – e não um conto, crônica ou romance. Sua carreira literária a partir daí não parou mais: ele começa a publicar regularmente no ano de 1855 poemas na Revista "Marmota Fluminense",[221] de Paula Brito e no decorrer de cinco décadas, escreve ininterruptamente, em vários periódicos e revistas da época.

Na mesma década de 1850, publicou suas primeiras críticas literárias.[222] Entendia o papel do crítico literário como alguém que deve dizer a verdade, sem se importar com simpatia ou antipatia dos outros.[223]

Durante sua juventude, seus companheiros literários o chamavam carinhosamente de "Machadinho". A primeira aparição deste apelido surge com uma carta de Sizenando Nabuco, datada de 04 de abril de 1864 para o escritor. Três anos depois, quando se demitiu do Diário Oficial do Rio de Janeiro, foi agraciado com um soneto, que era uma paródia de Camões, "Alma minha gentil que partiste". "Machadinho gentil que te partiste/tão cedo do Diário descontente", por alguém que o assinou com o pseudônimo "Dr. Bristol". As cartas que enviava à amada Carolina antes do casamento eram assinadas desta forma carinhosa, "Machadinho". No entanto, não era qualquer pessoa que poderia se referir a ele daquela maneira. Machado, homem reservado, não gostava de ser assim chamado por quem não tinha com ele qualquer relação íntima de afeto[224].

Acreditava que o jornal trouxe consigo o "gérmen de uma revolução", que "não é só literária, é também social, é econômica, porque é um movimento da humanidade abalando todas as suas eminências".[225] O jornal é "a liberdade, é o povo, é a consciência, é a esperança, é o trabalho, é a civilização".[226]

não gostava muito de escrevê-los. Em meio século ativo no meio literário, só se tem registros de onze obras por ele prefaciadas. MACHADO, op. cit, pp. 100, 177 e 436.

221 Pereira relata que a revista era quase toda de charadas rimadas. PEREIRA, op. cit., p. 83.

222 AZEVEDO, Sílvia Maria; DUSILEK, Adriana; CALLIPO, Daniela Mantarro (orgs.). *Machado de Assis*: crítica literária e textos diversos. São Paulo: Unesp. 2013, p.15.

223 FARIAS, Virna L. Cunha. *Machado de Assis na imprensa do século XIX*: práticas, leitores e leituras. São Paulo: Paco Editorial. 2016, pp. 56-57.

224 Ubiratan Machado narra um episódio em que um sujeito cumprimenta desta forma Machado e ele, colérico, cerra os dentes e diz "Machadinho? Vá...vá...ele!". MACHADO, op. cit., p. 322.

225 Ibid., p. 73.

226 Ibid., p. 41

Tinha, portanto, um pensamento totalmente oposto ao de Clovis Beviláqua, para quem o jornal seria algo prejudicial aos leitores, "já que desorienta mais do que orienta".[227] O autor se posicionou a favor das camadas menos favorecidas e a possibilidade de seu acesso às letras e da democracia.[228] Em crônica do periódico "O futuro", posiciona-se quanto à Questão Christie[229], o que demonstra que a alegação de que era isento no tocante às questões políticas é infundada. Ainda, o poema publicado na Semana Ilustrada de 18 de janeiro de 1863, transcrito no Diário Oficial do Rio de Janeiro, teve seus versos musicados pelo maestro Júlio José Nunes foi recitado por Emilia Adelaide, com o título de "Hino dos Voluntários"[230].

Machado tinha consciência de que as pessoas que tinham acesso aos jornais e revistas eram a minoria, em razão de dois fatores: a alta taxa de analfabetismo e a questão financeira. Não eram considerados artigos essenciais os jornais, revistas e livros e, durante o século XVIII e início do século XIX, havia proibição na circulação de determinadas obras, em razão de conterem ideias tidas como perigosas. Inclusive, o Alvará de 20 de março de 1720 proibia no Brasil a circulação de letras impressas.[231] Livros circulavam de maneira clandestina e os censores não tinham qualquer critério para a proibição das obras. Apenas a partir de 1822, com a quebra do monopólio e permissão de instalação das tipografias privadas é que o cenário começa a mudar.[232] Um fato bastante curioso é o de que, no início, os próprios escritores liam em voz alta sua obra para um determinado número de pessoas, que compunham a elite brasileira.[233]

---

227 Ibid., p. 37.

228 "Eu creio de coração. Graças a Deus, se há alguma coisa a esperar é a das inteligências proletárias, das classes ínfimas; das superiores, não. (...) A ação democrática parece reagir sobre as castas que se levantam no primeiro plano social." FARIAS, op. cit., pp. 104-105.

229 Ibid., pp. 116-117. Este engajamento político poderia, inclusive, ter sido o motivo pelo qual saiu do jornal Diário do Rio de Janeiro. Ibid., p. 123.

230 MACHADO, op. cit., 261.

231 SOUZA, Josuelene da Silva. *Narrador e leitor machadianos*: figurações em Memórias Póstumas de Brás Cubas. Curitiba: Appris. 2018, p. 45.

232 Ibid., pp. 55-57.

233 Com isso, Aluisio Azevedo demonstrava sua insatisfação: "escrever para quê? Para quem? Não temos público. Uma edição de dois mil exemplares leva anos para esgotar-se". AZEVEDO apud SOUZA, op. cit., p. 66.

Em 1856, Machado de Assis começou a trabalhar como tipógrafo aprendiz para a Imprensa Nacional, onde ficou por dois anos e cujo diretor era Manuel Antonio de Almeida, o "Maneco de Almeida", autor de "Memórias de um sargento de milícias".[234] O livro foi inclusive alvo de elogios por parte de Machado, que em crônica de 1863, mencionou que o livro é "excelente" e "anda nas mãos de todos"[235]. Em 1858, dedicou a Maneco o poema "Álvares d'Azevedo" e, neste mesmo ano, passou a trabalhar como revisor de provas para o amigo Paula Brito, passando a exercer a esta função no Correio Mercantil no ano seguinte.[236]

Diversos romances foram publicados inicialmente nos jornais, em estilo folhetim, como ocorreu com "Iaiá Garcia", de 1878.[237] Cada jornal ou revista visava a atingir um determinado tipo de leitor ou leitora, o que, certamente, influenciava o estilo de escrita adotado pelo autor, assim como a escolha do tema a ser abordado. Em alguns deles, publicou com pseudônimos como Job, Lara, Max e Vitor de Paula[238]. Nas Semana Ilustrada, entre 1869 e 1876, teria escrito mais de trezentas crônicas sob o pseudônimo "Dr. Semana".[239] Outro pseudônimo por ele usado, "Lélio", era o presente na seção "Balas de Estalo", na Gazeta de Notícias, entre 1883 e 1886, onde escreveu 123 crônicas. O jornal de escândalo da época, O Corsário, não admitia a escrita de Machado naquela seção. Inclusive, o referido jornal sensacionalista constantemente provocava o escritor, inclusive expondo seus casos extraconjugais[240].

234 PEREIRA, op. cit., p. 78.

235 MACHADO, op. cit., p. 43.

236 Ibid., p. 88.

237 FARIAS, op. cit., p. 18.

238 Um deles, "Cham", pseudônimo bíblico, seria, segundo R. Magalhães Júnior, um anagrama composto pelas quatro primeiras letras de seu nome. MACHADO, op. cit., p. 132.

239 Pereira menciona que este pseudônimo foi usado não só por Machado, como também Pedro Varejão e Quintino Bocaiúva, dentre outros (PEREIRA, op. cit., pp. 108-109). Recentemente, foi publicado o livro "Badaladas do Doutor Semana", que reúne todas as trezentas crônicas e atribui a sua autoria exclusivamente a Machado de Assis, após três anos de pesquisas de Silvia Maria Azevedo. Com isso, o número de crônicas publicadas pelo autor chega ao impressionante número de novecentas (Matéria da Folha de São Paulo de 01 nov. 2019, disponível em https://www.quatrocincoum.com.br/br/resenhas/l/os-embalos-da-semana-com-machado-de-assis. Acesso em 10 set. 2020).

240 O Corsário foi fundado em 1880 e circulou por quatro anos. Até 1881, trazia o subtítulo "Órgão de moralização social". Em 08/03/1883, chamou Machado de "Hamlet de brochura... porém moreno". Meses depois, em setembro, atacou Machado por escrever sob pseudônimo em Balas de Estalo:

Pouco antes, em 1863, começou a escrever no Jornal das Famílias: a escrita simultânea em diversos veículos com um público alvo distinto demonstra a versatilidade de Machado.

Atuou como folhetinista e via esta profissão como o papel do colibri, que "tem a sociedade diante de sua pena, o público para lê-los, os ociosos para admirá-los e os bas-bleus[241] para aplaudi-los".[242] Foi também crítico teatral – tarefa que considerava difícil, em razão dos descontentamentos que por vezes surgiam em razão de suas palavras – e censor do Conservatório Dramático Brasileiro.

Ao longo de sua vida, publicou regularmente seus textos, uma produção constante e crescente, que em nada diminuía a qualidade da escrita. Em suas mais de seiscentas crônicas[243] e nas obras de ficção, rotineiramente fazia referências e citações bíblicas. Provavelmente porque era leitor da Bíblia e a considerava o "livro por excelência"[244]. Apesar disso, desde sua juventude se autodeclarava cético e, nos momentos em que escrevia "nossa religião", era tão somente porque, de acordo com a Constituição de 1824, o catolicismo era a religião oficial[245].

Por falar em leitura, Machado frequentava a Biblioteca Nacional e era um leitor voraz, que, ao longo da vida reuniu um acervo literário de cerca de dois mil volumes[246]. Quanto à escrita, sua caligrafia não era lá muito fácil de ser com-

---

"este empregado público desmoraliza-o, desmoraliza o governo de que V. Ex. faz parte, escrevendo 'Balas de Estalo'". No mesmo ataque, divulga o relacionamento extraconjugal com Inês Gomes. MACHADO, op. cit., pp. 158-159, 300.

241 Les bas bleus eram as mulheres intelectuais da elite burguesa, as chamadas "mulheres de letras", que queriam mais do que apenas casamento e filhos. O grupo foi criado no século XVIII por Elizabeth Montagu e Elizabeth Vesey e era conhecido como "Blue Stockings Society" (daí a tradução literal em francês: meias azuis). Elas contribuíram, ainda que de forma indireta, para os ideais feministas. Cf. https://www.britannica.com/topic/Bluestocking-British-literary-society. Acesso em: 30 out. 2020.

242 FARIAS, op. cit., p. 63

243 De acordo com o levantamento feito por Ubiratan Machado, 663 seria o número exato de crônicas escritas por Machado, que acreditava que "as crônicas não se fizeram para ser lembradas". MACHADO, op. cit., 169. Acredito que, neste ponto, nosso escritor se enganou. Suas crônicas foram reunidas em livros e são analisadas até hoje.

244 MACHADO, op. cit., p. 83

245 Assim dispunha o artigo 5º, *caput*, da Constituição do Império: "A Religião Catholica Apostolica Romana continuará a ser a Religião do Imperio. Todas as outras Religiões serão permitidas com seu culto domestico, ou particular em casas para isso destinadas, sem fórma alguma exterior do Templo".

246 Ubiratan Machado informa que, no inventário de bens de Machado de Assis, constavam 1.400 títulos, mas sua biblioteca provavelmente era composta por 1.800 a 2.000 volumes. Ibid., pp. 86 e 89.

preendida e, pouco tempo depois de ingressar no Diário Oficial do Rio, o que aconteceu em 1860, chegou a ter lições com o calígrafo William Scully[247].

Machado foi uma estrela em constante ascensão, que conseguiu sair da rota destinada a ele, um homem negro, de origem humilde. A partir do momento em que conseguiu entrar no ramo literário, na tipografia de Paula Brito, o escritor jamais recuou: estava em constante crescimento profissional. A cada ano, publicava mais, passeando por todos os gêneros literários e teve reconhecimento ainda em vida, tanto da crítica especializada, como dos leitores e do governo. Aos 21 anos de idade, ainda um jovem adulto, considerado nas rodas de intelectuais cariocas.

Em 17 de abril de 1864,foi fundada a Imprensa Acadêmica, jornal dos estudantes da Faculdade de Direito de São Paulo, abolicionista e liberal, sob a direção de Luís Ramos Figueira. Machado colaborou desde o primeiro número do jornal, que circulou até 24 de setembro de 1871[248].

Em 1865, fundou a Sociedade artístico literária Arcádia Fluminense. Foi Machado que, em 1868, apresentou ao público Castro Alves, autor de "Espumas Flutuantes" e "Navio Negreiro", conhecido como "Poeta dos escravos" pela luta abolicionista[249].

Machado foi membro de alguns Clubes, como o Beethoven, fundado a 04 de janeiro de 1882. Além dos concertos musicais, o clube tinha uma biblioteca e promovia, dentre outras coisas, torneios de xadrez. Machado foi o bibliotecário do Clube, de 1883 a 1887 e, em 1888, no discurso do presidente da instituição Ferreira Viana, em que defendeu a abolição, Machado esteve presente[250]. Já que foi mencionado o xadrez, é sabido que Machado adorava disputar partidas deste jogo – por ele chamado de "jogo dos silenciosos" - e

247 MACHADO, op. cit., p. 106.

248 MACHADO, op. cit., p. 273.

249 Em correspondência com José de Alencar, este pede que o amigo Machado introduza Castro Alves nas rodas literárias. Machado conhece Castro Alves em pleno Carnaval e se empolga com o jovem, assim descrevendo o rapaz: "não podiam ser melhores as impressões. Achei uma vocação literária (...) achei um poeta original". PINTO, Ana Flávia Magalhães. *Escritos de liberdade*: literatos negros, racismo e cidadania no Brasil oitocentista. São Paulo: Unicamp. 2018, p. 161.

250 MACHADO, op. cit., p. 138.

frequentava assiduamente, como membro, o Clube Politécnico, que contava com um Grêmio de Xadrez[251].

Em 1873, Machado é reconhecido internacionalmente como crítico literário.[252] Neste mesmo ano, é nomeado 1º Oficial da 2ª Seção da Secretaria de Agricultura, Comércio e Obras Públicas, cargo que ocupa por três anos, até ser promovido em 1876 a chefe da seção da Secretaria de Agricultura.

Em 1884, além de ser um renomado escritor, Machado era chefe da seção da Secretaria de Agricultura. No mesmo ano, escreveu para a Gazeta de Notícias, a pedido de Ferreira de Araujo, na edição dedicada à Abolição da escravidão no Ceará. Sobre este episódio, escreveu: "O Ceará é uma estrela; é mister que o Brasil seja um sol". Anos depois, foi criticado por uma de suas biógrafas, Lucia Miguel Pereira, que entendeu que a contribuição do autor não foi grandiosa e que, por conta de seu cargo, adotou uma posição "prudente", já que se limitou a escrever uma "frase minguada e chocha" sobre o acontecimento".[253] Não concordo com esta leitura. Não é preciso escrever de forma panfletária para que a mensagem seja compreendida pelos leitores. Não é correto que se entenda que era um homem medroso, que não se posicionava, que não "aguentaria uma deportação ou afrontaria o perigo", que seria "incapaz de frequentar porões revolucionários em que se conspirasse contra o regime",[254] um homem negro que "nunca sujou as mãos na senzala", protegido após ascender socialmente pelo "neutralismo axiológico".[255]

Ainda, não se pode medir o conteúdo de uma escrita pelo número de laudas. De forma bastante elegante e poética, a frase de Machado pode ser lida como o desejo de um homem de que a sua nação siga o exemplo de uma das províncias e que, assim, brilhe mais do que ela. Se estivesse de fato preocupado com o seu cargo, poderia simplesmente ter recusado o convite.

Alguns anos antes da Missa Campal de Ação de Graças pela Abolição da Escravatura que ocorreu em 17 de maio de 1888, evento em que partici-

251 Ibid., pp. 138-200.

252 AZEVEDO, Sílvia Maria; DUSILEK, Adriana; CALLIPO, Daniela Mantarro (orgs.). Machado de Assis: crítica literária e textos diversos. São Paulo: Unesp. 2013, p. 33

253 PEREIRA, op. cit., p. 55.

254 LIMA, Jorge Mateus de. In: GUIMARÃES, Helio de Seixas; LEBENSTAYN, Ieda, op. cit., v.2. p. 109.

255 ROCHA, Glauber. In: GUIMARÃES, Helio de Seixas; LEBENSTAYN, Ieda, ibid., v.2 pp. 384-385.

pou, Machado foi agraciado pelo Imperador Dom Pedro II com a Ordem da Rosa,[256] com o grau de cavaleiro. Em 1889, passou a ocupar o cargo de diretor da Diretoria de Comércio.[257] Com as Reformas na Secretaria de Indústria, passou a exercer o cargo de diretor de contabilidade do Ministério da Viação e lá trabalhou até falecer.[258]

O "Príncipe da nossa literatura", como o chamou Aluísio Azevedo[259], foi um dos fundadores da Academia Brasileira de Letras, que teve sua sessão inaugural em 20 de junho de 1897 e foi seu primeiro presidente, eleito unanimemente no dia 28 de janeiro daquele ano. A partir daí, a ABL se tornou a Casa de Machado de Assis, que teve papel fundamental para a longevidade da instituição[260] e, poucos dias antes de morrer, doou sua biblioteca para a ABL. Inclusive, a partir do romance "Dom Casmurro", colocava sempre sob seu nome a indicação "Da Academia Brasileira de Letras"[261]. Ao contrário do que muitos pensam, a cadeira que ocupou na ABL não era a de número 1, mas sim a de número 23. Machado também foi tradutor, fato que certamente contribuiu para o enriquecimento de sua escrita. Dentre os textos traduzidos, podemos citar Hamlet, de Shakespeare, Oliver Twist, de Charles Dickens e Inferno, que compõe a Divina Comédia de Dante Alighieri.[262]

Sua vida pessoal foi muito tranquila e livre de escândalos. Apesar de ser um homem discreto, vivia sorrindo e de bom humor, o que, certamente, refletia em suas obras, com sua refinada ironia por vezes incompreendida.[263] Machado era bem quisto por todos que com ele conviviam, distribuindo humor

---

256 A Imperial Ordem da Rosa é uma ordem honorífica, criada pelo Imperador Dom Pedro I em 1829, com o objetivo de premiar militares e civis, nacionais e estrangeiros, que se distinguissem por sua fidelidade ao Imperador e por serviços prestados ao Estado. Machado foi agraciado em 16 de março de 1867 e o desenho foi idealizado por Debret.

257 PEREIRA, op. cit., pp. 185-186.

258 PEREIRA, op. cit., p. 209.

259 MACHADO, op. cit., p. 66.

260 Sobre o fato, o imortal Joaquim Nabuco disse que, sem Machado de Assis, a ABL "sofreria do mal dos sete dias". MACHADO, op. cit., 27.

261 Ibidem, p. 27.

262 SALGUEIRO. In: ROCHA, op. cit., p. 299.

263 Depoimento do amigo Artur de Azevedo. In: GUIMARÃES, Hélio de Seixas; LEBENSTAYN, Ieda, op. cit., v.1, p. 54.

até a seus críticos, como Araripe Junior.[264] Não fazia inimizades, nem com pessoas a quem fazia duras críticas literárias, como Eça de Queiroz[265]. Mesmo após não ver com bons olhos e tecer críticas duras em relação às suas obras, Eça constituiu Machado como defensor de seus direitos autorais.[266]

Em 12 de novembro de 1869, com a oposição da família da noiva,[267] ele se casou com Carolina[268], cinco anos mais velha que ele. Antes de Carolina, Machado teve apenas dois amores, como ele mesmo escreve, em carta para a amada: suas histórias de amor se resumem "em dous capítulos: um amor, não correspondido; outro, fui eu o primeiro a rompê-lo"[269]. Machado foi tão reservado que sequer temos certeza de quem foi o seu primeiro amor. Sabemos apenas que ele dedicou à mulher que partiu seu coração "Versos a Corina", incluído em Crisálidas. Alguns, como R. Magalhães Junior, tentaram demonstrar a identidade da mulher misteriosa, sem real sucesso[270].

Carolina foi o grande amor de sua vida, sua grande companheira que o auxiliava na leitura prévia de suas obras e na primeira revisão. Com todo zelo, Carolina cuidava dele quando tinha suas crises provocadas pela epilepsia - que apareceu dois anos depois do casamento[271] - e lia para o

264 Ibid., pp. 79-85.

265 Machado criticou as obras "O primo Basílio" e "Crime do padre Amaro". MACHADO, op. cit., pp. 443-444.

266 PEREIRA, op. cit., p. 175.

267 Ibid., p. 120.

268 Nascida no Porto, em Portugal, em 20 de fevereiro de 1835, filha de Antonio Luis de Novaes, um ourives e negociante de joias e de Custodia Emilia Xavier de Novaes, Carolina era a mais nova de seis irmãos. Seu irmão, Faustino, veio para o Brasil em 1858 e, pouco tempo depois, teve sua saúde mental abalada. Alguns biógrafos sustentam que este foi o motivo da vinda de Carolina para o Brasil: ela cuidaria de seu irmão. No entanto, Jean-Michel Massa defende a tese de que ela chegou ao Brasil em 1868 para fugir de um sujeito que era por ela apaixonado, mas era desiquilibrado.

269 MACHADO, op. cit., p. 48.

270 Ubiratan Machado informa que R. Magalhães Junior defendia o fato de que "Corina" era Gabriela da Cunha, mas nada foi de fato provado. Esta verdadeira especulação se deve ao fato de que, em 1859, Machado de Assis dedicou a atriz um poema e também escreveu o seguinte sobre ela: "do lugar resplandescente que ocupa na arte, nem a inveja, nem a estupidez de um povo de zoilos a farão descer. É que o pedestal é sólido; são palmas e loureiros". MACHADO, op. cit., pp.155, 176-173.

271 O quadro epiléptico foi se agravando com o passar do tempo, já que os ataques, antes espaçados, começaram a ter intervalos cada vez menores. Machado tinha em seu local de trabalho um frasco de remédio, caso percebesse que estava vindo um novo episódio. O escritor se abalava nas vezes em que sofria um ataque na presença de pessoas e evitava falar sobre a doença. A gagueira de

marido quando seus olhos ficaram comprometidos[272]. É em homenagem a ela um de seus sonetos mais bonitos.

O casal não teve filhos, apenas uma cachorrinha de nome Graziela.[273] O casamento foi realmente, "até que a morte os separasse": ficaram juntos por trinta e cinco anos, até a morte de Carolina, em 1904, poucos dias antes de comemorarem bodas de coral[274]. Aos domingos, o autor religiosamente levava flores ao seu túmulo, no Cemitério São João Batista.[275]

Machado entrou em profunda depressão com a morte de sua amada e entrou em licença médica para cuidar de sua saúde. Durante a licença, conseguiu escrever seu último romance, "Memorial de Aires". Em 1908, no ano da publicação da obra, mais precisamente às 03:20 da madrugada do dia 29 de setembro, Machado falece. Quando começaram a divulgar o triste ocorrido, sua casa na Rua do Cosme Velho se encheu de pessoas.

Em sua certidão de óbito, assinada pelo Dr. Jaime Smith de Vasconcelos, consta como *causa mortis* arteriosclerose[276], o que pode ser questionado. Isso porque, sabe-se que Machado tinha uma úlcera na boca, de origem cancerosa, cuja origem provavelmente era de suas convulsões epilépticas, em que mordia a língua. A mais provável causa de sua morte, na verdade, era o câncer.[277]

Machado também teria aparecido só após o casamento com Carolina, provavelmente como um desdobramento da epilepsia. Isso porque, quando jovem, ele participava de saraus em público e não há qualquer registro de que, nesta época, era gago. Na imprensa, as primeiras divulgações sobre a gagueira de Machado datam de 1870. MACHADO, op. cit., pp. 201-202, 233.

272 Ibid., p. 173. Desde os seus 25 anos, Machado já usava pincenê e tinha quatro graus em cada um dos olhos. Com o tempo, passou a desenvolver também miopia e chegou a ter ameaça de cegueira em 1878, época em que lia e escrevia com auxílio de Carolina. Tinha medo de perder a visão, conforme relata em carta datada de 08 de maio de 1908 a Joaquim Nabuco. MACHADO, op. cit., p. 392.

273 Ibid., pp. 173-174. De acordo com Ubiratan Machado, o nome da cadelinha foi dado em homenagem à heroína que dá título ao livro de Alphonse de Lamartine, publicado em 1849. MACHADO, op. cit., 248.

274 Durante o casamento, só há notícia de um relacionamento extraconjugal de Machado, com a atriz portuguesa Inês Gomes, em 1882-1883. Inclusive, o fato foi explorado pela imprensa sensacionalista nos jornais. MACHADO, op. cit., 48.

275 PEREIRA, op. cit., p. 244.

276 MACHADO, op. cit., p. 127.

277 Lucia Miguel Pereira narra que Machado tentava disfarçar o incômodo dizendo que eram aftas. Ibid., p. 259.

Ele, que guardava cuidadosamente as cartas trocadas com Carolina durante o período em que ficaram longe antes do casamento, junto com algumas joias, pedaços do véu, a grinalda e os sapatos da noiva, deixou expressamente o pedido de que queimassem toda a correspondência epistolar trocada entre ele e sua amada, o que não foi totalmente cumprido: duas foram poupadas e inclusive colocadas pela família de Carolina em uma exposição.[278] De íntimas, as cartas ganharam o mundo e hoje – para terror de Machado – qualquer pessoa pode ter acesso ao conteúdo até então guardado a sete chaves pelo autor.

Durante o Estado Novo, Machado foi alçado a "patrimônio cultural brasileiro"[279] e foi promulgado o Decreto-lei 1085/1939 em que se instituía a comemoração do centenário de seu nascimento. No mesmo ano, foi emitido um selo comemorativo pela Empresa Brasileira de Correios e Telégrafos, em razão de seu centenário de nascimento[280].

Ainda em 1939, José Lins do Rego escreveu sobre Machado e sua obra, destacando que ele seria "mais um mestiço de têmpera que fará tremer as generalizações sobre superioridades de raça", provocando (e até desafiando) o leitor com o seu questionamento: "que obra literária no Brasil terá a consciência da sua, o poder de ir fundo na alma, a substancia humana de seus romances e seus contos?[281]

Em contrapartida à atitude tomada durante o Estado novo, de utilizar a figura do escritor de maneira positiva, Jean-Michel Massa, na biografia sobre o escritor, sem informar nome ou data, narra que um prefeito no Rio Grande do Sul não permitiu que um grupo escolar levasse seu nome.[282]

Antes dos cinquenta anos, Machado já era conhecido e admirado por muitos[283], como a escritora Julia Lopes de Almeida, que não disfarçou a alegria em

278 Ibid., p. 124.

279 GUIMARÃES, 2017, pp. 113, 120-121.

280 Por mais duas ocasiões foram emitidos selos comemorativos pela ECT: Em 1958, cinquentenário de sua morte e em 1989, sesquincentenário de nascimento.

281 Ibid., p. 129.

282 MASSA, op. cit., p. 21.

283 "tê-lo por companheiro de viagem no bonde constituía motivo de honra". GUIMARÃES, Hélio de Seixas; LEBENSTAYN, Ieda (orgs.), op. cit., v.2. p.284.

conhecê-lo pessoalmente e apertar-lhe a mão.[284] Os amigos escritores como Bilac, Nabuco e Raul Pompeia se referiam a ele como "o primeiro de todos", "o Mestre das letras" e "o único".[285] Machado tinha conquistado seu lugar e foi reconhecido em vida, fato que não aconteceu com todos os escritores, como Lima Barreto, que faleceu sem colher os frutos de seu grandioso trabalho.

Em 1989, o governo mais uma vez utilizou a imagem do escritor, ao colocá-la na cédula da nova moeda lançada: o cruzado novo, com trecho do capítulo "O aposentado", de sua obra Esaú e Jacó: "Viverei com o Catete, o Largo do Machado, a Praia de Botafogo e a do Flamengo, não falo das pessoas que lá moram, mas das ruas, das casas, dos chafarizes e das lojas. Lá os meus pés andam por si. Há ali coisas petrificadas e pessoas imortais".

Andava muito pelo centro do Rio. Frequentava seus cafés e livrarias assiduamente. O escritor carioca não gostava do nome da cidade que, segundo ele, não era "bonito, nem exato", mas sim "tão áspero, tão surdo, tão comprido": "basta de aguentar um rio que não é rio". Defendia a manutenção do nome "Guanabara" ou ainda "Carioca", sendo que por vezes referia-se ao Rio de Janeiro como "minha carioca"[286].

Inúmeros estudos foram feitos, tanto sobre a vida pessoal, como sobre a obra de Machado. Susan Sontag, ainda na década de 90, ficou espantada ao perceber que a grandiosidade de Machado ainda não era conhecida como deveria.[287] Trinta anos depois, Machado ainda é desconhecido de grande parte dos brasileiros, apesar de sua escrita permanecer bastante atual.[288]

A par do reconhecimento literário, um debate sempre surge e assombra a figura do escritor: teria sido ele, como sustenta Lucia Miguel Pereira, um "absenteísta, que nunca se quis preocupar com política, que viu a República

284 GUIMARÃES, Hélio de Seixas; LEBENSTAYN, Ieda (orgs.). op. cit., v. 1. p. 89.

285 PEREIRA, op. cit., pp. 184-185.

286 PEREIRA, op. cit., p. 474.

287 ALMINO, João. Machado de Assis, nosso contemporâneo. In: ROCHA, João Cezar de Castro (org). *Machado de Assis lido e relido.* São Paulo: Unicamp. 2016, p. 271.

288 João Almino afirma que lê Machado como se fosse seu contemporâneo, já que "não existe a necessidade de desculpá-lo por ter escrito noutro século. Maria Aparecida Ferreira de Andrade Salgueiro complementa: era um autor que "tinha uma compreensão muito clara não apenas da realidade de seu tempo e país, mas principalmente da natureza humana". Ibid., pp. 271 e 297.

como quem assiste a espetáculos sem maior interesse"?[289] Homem reservado, de origem humilde, que batalhou para ascender socialmente, criou uma armadura, "uma casa de caramujo".[290] Mas será que nela se encolhia e lá ficava, sem se posicionar sobre questões abolicionistas – quer a favor ou contra - em sua obra literária? Será que não se importava com tais questões?

2.2 – Machado romancista

As obras ficcionais de Machado são de grande importância para a literatura e já foram adaptadas para o cinema, televisão e teatro. A primeira vez que uma obra machadiana foi adaptada para o cinema foi na década de 30, quase trinta anos após sua morte: em 1936, é apresentado o curta-metragem "Um apólogo", do conto homônimo, com direção de Humberto Mauro e comentário de Lucia Miguel Pereira[291]. Na televisão, as adaptações tiveram início na década de 50, mais precisamente em 1957, com o conto "Missa do Galo"[292].

Neste trabalho, a análise de sua obra ficcional será feita da seguinte forma: primeiro, todos os seus romances em ordem cronológica. Assim, de forma didática e organizada, será possível a efetiva avaliação de sua escrita e análise do contexto histórico à época de cada publicação. Mais adiante, serão analisados os contos, reunidos em coletâneas –por ordem de lançamento - e os avulsos.

2.2.1 – Ressurreição

Primeiro romance de Machado, publicado em 1872, ano em que completaria 33 anos. Logo no início de sua carreira como romancista, ele traz referências a Shakespeare e a sua obra "Medida por Medida".[293]

A fase romântica do autor é inaugurada com uma história sem excesso de sentimentalismo, como se pode concluir já no recado dado pelo escritor em sua "Advertência da Primeira Edição": "Não quis fazer romance de costumes;

289 PEREIRA, op. cit., 34.

290 Ibid., p. 37.

291 MACHADO, op. cit., p. 135.

292 Idem, p. 524.

293 GUIMARÃES, 2017, p. 56.

tentei o esboço de uma situação e o contraste de dois caracteres; com esses simples elementos busquei o interesse do livro".[294] O autor se aventurava neste novo gênero e, de forma bastante transparente, disse que não sabia o que o leitor pensaria e pediu à crítica uma expressão franca e justa.[295]

Temos então contato com uma obra de um Machado ainda cru, que dava seus primeiros passos nos romances, mas que nem por isso deixa de nos trazer uma valiosa lição: "Cada qual sabe amar a seu modo; o modo pouco importa; o essencial é que saiba amar".[296]

Nesta obra, Felix, um homem de 36 anos, solteirão convicto que não consegue manter um relacionamento por mais de seis meses, é apresentado à Livia, uma viúva que tem um filho de cinco anos. Felix pede Livia em casamento, mas às vésperas de se casar é tomado pelo ciúme e desconfiança, despertados por uma carta anônima que recebeu e tecia acusações à noiva. O amigo Meneses intervém, trazendo de volta o bom senso a Felix, mas a intervenção chega tardiamente: Livia não queria mais o enlace.

Machado, que logo na advertência à primeira edição cita Shakespeare, parece se inspirar na obra "Othelo" deste autor, ao criar uma trama em que a personagem principal é tomada por ciúmes, o que, mais tarde, em Dom Casmurro, será por demais aprimorado.

Já neste primeiro romance, podemos ver que as personagens que circundam a envolvente história nos trazem elementos críticos daquele Brasil oitocentista: percebe-se a crítica à classe mais abastada já nas primeiras páginas. Viana, amigo de Felix, "nasceu parasita",[297] ou seja, uma pessoa que nada fazia e vivia às custas tão somente do que lhe foi passado através de herança. Destacou ainda que não há qualquer tipo de correlação entre o caráter e o berço, afinal, "esses contrastes entre a fortuna e o caráter não são raros".[298]

Os serviçais – provavelmente negros escravizados – eram tratados com total descaso: "um moleque [tratamento normalmente dirigido a um jovem

294 ASSIS, Machado de. Obra completa. v.1. São Paulo: José Olympio. p. 233.

295 Ibid., p. 232.

296 Ibid., p. 259.

297 Ibid., p. 235.

298 MACHADO DE ASSIS, op. cit., v.1, p. 235.

escravizado] veio dar parte de que o almoço estava à mesa"[299]. Tratados como mero objetos, cumprindo a função a eles designada.

Livia tinha a sua mucama,[300] mulher negra escravizada que tinha íntima relação com a sinhá e, portanto, acesso à Casa Grande. Justamente por isso, normalmente sabia de tudo o que ocorria, acompanhando-a inclusive em seus passeios. Na trama, além de cuidar dos interesses pessoais de Livia, cuidava do filho, Luís.[301] Percebe-se que a mucama era totalmente coisificada: não falava, apenas fazia as funções que lhe eram designadas.

É importante salientar o que ocorria entre os criados, ou seja, os escravizados que faziam os serviços domésticos. Alguns tinham a função de passar dia e noite imóveis ao lado da cama com um copo d'água, para servir seu senhor ou sinhá. Sofriam punições para "aprender" a ficarem imóveis quando seus mestres estivessem dormindo e muitos tinham sua língua cortada, já que seus donos achavam um real incômodo que falassem. Tempos depois, surgiu um móvel chamado naquela época de "criado mudo", já que cumpria as mesmas funções que o escravizado: apoio para objetos.[302]

Quanto ao "moleque", em determinado momento da trama sabemos que ele se chama João e Machado reforça os momentos em que ele entra ou sai de cena, a cada chamamento de seus donos: "o escravo voltou"/ "o escravo saiu".[303]

Ao longo do romance, Machado nos mostra que os escravizados não estão ali para pensar, mas sim para tão somente executar as ordens que lhes são dadas. Sua opinião ou conselho – quando falados - não são ouvidos, como podemos perceber no seguinte trecho:

> O tom decidido do rapaz abalou o escravo, cujo espírito, acostumado à obediência, não sabia quase distingui-la do dever. Seguiram ambos

299 Ibid., p. 235.

300 "Quando Lívia voltou para casa soube da visita de Felix pelo cartão que a mucama lhe deu". Ibid., p. 248. Tais eram as suas reflexões quando a mucama lhe veio trazer a carta de Félix. Ibid., p. 297.

301 "Mamãe! mamãe! gritava o pequeno, correndo a abraçar-se com a mãe e fugindo à mucama que vinha atrás dele". Ibid., p. 254. "Luís deitou a correr seguido pela mucama". "De quando em quando, parava o menino aguardando a mucama; mas tão depressa esta se lhe aproximava, a criança negaceava o corpo, e deitava a correr outra vez. A mãe parecia esquecida de tudo mais". Ibid., p. 255.

302 Por esta razão, a expressão "criado mudo" não mais deve ser utilizada, por seu cunho racista. A nomenclatura utilizada para se referir a este móvel é "mesa de cabeceira".

303 Ibid., p. 253.

> por um corredor, chegaram diante de outra porta, e aí o moleque, antes de a abrir, recomendou a Meneses que esperasse fora. Perdida recomendação, porque, apenas o moleque abriu a porta, Meneses entrou afoitamente atrás dele.[304]

O fato de não serem tratados como pessoas, mas sim como objetos – cujos nomes sequer têm importância – faz com que seus donos não nutram qualquer tipo de sentimento por eles, como vemos no seguinte trecho: "Um escravo, a que ele deu alguma ordem, reparou no estado do senhor, e perguntou-lhe se estava doente. Félix respondeu secamente que não. O escravo abanou a cabeça e saiu".[305]

Como se pode perceber, já em seu romance de estreia Machado não fechou os olhos para a questão da escravidão, tecendo críticas - ainda que se entenda que são sutis - ao tratamento dispensado aos escravizados e à sociedade da época.

2.2.2 – A mão e a luva

Publicado em 1874 em vinte folhetins, o segundo romance de Machado ocupou as páginas do jornal O Globo trazendo como subtítulo "Um perfil de mulher".

Assim como seu primeiro romance, Machado mais uma vez não trouxe as características clássicas do romantismo, tais como enredo cheio de surpresas, decepções da mocinha, reviravoltas e um grande final feliz. "A mão e a luva" é mais um romance que nos brinda com uma trama psicológica envolvendo a mocinha Guiomar e três rapazes – Estevão, Jorge e Luis Alves - que com ela pretendem se casar.

Guiomar é uma jovem que tem como madrinha uma baronesa e seu desejo é ser uma dama na sociedade carioca, ou seja, ascender socialmente é o que busca. Três rapazes procuram preencher o espaço vazio em seu coração e Machado nos dá as características de cada um: Estevão, assim que a conheceu, amou-a de forma sincera e pura. No entanto, era inseguro. Jorge, por sua vez, nutria por ela um amor "lascivo". Era sobrinho da baronesa, daí se conclui que era o preferido desta e que era um homem de posses. Luís Alves, um jovem

---

304 MACHADO DE ASSIS, op. cit., v.1, p. 299.

305 Ibid., p. 296.

ambicioso, racional, era mais sereno com assuntos do coração: seu amor por Guiomar ia crescendo aos poucos.

Nas construções das personagens, podemos imaginar que Guiomar ficará com a seguinte dúvida: sigo a razão e me caso com o sobrinho da baronesa, para ter uma vida luxuosa como sempre quis ou sigo meu coração e me caso com Luís Alves? Guiomar se casa com Luís Alves, afinal, "amores não se encomendam como vestidos; sobretudo não se fingem, ou não se devem fingir nunca".[306]

No capítulo intitulado "Embargos de terceiro", vemos que o autor utilizou uma figura dentro do direito processual civil para falar de Estevão e Luís Alves, que competiam pelo amor de Guiomar e da hesitação desta ao encontrar o último. Como se sabe, os embargos de terceiro são uma ação de conhecimento que tem como objetivo liberar da constrição judicial injusta os bens que foram apreendidos em um processo no qual o seu proprietário ou possuidor não é parte.

Tripoli defende que, neste romance, não há qualquer referência à escravidão – haveria apenas menção a uma governanta - e que, por isso, ela parece não existir no mundo de "A mão e a luva".[307] No entanto, após minuciosa leitura da obra, discordo deste posicionamento.

É certo que a trama se desenrola em torno de Guiomar e seus três pretendentes, mas nosso escritor não se furta de retratar a sociedade escravista. É certo que apenas em um momento da trama aparece um escravizado, na cena em que o bacharel Estevão foi servido por este: "(...) recebeu a xícara que o escravo lhe trouxe (...)".[308] Em outras duas passagens, Machado usa a palavra "criado": para se referir aos servos de Estevão[309] e de Luís Alves.[310] Há a figura dos serviçais, dos escravizados, que trabalham duro, pesado e sem descanso ou lazer, tratados como coisas, sequer chamados pelo nome e que aparecem apenas para cumprir seus afazeres, saindo de cena logo em seguida.

---

306 Ibid., p. 344.

307 TRIPOLI, Mailde Jerônimo. *Imagens, máscaras e mitos*: o negro na obra de Machado de Assis. São Paulo: Unicamp. 2006, p. 93.

308 MACHADO DE ASSIS, op. cit., v.1., p. 318.

309 "Estevão quando viu o criado da baronesa, à porta da sala, com uma carta na mão, sentiu tamanho alvoroço". Ibid., p. 348.

310 "Mal recomeçara Luís Alves a leitura dos autos, entrou no gabinete o criado apresentando-lhe um bilhete de visita". Ibid., p. 350.

Nas histórias de Machado, haverá a presença de senhores, sinhás, escravizados, criados e agregados. Por isso, ao fazer a análise da obra do escritor como um todo, Chalhoub argumenta:

> ao centrar suas histórias nos antagonismos entre senhores e dependentes, Machado de Assis abordava, na verdade, a lógica de dominação que era hegemônica e organizava as relações sociais no Brasil oitocentista, incluindo aí o problema do controle dos trabalhadores escravos".[311]

Lucia Miguel Pereira, ao discorrer sobre a obra realista de Machado, também chama atenção para este fato:

> Em derredor das figuras principais, movem-se os parentes, os serviçais, as relações, gente comum, gente de destino medíocre. Tudo é simples, natural, extraído da vida tal como decorria dos casarões do Rio imperial, cercados de chácaras, abrigando, além dos donos, numerosos aderentes e escravos (...) as vozes dos negros se alternam com as dos brancos (...) não faltam retratos de família, jantares de aniversário com a prataria a brilhar (...)"[312]

Lucia prossegue em sua análise da ambientação e personagens machadianos, que, à primeira lida, parece ser um bloco, uma "superfície unida e lisa", mas, em uma leitura mais cuidadosa, perceberemos a individualidade dos dramas, dilemas, vidas de cada personagem.[313]

2.2.3 – Helena

O romance foi escrito a pedido do amigo Quintino Bocaiúva, para ser publicado – como de fato foi – no jornal O Globo em formato de folhetins[314]. Helena chegou às livrarias em 1876 e já traz uma história que trata de um tema considerado tabu naquela época. A mulher que dá nome ao romance seria a

311 CHALHOUB, 2003, p. 57.

312 PEREIRA Lucia Miguel. Prosa de ficção (de 1870 a 1930). (fragmentos) In: MACHADO DE ASSIS, v.1, p. 73

313 Ibid., p. 73.

314 MACHADO, op. cit., 258.

filha que o Comandante Vale teve fora de seu casamento, o que outrora inadequadamente chamavam de "bastarda".

O paternalismo e a escravidão são alguns dos temas, que se mostram em diversas passagens, tais como o "horror de ser tratado como escravo" e o "viver de favor" como algo terrível[315].

A morte do Comandante, mais precisamente às 7 horas da noite do dia 25 de abril de 1859 dá o pontapé inicial para a trama. Com a abertura do testamento, a irmã do falecido, D. Úrsula e seu filho Estácio são obrigados a abrigar a menina em sua casa. O rapaz a aceita de bom coração, mas sua tia a princípio tinha uma certa desconfiança e rejeitou a sobrinha. Com o passar do tempo, com a convivência com a moça, D. Ursula passa a nutrir amor por ela.

Machado não poupa elogios à personagem Helena: equilibrada, linda, sensível, que encantou toda a sociedade. No entanto, havia ali uma questão moral: ela sabia que não era filha do Comandante Vale, mas, por ser ambiciosa e ter desejos de ascender socialmente, foi morar com a família do Comandante.

Estácio passa a gostar de Helena e se martiriza por isso: afinal, como poderia desejar a própria irmã de maneira amorosa e carnal? Helena também gostava do rapaz, mas preferiu guardar para si o segredo. Afinal, seria beneficiária de uma boa herança.

Em determinada parte da trama, Estácio descobre que Helena não era filha biológica de seu pai e, portanto, poderiam viver este romance sem qualquer risco de estarem em uma relação incestuosa. Caso o leitor, diante disto, tenha pensado que o final seria feliz, enganou-se: Machado faz uma reviravolta e termina seu livro com a súbita e trágica morte de Helena.

Na nova edição do livro, Machado faz uma advertência: O livro é o mesmo daquele que foi publicado em 1876, sem alterações significativas. O autor ainda escreve que este seria o livro que lhe era "mais particularmente prezado" e clama para que não o culpe por achar-lhe romanesco, em razão de seu eco de "mocidade e fé ingênua". Segundo ele, "em nenhum caso lhe tiraria a feição passada; cada obra pertence ao seu tempo."[316]

---

315 SCHWARZ, Roberto. *Ao vencedor as batatas.* São Paulo: Editora 34. 6 ed. 2017. Coleção Espírito Crítico, pp. 126-127.

316 MACHADO DE ASSIS, op. cit., v.1, p. 380.

Analisando a obra "no seu tempo", ou seja, como um romance escrito no Brasil oitocentista, Machado mais uma vez não ignorou a sociedade em que vivia e a descreveu bem: poucos tinham a renda concentrada em suas mãos e exploravam da forma mais cruel pessoas, tratadas como objetos.

Já na chegada de Helena na casa em que moravam D. Úrsula e Estácio, vê-se a relação de lealdade do escravizado com a sua sinhá: se esta não gostava de alguém, isto certamente refletia em seu sentimento e atitudes:

> Dos próprios escravos não obteve Helena desde logo a simpatia e boa vontade; esses pautavam os sentimentos pelos de D. Úrsula. Servos de uma família, viam com desafeto e ciúme a parenta nova, ali trazida por um ato de generosidade. Mas também a esses venceu o tempo.[317]

Ao narrar a apresentação de Helena à sua nova família e criadagem, Machado nos chama a atenção para o escravizado Vicente:

> Um só de tantos pareceu vê-la desde princípio com olhos amigos; era um rapaz de 16 anos, chamado Vicente, cria da casa e particularmente estimado do conselheiro. Talvez esta última circunstância o ligou desde logo à filha do seu senhor. Despida de interesse, porque a esperança da liberdade, se a podia haver, era precária e remota, a afeição de Vicente não era menos viva e sincera; faltando-lhe os gozos próprios do afeto, — a familiaridade e o contato, — condenado a viver da contemplação e da memória, a não beijar sequer a mão que o abençoava, limitado e distanciado pelos costumes, pelo respeito e pelos instintos, Vicente foi, não obstante, um fiel servidor de Helena, seu advogado convicto nos julgamentos da senzala.

Vicente, "cria da casa", ou seja, um escravizado que tinha livre acesso à casa e que, pode até ter nascido em cativeiro, era estimado pelo Conselheiro. Ele gostou de Helena e não foi por interesse, já que - e aí vem nova crítica de Machado - não tinha esperança em ser alforriado. Ao longo da trama, Vicente é o único escravizado cujo nome saberemos, designado por Estácio para ser pajem de Helena: era seu confidente e cúmplice.[318]

---

317 MACHADO DE ASSIS, op. cit., v.1, p. 392.

318 "Na chácara esperava-a Vicente, com a égua ajaezada e pronta. Helena montou sem demora; o pajem cavalgou uma das duas mulas que havia na cavalariça e os dois saíram (...)". MACHADO DE ASSIS, op. cit., v.1, p. 433. "Era o confidente e o cúmplice. Ao vê-lo, recordou-se que Helena lhe pedira uma vez

Assim como nos dois romances anteriores, Machado traz em Helena os escravizados cumprindo suas funções, entrando em cena sem pronunciar uma só palavra e dela saindo da mesma forma: estão ali apenas para servir [319] . No entanto, apesar de tratarem os escravizados como pessoas de uma raça inferior, dotados de menos inteligência, o narrador de Machado se mostra cético em relação às teorias raciais:

> — Vamos para a mesa, disse ele, não convém que os escravos saibam de tais crises... D. Úrsula referiu o estado em que achara Helena e as palavras que trocara com ela. Estácio ouviu-a sem nenhuma expressão de simpatia. O jantar foi um simulacro; era um meio de iludir a perspicácia dos escravos, que aliás não caíam naquele embuste. Eles conheceram perfeitamente que algum acontecimento oculto trazia suspensos e concentrados os espíritos. As iguarias voltavam quase intactas; as palavras eram trocadas com esforço entre a sinhá velha e o senhor moço. A causa daquilo era, com certeza, nhanhã Helena.[320]

Alguns escravizados eram qualificados como "de confiança", normalmente a quem eles serviam diretamente.[321] Isso porque, tinham ouvidos e, ao mesmo tempo em que por vezes tentava-se esconder deles determinados fatos e situações, tinham a sabedoria para saber o que se passava na Casa Grande: "— Hum! gemeu incredulamente o pajem. Há alguma coisa que o escravo não pode saber; mas também o escravo pode saber alguma coisa que os brancos tenham

---

a liberdade daquele escravo. Ibid., pp. 459-460. "— Orei a Deus, disse ela, descendo as mãos, porque infundiu aí no corpo vil do escravo tão nobre espírito de dedicação. Delatou-me para restituir-me a estima da família. Aquilo que ninguém lhe arrancaria do coração, tirou-o ele mesmo no dia em que viu em perigo o meu nome e a paz de meu espírito." MACHADO DE ASSIS, op. cit., v.1, p. 469.

319 "Um escravo, que ali estava, trouxe um tamborete". Ibid., p. 399; "Subiram a escada, atravessaram a varanda e entraram na sala de jantar, onde acharam Dona Úrsula dando as ordens daquele dia a dois escravos". Ibid., p. 404; "Ele teve-a alguns instantes na mão, sem se atrever a dá-la ao escravo que esperava por ela". Ibid., p. 428; "Helena lançou mão da carta e deu-a ao escravo". Ibid., p. 429. "(...) um escravo entrou na varanda a acender as duas lâmpadas que pendiam do teto". Ibid., p. 436. "Um escravo entrou no quarto, a fim de servir a Estácio" e "O escravo ajudava o senhor a mudar de roupa". Ibid., p. 444. "O único escravo que achou levantado preparou-lhe uma xícara de café". Ibid., p. 453. "Ao portão estava um escravo, a quem deu a espingarda". Ibid., p. 459. "era um escravo que vinha fechar o portão". Ibid., p. 468.

320 Ibid., p. 461

321 "A noite não lhe permitia examinar o rosto do escravo, mas a voz era dolente e sincera (...) Outro qualquer podia duvidar um instante da sinceridade do escravo; podia supor que o ato dele era menos espontâneo do que parecia (...)". Ibid., p. 468

vontade de ouvir..."[322] Alguns ficavam encarregados de auxiliar seus senhores nos assuntos do coração, recebendo e entregando cartas, por exemplo, ou ainda facilitando os encontros amorosos, recebendo por vezes agrados pelo serviço.[323]

Em outro trecho do romance, mais uma crítica: Machado faz a distinção entre os tratamentos "preto" e "escravo". Preto poderia se referir a um homem escravizado vindo de África ou ainda referir-se apenas ao tom de pele[324]. No trecho que destacamos a seguir, percebe-se que Machado utiliza o termo "preto" para se referir à cor de pele do homem, já que, logo na sequência, o narrador nos traz o questionamento: seria ele um escravizado? A julgar por seus trajes, sim, mas seu rosto era tranquilo:

> O preto de quem Estácio falara, estava sentado no capim, descascando uma laranja, enquanto a primeira das duas mulas que conduzia, olhava filosoficamente para ele. O preto não atendia aos dois cavaleiros que se aproximavam. Ia esburgando a fruta e deitando os pedaços de casca ao focinho do animal, que fazia apenas um movimento de cabeça, com o que parecia alegrá-lo infinitamente. Era homem de cerca de quarenta anos; ao parecer, escravo. As roupas eram rafadas; o chapéu que lhe cobria a cabeça, tinha já uma cor inverossímil. No entanto, o rosto exprimia a plenitude da satisfação; em todo o caso, a serenidade do espírito.[325]

Nesta mesma cena, Helena e Estácio divagam sobre o fato de que é possível ter diferentes pontos de vista sobre um mesmo fato:

> — Tem razão, disse Helena: aquele homem gastará muito mais tempo do que nós em caminhar. Mas não é isto uma simples questão de ponto de vista? A rigor, o tempo corre do mesmo modo, quer o esperdicemos, quer o economizemos. O essencial não é fazer muita coisa no menor prazo; é fazer muita coisa aprazível ou útil. Para aquele preto o mais aprazível é, talvez, esse mesmo caminhar a pé, que lhe alongará a jor-

322 Ibid., p. 468.

323 Uma escrava do colégio servia de intermediária entre nós. Então como hoje, achei uma alma compassiva que me ajudou a ser feliz com mistério (....) a escrava intermediária aumentou o preço da complacência. Ibid., pp. 478-479.

324 Hebe Mattos ensina que "crioulo" era designação a escravizados nascidos no Brasil, "preto", até a primeira metade do século XVIII, seria designado preferencialmente a africanos e "negro" era mais raro de ser utilizado. MATTOS, op. cit., p. 42.

325 MACHADO DE ASSIS, op. cit., v.1, p. 401.

> nada, e lhe fará esquecer o cativeiro, se é cativo. É uma hora de pura liberdade. Estácio soltou uma risada. — Você devia ter nascido...
>
> — Homem?
>
> — Homem e advogado. Sabe defender com habilidade as causas mais melindrosas. Nem estou longe de crer que o próprio cativeiro lhe parecerá uma bem-aventurança, se eu disser que é o pior estado do homem.
>
> — Sim? retorquiu Helena sorrindo; estou quase a fazer-lhe a vontade. Não faço; prefiro admirar a cabeça de Moema. Veja, veja como se vai faceirando. Esta não maldiz o cativeiro; pelo contrário, parece que lhe dá glória. Pudera! Se não a tivéssemos cativa, receberia ela o gosto de me sustentar e conduzir? Mas não é só faceirice, é também impaciência.
>
> — De quê?
>
> — Impaciência de correr por essa estrada da Tijuca fora, e beber o vento da manhã, espreguiçando os músculos, e sentindo-se alguma coisa senhora e livre. Mas que queres tu, minha pobre égua? continuou a moça inclinando a cabeça até às orelhas do animal; vai aqui aos pés de nós um homem muito mau e medroso, que é ao mesmo tempo meu irmão e meu inimigo...[326]

Aqui, Machado quer nos trazer uma reflexão sobre o cativeiro e a liberdade. Aquele senhor, caminhando lentamente pelo campo, experimentaria com o seu vagaroso andar a sensação de homem livre, ainda que por um breve momento. Caminhar de forma despretensiosa, sentir o vento no rosto pelo campo, faria com que esquecesse por ora o cativeiro, lhe dando momentos de felicidade.

Estácio ouve a reflexão de Helena e diz que ela deveria ter nascido homem, uma reação típica de um homem dentro de uma sociedade patriarcal, ao se deparar com uma mulher que tem a "ousadia" de pensar por conta própria.

Estácio prossegue em seu raciocínio: além de ter nascido homem, Helena deveria exercer a advocacia. Isso porque ele defendia "as causas mais melindrosas", que seria, no caso, a escravidão. De fato, no Brasil oitocentista, principalmente na sua segunda metade, a campanha abolicionista estava a todo vapor e no Brasil foram editadas sucessivas leis para que a escravidão fosse acabando de forma gradual, como vimos no primeiro capítulo. O processo de elaboração destas leis – a lei Saraiva-Cotegipe, por exemplo – foi por demais exaustivo, rendendo gigantescos debates no Congresso já que havia uma ban-

326 Idem, v.1, pp. 401-402.

cada que defendia ferozmente os interesses dos senhores e colocava o direito de propriedade acima do direito à liberdade.

Sobre a égua Moema, Helena não fala mal do cativeiro e sustenta que se o animal fosse livre não teria a grande tarefa de carregá-la. Percebe-se a ironia com que Machado trata do tema e o relaciona com aquelas almas que eram, de fato os pilares de nossa sociedade. Poderíamos traduzir a fala de Helena por esta aqui, de tom irônico: "Ora, como seria possível que os escravizados, responsáveis por sustentar toda a sociedade em suas costas, explorados dia e noite, prefeririam a liberdade?"

Helena trouxe diversos argumentos, tentando fazer Estácio refletir, mas este só conseguia enxergar as coisas por meio de sua posição senhorial. O modo como este supunha o pensamento do escravizado era nada mais do que o reflexo de seu modo de pensar a sociedade escravista. Helena, com tais reflexões, tinha consciência do lugar de opressor ocupado por Estácio.[327]

O romance, apesar de ter como núcleo principal a história de amor entre Helena e Estácio, não deixa de retratar a sociedade escravista, desta vez trazendo mais elementos de reflexão em torno da questão. A obra procura "corrigir a brutalidade da sujeição pessoal e a baixeza do motivo econômico", que são duas formas de alienação social. Só não corrige a principal forma: a relação escrava.[328] Quanto a esta, são feitas as devidas denúncias e reflexões morais.

Helena pode não ter feito tanto sucesso quando da época da publicação do romance. No entanto, foi adaptada no século XX para a televisão por três vezes: em 1959, 1975 e 1987[329]. De fato, parece ter razão Schwarz quando defende que Machado, assim como Stendhal, estava à frente de seu tempo ao menos cinquenta anos: seu público ainda não tinha nascido quando da publicação de seus escritos.[330]

---

327 CHALHOUB, 2003, pp. 31 e 37.

328 SCHWARZ, 2017, p. 131.

329 A TV Tupi foi responsável pela primeira adaptação, em 1959, realizada por Antonio Bulhões, com direção de Carla Civelli. Em 1975, foi a vez da TV Globo realizar a adaptação, escrita por Gilberto Braga e dirigida por Herval Rossano. Finalmente, em 1987, a TV Manchete apresenta a sua adaptação, feita por Mario Prata. MACHADO, op. cit., 524.

330 SCHWARZ, Roberto. Um mestre na periferia do capitalismo. São Paulo: Editora 34. 5 ed. 2012, p. 190.

2.2.4 – Iaiá Garcia

Publicado originalmente em 1878 em trinta e oito folhetins no Jornal O Cruzeiro, Iaiá Garcia encerra a chamada fase romântica do autor.

Nesta trama, Luis Garcia é um viúvo e funcionário público e tem uma filha, Lina, a "Iaiá" do título. A vizinha Valéria, também viúva, tem um filho, Jorge, que ama Estela, uma moça de posição social inferior à dele. Em razão da diferença de classe, Valéria não aprova o romance do filho e o convence a lutar na Guerra do Paraguai.[331] Ainda longe, Jorge recebe a notícia de que Estela se casou com Luis, movido muito em razão da relação que a mulher tem com sua filha, que é a paixão de sua vida. Ao final, o rapaz acaba se casando com Iaiá.

Logo na segunda página, Machado nos informa que Luis tem em sua casa como criado o preto Raimundo[332] e o descreve como submisso e dedicado, escravo e livre. Mas como isso é possível? Machado explica: Luis herdou Raimundo de seu pai, mas lhe deu logo a carta de liberdade.[333]

Os escravizados eram propriedade e, como tal, eram transmitidos via testamento[334], a "máxima da vontade senhorial",[335] que trazia muitas inseguranças aos escravizados, que ficavam à mercê de um novo dono, sem saber o que aconteceria com eles, qual seria o seu destino. Por vezes, havia cláusulas testamentárias no sentido de: "X será livre, mas servirá ao meu filho até a sua morte". Alguns senhores, quando herdavam os escravizados, prometiam a sua liberdade tão logo morressem. E havia senhores como Luis, que assim que recebiam a "herança", tratavam de assinar a carta de alforria, mas na prática, o recém-liberto permanecia na propriedade, servindo. Muitas vezes, o escra-

---

331 A menção à Guerra do Paraguai não é feita de modo patriótico. Por motivos egoísticos, a mãe força o filho a se alistar. Schwarz entende que, mesmo presente o patriotismo (na verdade, a ausência dele), Machado não aprofundou tanto este tema (SCHWARZ, 2017, p. 156). Schwarz ressalta que seria um problema dos escritores da época, vivendo aquele acontecimento histórico, sem dimensão histórica. Isso ocorreu também com outros escritores, como José de Alencar, em Senhora. (SCHWARZ, 2017, p. 158).

332 "Ao chegar à casa, o preto Raimundo lhe havia preparado a mesa (...)". MACHADO DE ASSIS, op. cit., v.1, p. 491.

333 Ibid., p. 491.

334 Harriet Ann Jacobs, em sua autobiografia, narra que foi transmitida através de testamento para a filha da irmã de sua antiga senhora e, portanto, quem teria sua propriedade agora seria uma menina de cinco anos. JACOBS, op. cit., p. 19.

335 CHALHOUB, 2003, p. 20.

vizado já era mais velho, não tinha para onde ir – por ter passado a vida inteira sendo explorado por uma família - e ali ficava.

> (...) deu-lhe logo carta de liberdade, Raimundo, nove anos mais velho que o senhor, carregara-o no colo e amava-o como se fora seu filho. Vendo-se livre, pareceu-lhe que era um modo de o expelir de casa, e sentiu um impulso atrevido e generoso. Fez um gesto para rasgar a carta de alforria, mas arrependeu-se a tempo. Luis Garcia viu só a generosidade, não o atrevimento: palpou o afeto do escravo, sentiu-lhe o coração todo. Entre um e outro houve um pacto que para sempre os uniu. – És livre – disse Luis Garcia -; viverás comigo até quando quiseres.[336]

A informação de que Raimundo era apenas um pouco mais velho do que seu senhor, novamente nos traz um retrato do que ocorria: era comum que um escravizado tivesse praticamente a mesma idade de seu senhor. Algumas crianças eram inclusive "presenteadas" com meninas ou meninos escravizados de sua idade e cresciam juntas.

Logo adiante, Machado escreve sobre um canto de Raimundo, comum entre os escravizados para se conectarem com África, de onde foram arrancados e trazidos à força. No entanto, Raimundo não sofria o banzo - não sentia tristeza e nem saudade, sentimento por demais aflorado naqueles homens e mulheres:

> Raimundo acendia as velas, ia buscar a marimba caminhava para o jardim, onde se sentava a tocar e a cantarolar baixinho umas vozes de África, memórias desmaiadas da tribo onde nascera. O canto do preto não era de saudade: nenhuma de suas cantilenas vinha afinada na clave pesarosa. Alegres eram, guerreiras, entusiastas; por fim, calava-se. O pensamento, em vez de volver ao berço africano, galgava a janela da sala em que Luís Garcia trabalhava e pousava sobre ele como um feitiço protetor. Quaisquer que fossem as diferenças civis e naturais entre os dois, as relações domésticas os tinham feito amigos.[337]

A diferença jurídica de tratamento dispensado pelas leis ao escravizado e ao senhor era gritante: o primeiro, era uma coisa, transferido através de compra e venda e por sucessão hereditária. O segundo, era cidadão, com plenos direitos e deveres dentro da sociedade.

336 MACHADO DE ASSIS, op. cit., v.1, p. 491.

337 MACHADO DE ASSIS, op. cit., v.1, p. 491.

A diferença natural seriam as características físicas de um e de outro, mais especificamente a cor da pele, que fazia – e infelizmente ainda faz - com que a sociedade os tratasse de modo distinto: ainda que livre, as pessoas negras não eram – e até hoje não são – tratados da mesma forma que pessoas brancas.

O curioso é que, mesmo sendo uma das duas afeições de Luís (uma era a filha), Raimundo precisava pedir permissão para tocar, por exemplo ("Raimundo hoje vai tocar, não é?").[338] Em algumas passagens, o narrador se esforça para deixar evidente que Raimundo não era mais escravizado, como quando narra: "Raimundo vivia da alegria dos dois. Era domingo para todos três, e tanto o senhor como o antigo escravo não ficavam menos colegiais que a menina".[339]

No entanto, na prática, ainda era considerado um escravizado, por ações e gestos, reforçados de forma talvez intencional pelo narrador em algumas passagens da trama, como em: "Iaiá festejava a lembrança do *escravo* dando saltos de alegria e de agradecimento".[340] Apesar disso, Raimundo realmente se sentia amigo dos dois.

Percebe-se então que, da parte do ex-escravizado havia um sentimento verdadeiro de lealdade e de amizade. Raimundo chama Luís de "meu senhor" e Estela de "nhanhã".[341] Na prática, Raimundo era a empregada doméstica ou a babá dos dias atuais, aquela que a patroa diz que é "praticamente da família", mas que é explorada constantemente. Em uma relação dessas,

> ao mesmo tempo em que podia (e pode) envolver um clima de afetividade e proximidade, mantinha as divisões hierárquicas relativas aos acessos aos espaços e às práticas dos patrões. O problema dessas contradições é que traduzir essas relações de trabalho em afetividade mascara relações de poder e desigualdades[342].

338 Ibid., p. 491.

339 Ibid., p. 493. Ainda, logo depois de descrever a alegria do domingo para o três, o narrador nos informa: "Bem depressa os sons do piano vieram casar-se ao gorjeio de Iaiá e ao riso do escravo e do senhor". Ibid., p. 493. Mais adiante, novamente: "(...) e a alma de Estela mergulharia também na vaga e pérfida escuridão do futuro, se a rude voz do escravo não a viesse acordar". Ibid., p. 537.

340 Ibid., p. 492.

341 Ibid., pp. 531 e 537.

342 TEIXEIRA, op. cit., p. 41.

A lealdade e amor que Raimundo nutre por Luis Garcia é demonstrada em diversas passagens, mas é preciso ressaltar o trecho em que seu amigo morre: "Quanto a Raimundo, não pôde ver expirar o senhor; correu ao jardim, onde ficou longo tempo sentado no chão, com a cabeça encanecida entre os joelhos, sacudido pela violência dos soluços".[343]

Raymond Sayres entende que a personagem de Raimundo seria "o tributo de Machado ao negro", por ser "o mais completo estudo que poderia ter feito de um membro dessa raça, nos limites estabelecidos pelo tema, dentro da vida das classes superiores do Rio de Janeiro",[344] ao passo que Roger Bastide o classificaria como dentro do estereótipo do negro fiel.[345] De fato, ao longo da literatura e dramaturgia diversos estereótipos foram criados acerca das mulheres e homens escravizados, cabendo a menção à personagem que dá título à obra de Harriet Stowe, "A cabana do Pai Tomás". Ainda que se entenda que a personagem é um estereótipo, certo é que Machado retratou um determinado tipo de relacionamento entre senhor e escravizado. Vivendo naquela época do Brasil oitocentista, o escritor e jornalista certamente entrou em contato com diversos homens e mulheres que podem ter servido como inspiração para a criação de suas personagens.

Machado também traz neste romance a figura da ama, "uma terceira afeição de Iaiá"[346], que a teria criado, como ocorria muito na época (e nos dias atuais). A ama inclusive "não descansou enquanto não alugou um casebre em Santa Teresa para ficar mais perto da filha de criação".[347] Esta passagem nos mostra, por si só, como as mães pretas se doavam totalmente àquelas crianças, cuidando delas com todo amor e carinho e, por vezes, eram retribuídas com o esquecimento quando elas atingiam a idade adulta e com a impossibilidade de criar seus filhos, arrancados de seus braços para serem vendidos.

---

343 Ibid., p. 583.

344 TRIPOLI, op. cit., p. 100.

345 Ibid., p. 100.

346 MACHADO DE ASSIS, op. cit., v.1, p. 494.

347 Ibid., p. 494.

2.2.5 – Memórias póstumas de Brás Cubas

Brás Cubas não é apenas um marco na carreira de Machado, é também considerado um divisor de águas da literatura brasileira, já que a obra inaugura o realismo.[348]

Publicado pela primeira vez em 1880, em formato de folhetim na Revista Brasileira, um ano depois já foi editado em livro e tornou-se um clássico de nossa literatura, atravessando séculos, tendo inclusive diversas adaptações teatrais e três adaptações cinematográficas.[349]

Machado inaugura a obra com uma frase conhecida por muitos (que, em grande parte, a sabem de cor): "Ao verme que primeiro roeu as frias carnes do meu cadáver, dedico como saudosa lembrança estas memórias póstumas".[350] O que poucos sabem é que anteriormente, a epígrafe da obra teria sido tirada de "*As you like it*", de William Shakespeare, traduzida por Machado: "Não é meu intento criticar nenhum fôlego vivo, mas a mim somente, em que descubro muitos senões". Só depois esta epígrafe foi substituída pela famosa frase-dedicatória.[351]

De forma completamente inusitada, Machado nos apresenta um narrador em primeira pessoa que já está morto: Brás Cubas é um defunto, que escreve sua autobiografia.

No prólogo da quarta edição, Machado informa que há alma neste romance, ressalta que Brás Cubas "pintou a si e a outros, conforme lhe pareceu melhor e mais certo" e nada mais fala sobre ele, para "não entrar na crítica de um defunto".[352]

Chalhoub corretamente sustenta que Machado "buscava representar a classe senhorial no período em que vivera o ápice de seu poder e prestígio

---

348 O fato é público e notório e inclusive já foi por vezes questão de prova, como podemos ver em <http://www.nilc.icmc.usp.br/nilc/literatura/quest.esde41a803.htm>. Acesso em 20 out. 2020.

349 A primeira adaptação cinematográfica data de 1967, com o título "Viagem ao fim do mundo". A segunda, "Brás Cubas", é de 1985 e a terceira, com título homônimo ao livro, é de 2001.

350 MACHADO DE ASSIS, op. cit., v.1, p. 598.

351 MACHADO, op. cit., p. 348.

352 Ibid., p. 599.

social – entre os anos 40 e o aprofundamento da crise política que resultaria na lei de 28 de setembro de 1871".[353]

Brás tem a profissão "herdeiro": é membro de uma abastada família, e desde a infância, é mimado por seu pai. Em suma, nunca ganhou o pão com o suor de seu rosto: era com o suor e sangue de escravizados que ele se sustentava – e Machado expõe este fato ao longo da narrativa de fatos marcantes de sua vida, como o escravizado Prudência, que ganhou de "presente" quando criança, a viagem a contragosto para Coimbra para se tornar um bacharel e a tentativa infrutífera de criação de um emplasto que, ironicamente, o fez contrair pneumonia e falecer.

Logo nas primeiras páginas, já constatamos que Machado nos retrata a sociedade escravocrata da época, em razão do vocabulário utilizado pelas personagens: "Nhonhô", por exemplo. Os primeiros africanos que chegaram nos tumbeiros e aqui aportaram, tiveram uma certa dificuldade com a nossa língua. No lugar de "senhor", saía um "ioiô", "nhô" ou "nhonhô" (no feminino, "nhá", "nhánhá" ou "iaiá") e este modo de se referir aos patrões continuou com os seus descendentes.[354]

No capítulo "O menino é pai do homem", Machado demonstra seu posicionamento quanto à escravidão: o modo pelo qual os escravizados eram tratados, inclusive por crianças pequenas, que de fato os viam como não-pessoas. Brás tinha seis anos quando quebrou a cabeça de uma escravizada, por esta lhe ter negado uma colher de um doce que preparava. Na narrativa, deixa expresso que não foi sem querer: como o ato não surtiu qualquer efeito, jogou cinza no doce, para estragá-lo.[355]

A crueldade do garoto parecia mirar em todos os escravizados e um deles, Prudêncio, "um moleque da casa", era feito de cavalo por ele diariamente: "punha as mãos no chão, recebia um cordel nos queixos, à guisa de freio, eu trepava-lhe o dorso, com uma varinha na mão, fustigava-o, dava mil voltas a um e outro lado, e ele obedecia".[356] Machado também descreve com todas as

353 CHALHOUB, Sidney; NEVES, MARQUES, Vera Regina Beltrão; SAMPAIO, Gabriela dos Reis; SOBRINHO, Carlos Roberto Galvão. *Artes e ofícios de curar o Brasil*. São Paulo: Unicamp. 2016, p. 19.

354 MACHADO DE ASSIS. Memórias Póstumas de Brás Cubas. São Paulo: Panda Books. 2018, p. 45.

355 Ibid., p. 47.

356 Ibid., pp. 47-48.

letras o comportamento do pai de Brás Cubas, que tinha escravizados, tratados de forma violenta por ele.

Havia um deputado à época, chamado Martinho Campos, escravista assumido, aparece na capa da Revista Ilustrada em cima de um escravizado, como se o fizesse de cavalo, puxando-o com uma coleira que lhe prendia o pescoço. A arte seria uma crítica ao membro do partido liberal, colocando-o como se monumento fosse, com os dizeres "escravidão ou morte"[357]. Pouco tempo depois, na Revista Brazileira, Machado traz o referido capítulo de Memórias Póstumas em que Prudêncio se encontra na mesma situação.

Brás Cubas não tinha limites: menino mimado, cresceu assistindo ao pai ser totalmente cruel com os escravizados e acabava por reproduzir as condutas que via como "naturais". Como já foi dito, era algo relativamente habitual o fato de uma criança ser presenteada com escravizado, que deveria servir o sinhozinho ou a sinhazinha. Há inclusive uma foto bastante conhecida de uma menina que faz uma escravizada de cavalinho e pode-se perceber o desconforto daquela com a situação.[358]

Parece que neste romance, temos um Machado mais maduro – pessoal e profissionalmente - e conhecido no meio literário e, com esta segurança, aquele homem negro, gago, epilético passou a se posicionar de forma cada vez mais crítica quanto à escravidão.

O romance não segue uma linearidade, ou seja, uma linha do tempo perfeita. Machado, ou melhor, Brás Cubas, narra acontecimentos de sua vida sem seguir necessariamente uma ordem cronológica. Em um capítulo mais adiante intitulado "O vergalho", Prudêncio reaparece. Brás vê uma aglomeração que assiste a "um preto que vergalhava outro na praça" e, para seu espanto, era o "seu moleque", que tinha sido libertado por seu pai. O episódio merece transcrição, para uma completa análise:

---

357 A capa da edição de 04 de setembro de 1880 da Revista Ilustrada está disponível em: <https://www.google.com/search?q=revista+illustrada+1880+escravid%C3%A3o+ou+morte&sxsrf=ALeKk00084TlCJBvbqNcQfAHVyN1aCQhJA:1605487704040&source=lnms&tbm=isch&sa=X&ved=2ahUKEwiwl6ni64XtAhWrKLkGHXhnC2MQ_AUoAXoECAsQAw&biw=1366&bih=657#imgrc=F41f2k3-v_67VM>. Acesso em 05 nov. 2020.

358 Disponível em: <https://idd.org.br/acervo/escrava-serve-de-cavalinho-para-crianca-branca/>. Acesso em: 20 jul. 2020.

> Interrompeu-mas um ajuntamento; era um preto que vergalhava outro na praça. O outro não se atrevia a fugir; gemia somente estas únicas palavras: — "Não, perdão, meu senhor; meu senhor, perdão!" Mas o primeiro não fazia caso, e, a cada súplica, respondia com uma vergalhada nova.
>
> — Toma, diabo! dizia ele; toma mais perdão, bêbado!
>
> — Meu senhor! gemia o outro.
>
> — Cala a boca, besta! replicava o vergalho.
>
> Parei, olhei... Justos céus! Quem havia de ser o do vergalho? Nada menos que o meu moleque Prudêncio, — o que meu pai libertara alguns anos antes. Cheguei-me; ele deteve-se logo e pediu-me a bênção; perguntei-lhe se aquele preto era escravo dele. — É, sim, nhonhô.
>
> — Fez-te alguma coisa?
>
> — É um vadio e um bêbado muito grande. Ainda hoje deixei ele na quitanda, enquanto eu ia lá embaixo na cidade, e ele deixou a quitanda para ir na venda beber.
>
> — Está bom, perdoa-lhe, disse eu.
>
> — Pois não, nhonhô. Nhonhô manda, não pede. Entra para casa, bêbado![359]

Nesta cena, vemos um ex-escravizado, liberto há poucos anos, que se tornou dono de escravizados. Prudêncio é chamado de "senhor" pelo escravizado. O sistema de crueldade é replicado: aquele que era açoitado faz o mesmo com um outro homem.

Na área da educação, Paulo Freire nos ensinou que a educação deve ser libertadora, caso contrário, o sonho do oprimido será tornar-se o opressor[360]. Em uma sociedade escravocrata, em que ter escravizados é sinônimo de boa reputação e respeito (e quanto maior o número, maior o seu status), este seria o caminho que algumas pessoas viam para ascenderem socialmente e, por vezes, eram elas próprias ex-escravizadas. Não é outra a conclusão de Machado ao utilizar Brás Cubas e suas memórias acerca do fato:

> Logo que meti mais dentro a faca do raciocínio achei-lhe um miolo gaiato, fino, e até profundo. Era um modo que o Prudêncio tinha de se desfazer das pancadas recebidas, — transmitindo-as a outro. Eu, em criança, montava-o, punha-lhe um freio na boca, e desancava-o sem compaixão; ele gemia e sofria. Agora, porém, que era livre, dispunha

359 MACHADO DE ASSIS, 2018, pp. 185-186.

360 FREIRE, Paulo. Pedagogia do oprimido. Rio de Janeiro/São Paulo: Paz e terra. 68 ed. 2019.

> de si mesmo, dos braços, das pernas, podia trabalhar, folgar, dormir, desagrilhoado da antiga condição, agora é que ele se desbancava: comprou um escravo, e ia-lhe pagando, com alto juro, as quantias que de mim recebera. Vejam as sutilezas do maroto![361]

Neste rico trecho, Machado traz o típico argumento baseado no racismo científico: pessoas negras – escravizadas ou não – eram inferiores, propensas ao álcool e à vadiagem.

Em 1890, nove anos depois da publicação deste livro, foi promulgado o primeiro Código Criminal da República, que criminalizava a cultura vinda de África, como a capoeira,[362] além de trazer o crime de vadiagem.[363]. Dois anos após a assinatura da Lei Áurea, jogados à própria sorte sem qualquer tipo de reparação por tudo o que sofreram, ex-escravizados acabaram atingidos pela lei, que trazia o lema "o trabalho enobrece o homem". É curioso este lema, já que, se teve algo que aquelas pessoas fizeram foi trabalhar à exaustão. Em uma sociedade que não tinha o menor interesse em inserir a população negra, mas sim em continuar deixá-la à margem. Neste sentido, Florestan Fernandes:

> A desagregação do regime escravocrata e senhorial operou-se no Brasil, sem que os cercasse a destituição dos antigos agentes de trabalho escravo de assistência e garantias que os protegessem na transição para o sistema de trabalho livre. Os senhores foram eximidos da responsabilidade pela manutenção e segurança dos libertos, sem que o Estado, a Igreja ou outra qualquer instituição assumissem encargos especiais, que tivessem por objeto prepará-los para o nôvo regime de organização da vida e do trabalho. O liberto viu-se convertido, sumária e abruptamente, em senhor de si mesmo, tornando-se responsável por sua pessoa e por seus depen-

361 MACHADO DE ASSIS, op. cit., v.1, p. 186.

362 O filme de 2008, "Besouro", conta a história de Manuel Henrique Pereira, capoeirista que protegia pessoas negras de maus tratos sofridos no pós-abolição, por pessoas que ainda as tratavam como se escravizadas fossem. A película retrata bem esta fase do Brasil oitocentista e a criminalização da capoeira.

363 É o verdadeiro genocídio da população negra, afinal, "genocídio é todo apagamento cultural de um povo. ABDIAS NASCIMENTO apud WILLIAM., p. 46. "Trata-se de uma realidade estabelecida no país desde o fim da escravidão. O que fazer com eles se não são mais escravos? Vamos eliminá-los. Começou pela proibição aos estudos, a adquirir terras, a trabalhar e viver com dignidade. De tudo foi tentando para o extermínio de uma raça. Iyalode Marisa de Oyá apud NOGUEIRA, Sidnei. Intolerância Religiosa. São Paulo: Sueli Carneiro; Pólen, 2020, p. 87.

> dentes, embora não dispusesse de meios materiais e morais para realizar essa proeza nos quadros de uma economia competitiva[364].

Prudêncio ainda se via como escravizado de Brás Cubas: este interveio, o outro interrompeu a violência e ainda o chamou de "nhonhô". A relação senhor-escravizado não tinha saído dele, que ainda se sentia subordinado e acreditava que devia respeito ao homem que outrora lhe possuiu, como se coisa fosse. Segundo Fanon, "o colonialismo produziu a chamada inferioridade do colonizado, que, uma vez derrotado e dominado, acaba por aceitar e internalizar esta ideia".[365]

Eduardo de Assis Duarte entende que, nestes trechos de Cubas, é possível perceber que Machado "não perdoa os beneficiários da escravidão": a atitude de Brás diante do episódio que presenciou no Valongo "enfatiza o embrutecimento e insensibilidade da classe responsável pela continuidade do sistema escravista".[366]

Em dois momentos neste capítulo, o narrador diz onde está ou por onde passou: no Valongo, local em que, como mencionamos no capítulo 1, desembarcaram dos tumbeiros à força milhões de pessoas negras vindas de África para serem aqui escravizadas.

O cais do Valongo foi construído em 1811, aterrado em 1911 e revelado cem anos depois, durante as obras do "Porto Maravilha" para as Olimpíadas, em 2011. Durante as escavações, o sítio arqueológico encontrado tornou o Valongo um museu a céu aberto, que guarda a memória e história das pessoas negras. É o resgate do que do que ocorreu naqueles sombrios tempos e foi narrado por escritores como Machado.[367]

Eduardo de Assis Duarte faz uma excelente leitura deste capítulo e do subsequente, intitulado "Um grão de sandice": os capítulos dialogam entre si. Brás Cubas "debocha da condição humana submetida ao sacrifício rotineiro, seja ele

---

364 FERNANDES, Florestan. *A integração do negro na sociedade de classes.* Rio de Janeiro: GB, 1964. p. 3.

365 FANON apud NOGUEIRA, op. cit., p. 89.

366 DUARTE, Eduardo de Assis. *Machado de Assis afrodescendente.* São Paulo: Pallas, 2009, p. 209.

367 Em 2018, a escritora Eliana Alves Cruz lança o livro "O crime do cais do Valongo", em que mistura elementos de ficção e elementos reais, um romance policial, para narrar a história de um crime que aconteceu em um beco do Rio de Janeiro no século XIX. Em entrevista com a autora, ela diz que "o crime, na verdade, era outro", fazendo referência ao crime da escravidão e ao fato de milhões de pessoas escravizadas terem iniciado a sua jornada de sofrimento no Brasil ao desembarcarem no Cais do Valongo. Disponível em: <https://www.youtube.com/watch?v=djgu3kvOEhQ>. Acesso em 23 jul. 2020.

de que qualidade for. As chicotadas recebidas por Prudêncio são equiparadas à ingestão do tártaro, 'medicamento' que 'curava' os problemas digestivos através do vômito e, que, no caso, acaba levando o paciente e à loucura". Na análise de Duarte, Machado faz uma equiparação entre escravidão e loucura.[368]

No capítulo "Um episódio de 1814", Brás narra um episódio ocorrido quando tinha nove anos: a notícia da chegada de "negros novos" de Luanda, de um negócio em que se compraram "quarenta cabeças" e uma viagem (de tumbeiro) que traria cerca de 120 negros. Como vimos no primeiro capítulo, o Brasil foi o país em que mais desembarcaram escravizados vindos de África e um dos pontos de saída era Luanda, capital de Angola.

No capítulo "Bacharelo-me", Brás Cubas se forma em Coimbra, lugar em que foi mandado a contragosto por vontade de seu pai, para estudar e ter seu diploma. No entanto, deixa explícito que era um estudante medíocre e, ainda assim, não foi difícil para ele concluir o curso. Machado, em mais um romance, critica os rapazes da sociedade que vivem às custas do dinheiro do pai e que não tem a real intenção de fazer algo. Pouco mais à frente, no capítulo "A visita", a mesma crítica pode ser percebida, na passagem em que Brás Cubas narra que seu pai acabou vencendo e ele acabou aceitando o cargo na Câmara dos Deputados e o casamento com Virgília,[369] duas coisas que ele, voluntariamente, não faria, mas que sabia que seria de bom tom, tendo em vista os valores daquela sociedade.

Machado faz a sua crítica de forma expressa e, por vezes, de forma mais sutil. No capítulo "Triste, mas curto", Brás Cubas escreve sobre sua cidade natal e ao trazer alguns elementos que fazem parte dela, ele menciona o "preto do ganho".[370] Ao visitar lembranças de infância, a figura deste escravizado lhe vem à memória, passagem que não pode passar despercebida a quem a lê: dentre tantas coisas que nossa mente pode se recordar dos tempos de criança, Brás chama a atenção deste escravizado, como algo que lhe marcou profundamente, ao ponto de estar em suas memórias póstumas.

---

368 DUARTE, op. cit., p. 210.

369 "Vencera meu pai; dispus-me a aceitar o diploma e o casamento." MACHADO DE ASSIS, 2018, p. 101.

370 "(...) era-o do lugar da infância, a rua, a torre, o chafariz da esquina, a mulher da mantilha, o preto do ganho, as coisas e cenas da meninice, buriladas na memória." MACHADO DE ASSIS, 2018, p. 87.

Quanto à sutileza, estilo de escrita de nosso autor que muitos críticos mencionam, Salgueiro defende que "Machado tinha um estilo moderno surpreendente: ele sustentava que a maneira para escrever um livro interessante era omitir coisas. Ao não revelar dados, afirmava ele, o livro estimulava a imaginação do autor".[371] É preciso, de fato, examinar as entrelinhas, tudo o que foi dito de maneira não tão expressa pelo escritor.

O título de um capítulo por vezes não entrega de imediato todas as reflexões que ali encontraremos. "A borboleta preta" é um exemplo disso. Nele, Brás Cubas narra o dia em que entrou em seu quarto uma borboleta, negra como a noite, tão negra quanto a outra que, no capítulo anterior, ele expeliu da varanda, em razão dos gritos de Dona Eusébia, que inclusive, praguejou: "t'esconjuro". Brás atinge o inseto com uma toalha e este cai no chão. Chega a ter pena, mas era tarde, pois a borboleta logo morreu. Logo em seguida, vem a reflexão do narrador: "Também por que diabo não era azul?"[372]

O que difere as duas borboletas seria tão somente a sua cor. A cor do inseto levaria o narrador a ter uma atitude diferente para com ela. Transportando este pensamento para o Brasil oitocentista, era o que ocorria na sociedade: pessoas negras – escravizadas ou não – tinham tratamento diferenciado quando comparado àquele dispensado a pessoas brancas. Brás Cubas considerava a borboleta preta, por ter esta cor, inferior à borboleta azul e isto – a cor - por si só justificava seu ato cruel: matar um animal que nada fez. Esta é a mensagem de Machado: a sociedade não trata de forma igual pessoas brancas e pessoas negras. Expostas a tratamento cruel e humilhante, inferiorizadas por pessoas brancas que se acham superiores tão somente pela cor de sua pele.

Em um curto episódio, Machado traz uma crítica contundente e afiada à prepotência, ao discurso de superioridade, ao racismo. Como dito, o livro foi escrito em 1881, período em que as teorias raciais europeias ganhavam as terras brasileiras. Ideias como as de Lombroso, que sustentava a existência de um "criminoso nato" portador de anomalias hereditárias, que o fazem ter uma predisposição ao delito, eram difundidas. O darwinismo social, que defendia

371 SALGUEIRO, Maria Aparecida Ferreira de Andrade. *Machado de Assis* – um olhar aguçado sobre a identidade brasileira do século XIX. In: ROCHA, op. cit., p. 299.

372 MACHADO DE ASSIS, 2018, p. 106.

a ideia da "seleção do mais forte" e deste raciocínio se conclui que a miscigenação seria uma degeneração, pois daria origem a uma sub-raça.

É importante ressaltar que Arthur de Gobineau, foi um dos que sustentou a tese de que negros africanos eram seres inferiores, como pode ser constatado com a publicação de seu livro "Ensaios sobre a desigualdade das raças humanas", em 1853. Gobineau era totalmente contra a miscigenação, justamente pela crença de que haveria uma decadência da raça branca quando esta se misturava com a raça negra: os frutos desta união seriam indivíduos degenerados, que formariam uma "sub-raça mestiça não civilizável".[373] No Brasil, muitos defendiam as mesmas ideias, como Silvio Romero, que considerava o negro "um dos fatores de nossa inferioridade como povo".[374]

Desta forma, ao reservar um capítulo para narrar um episódio que, a uma leitura desatenta poderia ser algo banal, por se tratar da morte de uma borboleta, Machado faz uma crítica ao preconceito sofrido por pessoas negras. Como dito no capítulo anterior, as teorias raciais borbulhavam e estas ideias racistas – baseadas em uma dita ciência – persistem até os dias atuais.

No capítulo "A herança", Brás Cubas narra a tentativa de divisão de bens, dentre eles, alguns escravizados. Tentava-se, de maneira pacífica, dar a cada um o que "lhe era de direito":

> (...) - Cotrim não aceita os pretos, quer só o boleeiro de papai e o Paulo...
>
> - O boleeiro não, acudi eu; fico com a sege e não hei de comprar outro.
>
> - Bem, fico com o Paulo e o Prudêncio.
>
> - O Prudêncio está livre.
>
> - Livre?
>
> - Há dois anos.
>
> - Livre? Como seu pai arranjava estas coisas cá por casa, sem dar parte a ninguém![375]

373 GOUBINEAU, apud SCHWARCZ, 1995, pp. 61 e 64.

374 Ibid., p. 208.

375 MACHADO DE ASSIS, op. cit., v.1, p. 649.

Apenas dois dos negros são tratados pelo nome: Paulo e Prudêncio (o mesmo que foi visto por Brás Cubas na praça vergalhando outro negro), provavelmente pela maior relevância para os herdeiros, que disputam entre si estes "bens". Merece também destaque a ironia machadiana, ao escrever o episódio da alforria de Prudêncio: a reação de espanto de Sabina ao saber que seu pai teve a audácia de alforriar um escravizado sem nada falar é de indignação por perder um item de valor no mercado, um bem bastante precioso. Isto revela muito a maneira como o escravizado era tratado.

Para finalizar a análise desta obra, vamos ao capítulo "O verdadeiro Cotrim". Ao falar deste sujeito, Brás Cubas diz que ele tinha inimigos, que o acusavam de bárbaro, já que tinha o hábito

> (...) de mandar com frequência escravos ao calabouço, donde desciam a escorrer sangue; mas além de que ele só mandava os perversos e os fujões, ocorre que, tendo longamente contrabandeado em escravos, habituara-se de certo modo ao trato um pouco mais duro que esse gênero de negócio requeria, e não se pode honestamente atribuir à índole original de um homem o que é puro efeito das relações sociais.[376]

Brás Cubas tenta pintar Cotrim como um sujeito com boa índole – afinal, ele ama seus filhos - que simplesmente age de acordo com as regras do jogo de uma sociedade escravocrata: ora, que culpa tem ele se a lei lhe permite punir seus escravizados?[377] A tarefa é por demais difícil. Afinal, somente um grande advogado de defesa para conseguir convencer os leitores (jurados) de que tal homem tem boa índole. Uma das defesas apresentadas por Brás é a legal: a lei confere ao senhor o direito de açoite, apenas determina que seja respeitado o limite máximo de açoites nela prevista.[378] Tal qual a defesa feita por um advogado que sabe ser culpado o seu e, ainda assim, pugna pela absolvição, Brás tenta trazer diversos argumentos para "aliviar" o peso da acusação. É, nas palavras de Michael Wood, uma "defesa cínica".[379] A justificativa

376 Ibid., p. 711

377 REIS traz um caso verídico de um senhor de escravizados que era um "bom sujeito": afinal, ele concedeu a alforria a um escravizado por quantia menor do que o seu real valor (op. cit., p. 204). Isto demonstra o pensamento dos senhores de escravizados da época, em consonância com a atitude de Cotrim.

378 Até o dia 15 de novembro de 1886 era prevista no Brasil a pena de açoites. Nesta data, foi publicada a lei n. 3.310 que aboliu este castigo corporal contra os escravizados.

379 ROCHA, op. cit., p. 330.

da brutalidade com a qual os escravizados são tratados – com açoites e com a estadia no Calabouço é utilizada em favor de quem oprime, negligenciando totalmente o oprimido.[380]

Em 1603, foi construída uma fortificação na Ponta de São Tiago, Rio de Janeiro, que ficou posteriormente conhecida como Ponta do Calabouço.[381] Noventa anos mais tarde, em 16 de novembro de 1693, um Alvará Régio determinou que no local fosse construído um calabouço, onde os escravizados seriam castigados. Chegando no local, eles eram chicoteados e o carrasco recebia o "direito de pataca" por cada cem chibatadas.[382]

Havia o pelourinho público, [383] destinado aos escravizados condenados após o julgamento, e o Calabouço. Como o alvará proibia que os senhores castigassem seus escravizados com instrumentos de ferro e os colocassem em cárcere privado, todas as manhãs diversos escravizados eram conduzidos ao Calabouço para sofrerem castigos corporais. Os senhores, além de pagar pelas chibatadas, eram obrigados a custear o tratamento médico e muitos escravizados acabavam morrendo – no Calabouço ou logo após saírem. Alguns senhores usavam o Calabouço como meio de se livrar de escravizados não mais desejados: eles os depositavam e interrompiam o pagamento. O Estado então os vendia. O lugar era escuro e abafado, razão pela qual foi recomendado por mais de uma vez o seu fechamento.

O Calabouço era mais uma forma de controle dos corpos negros. Soares menciona que os motivos que faziam um escravizado ser levado até lá eram os mais fúteis:[384] de "atitude estranha" a simplesmente estar parado na rua em determinado local. Por isso, muitas vezes não eram levados pelos senhores,

---

380 Roberto Schwarz, ao comentar o fato, menciona que este seria um mecanismo satírico, presente "nas desculpas que inculpam, nas atenuantes que agravam ou, mais genericamente, na função acusatória da defesa, conduzida com distanciamento de si mesma e em conivência com o leitor esclarecido". SCHWARZ, 2012, p. 119.

381 Além de lugares como o Calabouço, havia cadeias destinadas apenas a escravizados, como a Aljube. REIS, op. cit., p. 23.

382 Disponível em: <http://www.memoriaescravidao.rb.gov.br/pdf/VocabularioControlado.pdf> Acesso em 20 jul. 2020.

383 Pelourinho, quadro de Debret de 1835, retrata esta triste realidade. A conhecida imagem é capa do livro Direito Penal Brasileiro, volume I, de Nilo Batista e Eugenio Zaffaroni, lançado pela editora Revan.

384 Ressalto aqui que nada justificaria tamanha atrocidade.

mas sim pela polícia, o que gerava conflitos, já que aqueles ficavam privados de suas propriedades em razão de ato do Estado.[385]

Thomson-Deveaux ensina que o primeiro Calabouço já havia sido desativado, quando da narrativa de Brás sobre este período de sua vida, ocorrido entre as décadas de 1840-50. A Casa de Correção de Matacavalos, primeira penitenciária do Brasil, já estava em construção, iniciada nos anos 1830, e nela é construída uma ala com o nome "Calabouço". Os escravizados que se encontravam no antigo Calabouço chegaram a trabalhar na obra daquilo que viria a ser seu novo cativeiro. A crueldade só aumenta: não apenas ficavam acautelados os escravizados à espera de julgamento e os condenados, mas também aqueles cujos senhores desejavam vende-los, para que não corressem risco de ter sua "mercadoria" roubada ou que esta fugisse[386].

Pode-se, portanto, perceber que o Calabouço era um lugar insalubre e extremamente cruel. Machado, mais uma vez irônico, critica o "cidadão de bem" daquele tempo, que era amoroso com os filhos e, ao mesmo tempo levava seres humanos para um local como este.

Em outro romance, saberemos que Brás Cubas é discípulo de Quincas Borba. Aqui, já somos apresentados ao Humanitismo, adotado pelos dois como princípio único das coisas, tão importante que mereceu um capítulo com o seu nome. O egocentrismo e a falta de qualquer empatia pela dor e sofrimento dos escravizados são bem ressaltados em um trecho. Nele, extrai-se não apenas a cruel chegada destes homens ao navio negreiro, como também a consciência de que tudo o que é produzido decorre deles: temos a lógica do capital, a concentração de riqueza, a exploração e a opressão:

> Nutriu-se de milho, que foi plantado por um africano, suponhamos, importado de Angola. Nasceu esse africano, cresceu, foi vendido; um navio o trouxe, um navio construído de madeira cortada no mato por dez ou doze homens, levado por velas, que oito ou dez homens teceram, sem contar a cordoalha e outras partes do aparelho náutico. Assim, este fran-

385 SOARES, Carlos Eugênio Líbano. *A capoeira escrava* e outras tradições rebeldes no Rio de Janeiro (1808-1850). São Paulo: Unicamp. 2020, p. 79.

386 THOMSON-DEVEAUX, Flora. Nota sobre o calabouço: Brás Cubas e os castigos aos escravos no Rio. Revista Piauí, edição 140, mai. 2018. In: <https://piaui.folha.uol.com.br/materia/nota-sobre-o calabouco/?aff_source=56d95533a8284936a374e3a6da3d7996>. Acesso em: 27 jul. 2020.

> go, que eu almocei agora mesmo, é o resultado de uma multidão de esforços e lutas, executados com o único fim de dar mate ao meu apetite.[387]

Além de passagens totalmente expressas quanto ao horror da escravidão, temos certamente as mais sutis. Schwarz analisa a "filosofia da ponta do nariz" trazida por Machado:

> Enquanto fixa a vista no seu próprio, o que é um modo de olhar para fora e para dentro ao mesmo tempo, o indivíduo recompõe o mundo de maneira a se desforrar de reveses sofridos e a desamassar a vaidade machucada pela superioridade dos outros (...) tal contemplação, cujo efeito é a subordinação do universo a um nariz somente, constitui o equilíbrio das sociedades. (...) Cada homem tem a necessidade de contemplar o seu próprio nariz.[388]

É a partir das reflexões acerca da "filosofia da ponta do nariz" que Schwarz levanta a questão para o fato de que ela não seria passível de aplicação ao escravizado. O nariz, "consciência sem remorsos" seria, portanto, mais uma colocação repleta de sátira de nosso autor.[389]

A obra machadiana pode ser comparada a uma foto, seria como uma imagem tirada em determinado tempo e lugar, que registra o que ocorreu. Tanto é assim que John Gledson traz uma reflexão interessante: e se o nome "Brás" fosse uma referência à primeira sílaba de Brasil?[390]

2.2.6 – Casa Velha

O romance foi publicado entre os anos de 1885 e 1886 na Revista A Estação[391] e os leitores o tiveram em livro apenas em 1943, graças ao trabalho da crítica literária Lucia Miguel Pereira.

---

387 MACHADO DE ASSIS, op. cit., v.1, p. 706.

388 SCHWARZ, 2012, pp. 158-159.

389 SCHWARZ, 2012, pp. 161-162.

390 GLEDSON apud SCHWARZ, 2012, p. 74.

391 Machado começou a escrever para esta revista de moda e literatura no final dos anos 1870. SOUZA, Josuelene da Silva. *Narrador e leitor machadianos*: figurações em Memórias Póstumas de Brás Cubas. Curitiba: Appris. 2018, p. 67.

Nesta trama que, mais uma vez, não conta com o típico "final feliz" esperado, um padre, que tem o objetivo de escrever sobre o Primeiro Reinado, procura na casa de um ex-ministro documentos. Ele fica íntimo da família, composta por Dona Antonia, seu filho Félix e a agregada Lalau. O padre, para reprimir os sentimentos que passa a nutrir pela moça, vira uma espécie de "cupido" daqueles jovens, mas a mãe do rapaz não vê o relacionamento de forma positiva e, por não fazer gosto àquela união, chega ao ponto de inventar que eles são irmãos. A mentira é descoberta pelo padre, mas mesmo após a revelação da verdade, os dois enamorados não terminam juntos.

Machado menciona os escravizados, já que retrata a sociedade escravista da época, tal qual ela era. Como bens extremamente valiosos que eram, que conferem *status*, em diversas passagens vemos o tratamento a eles conferidos pela sociedade. Eles são invisibilizados, ou seja, seriam um pano de fundo, figurantes de uma peça. Apesar de tidos como "pano de fundo", são eles que movem a máquina escravista: sem estes homens e mulheres, nada funcionaria.

Sobre a forma pela qual Machado retrata os escravizados, Jorge Sena defende que eles "quase não aparecem, ou fazem parte da paisagem ou da mobília, porque aquela sociedade queria ver-se o mais roseamente possível, como de facto muito dela era: rica, ociosa, elegante e educada".[392]

Em uma das passagens, temos menção aos "escravos da casa", que frequentavam a igreja, aqueles que eram mais próximos do senhor e sinhá, que eram "de confiança"[393]. Homens e mulheres negros, circundavam o ambiente descrito por Machado, em diversas cenas. Ao longo da trama ele faz menção a "preto",[394]

---

392 SENA apud SOUZA, Frank F., *De "Uns braços" a Missa do Galo" ou Machado na ambiguidade*. In: ROCHA, op. cit., p. 557.

393 "Começaram a entrar na igreja algumas pessoas da vizinhança, em geral pobres, de todas as idades e cores. Dos homens alguns, depois de persignados e rezados, saíam, outra vez, para esperar fora, conversando, a hora da missa. Vinham também escravos da casa". Disponível em: http://machado.mec.gov.br/obra-completa-lista/item/download/15_43f943e1c8b9aaf756af3875d8561a10. p.02. Acesso em: 10 jul. 2020.

394 "Eu vivo só, com o preto que o senhor viu". MACHADO DE ASSIS, op. cit., v.1, p. 21.

"pretas",[395] "moleques", a "crias da casa",[396] por vezes com o uso do pronome possessivo.[397] Dona Antonia era, inclusive, chamada de "nhãtônia".

Ainda que em menor grau de destaque do que nas obras anteriores, os principais personagens de uma sociedade escravista se fizeram presentes pelo escritor. Diante da leitura da obra de Machado, concordo com o argumento trazido por Sena, de que homem, mulher e criança escravizados aparecem como parte da paisagem ou da mobília. Discordo apenas no ponto em que defende que eles "quase não aparecem" nos escritos. Aparecem sim, tal qual aquela sociedade os via: como coisas, objetos de troca e venda, que conferia status a quem os possuísse e eram transmitidos em sucessão *inter vivos* e *causa mortis*. Assim, a segunda parte do argumento de Selas faz todo sentido: a sociedade branca, aristocrata invisibiliza as dores e sentimentos daquelas pessoas – escravizadas, tratadas como escravos (e daí a importância da compreensão destes dois termos) – e tenta apagar o fato de que são elas que sustentam toda aquela sociedade com seus braços, suor e sangue.

2.2.7 – Quincas Borba

Este romance foi publicado originalmente entre os anos de 1886 e 1891, novamente na Revista A Estação e é considerado o segundo da trilogia realista Machadiana.

Soares cita a posição de John Gledson ao analisar a trama, segundo a qual Machado tinha a intenção de "reproduzir ficcionalmente a crise política do final da década de 1860, que se caracterizou por precipitar a queda da Monarquia e da qual a Guerra do Paraguai (1864-1870) e a Lei do Ventre Livre (1871) seriam seus sintomas mais evidentes".[398]

Quincas Borba, personagem que dá nome ao romance, já havia aparecido em Memórias Póstumas de Brás Cubas. Aqui, ele é o mentor de Pedro Rubião de Alvarenga, a quem apresenta o Humanitismo, filosofia por ele criada, que seria

395 "Pretas e moleques espiavam-me, curiosos, e creio que sem espanto, porque naturalmente a minha visita era desde alguns dias a preocupação de todos". Ibid., p. 03.

396 "Voltamos a cabeça; vimos a moça repreendendo a dois moleques, crias da casa". Ibid., p. 29.

397 "(...) era o meu preto que trazia um padre a visitar-me". Ibid., p. 22.

398 SOARES, Marcus Vinicius Nogueira. *Quincas Borba em A Estação*. In: ROCHA, op. cit., p. 734.

uma mistura de duas teorias da época: o positivismo e o darwinismo social. Quincas Borba morreu na casa de Brás Cubas e Rubião, seu discípulo, descobre que é seu herdeiro universal. Com a herança, vem um encargo: cuidar do cachorro do *de cujus*, que também se chama Quincas Borba. Durante a viagem ao Rio de Janeiro, Rubião conhece o casal Cristiano e Sofia, passa a frequentar sua casa e acaba se apaixonando pela moça. Rubião declara seu amor por Sofia, que acaba contando ao marido. Não ser correspondido leva Rubião à loucura. No leito de morte, pensa ser Napoleão III e diz: "Guardem minha coroa..." e conclui com uma frase de Quincas Borba, "Ao vencedor, as batatas".[399]

Em conversa com Cristiano, o *noveau riche* Rubião fala sobre os escravizados transmitidos via sucessão testamentária e o legado da escravidão passado adiante:

> Da lavoura passaram ao gado, à escravatura e à política. Cristiano Palha maldisse o governo, que introduzira na fala do trono uma palavra relativa à propriedade servil; mas, com grande espanto seu, Rubião não acudiu à indignação. Era plano deste vender os escravos que o testador lhe deixara, exceto um pajem; se alguma coisa perdesse, o resto da herança cobriria o desfalque. Demais, a fala do trono, que ele também lera, mandava respeitar a propriedade atual. Que lhe importavam escravos futuros, se os não compraria? O pajem ia ser forro, logo que ele entrasse na posse dos bens. Palha desconversou, e passou à política, às Câmaras, à guerra do Paraguai, tudo assuntos gerais, ao que Rubião atendia, mais ou menos.[400]

Este trecho é extremamente importante: Machado critica o regime escravista através desta conversa, ao trazer os posicionamentos de Rubião e de Cristiano. É necessário conhecer o contexto histórico: o romance se passa entre 1867 e 1871, quando fervilhavam as discussões no Congresso acerca da Lei do ventre livre[401] e o Brasil ainda insistia na manutenção de um regime que vinha sendo

---

399 A frase se refere a uma história contada por Quincas Borba, de duas tribos que lutam por um campo de batatas que só abastece uma delas. A tribo abastecida não divide as batatas com a outra, com medo da desnutrição. Wood explica que "não é que o vencedor fique com as batatas – o dono das batatas é que é o vencedor, não importa como as tenha conseguido". WOOD, Michael. In: ROCHA, op. cit., p. 331.

400 MACHADO DE ASSIS, op. cit., v.1, pp. 751-752.

401 Apenas a título de exemplo do posicionamento de quem se manifestava contra a abolição, temos Marquês de Olinda. Ele se opunha a todas as propostas e era a favor da simples espera. Segundo ele, o tempo era o melhor remédio: como o índice de mortalidade de escravizados era maior do que o

extinto ao redor do mundo. Durante o processo de discussão em torno desta lei, o que estava em jogo era "uma lógica de dominação de classe, um modo de produzir subordinação social – de escravos, mulheres, filhos, dependentes".[402]

É importante ressaltar que o momento em que Rubião e Palha se encontram pela primeira vez – presente no capítulo XXI -, foi um acréscimo do autor, merecendo destaque este trecho: "Palha, que veio de Vassouras onde, sem dúvida, não estava passando férias, obviamente tem interesse na manutenção da escravidão".[403] Esta é mais uma prova de que Machado não ignorava e era omisso quanto à questão escravista.

Ainda sobre a discussão da Lei dos Ingênuos naquele período, a personagem Camacho, um deputado e jornalista, entende que "a lei dos ingênuos absolvia a esterilidade e os crimes da situação".[404] Machado retrata o pensamento de muitos senhores: a lei do ventre livre acabaria com o "mal da escravidão", já que os bebês nascidos a partir de então não seriam mais escravizados. Não precisaria, portanto, correr com a abolição da escravidão: ela seria eliminada aos poucos, de forma gradual, para que os senhores não perdessem de imediato suas propriedades e para que os escravizados e escravizadas fossem inseridos de fato na sociedade. Poucas pessoas defendiam a manutenção do sistema escravista de forma explícita neste período, mas usavam como tábua de salvação a sua eliminação gradual. Para estes cidadãos, seria uma questão de tempo para que a escravidão terminasse, mas ela não poderia simplesmente ser extinta, já que prejudicaria os senhores e seus direitos de propriedade.

Em outro trecho, ao falar de sua mãe, Rubião destaca que realmente ela deveria estar no céu, por tratar todos bem, aí incluindo os escravizados, que a chamavam de "Sinhá mãe".[405]

As "crendices" das mulheres e homens escravizados também se fizeram presentes no trecho em que se questiona se Quincas Borba, então falecido, não seria o cachorro, de mesmo nome: "Foi uma preta de São João del-Rei que lhe

---

de natalidade, em razão da desproporção entre os sexos feminino e masculino. A morte então seria aliada da liberdade. CHALHOUB, 2013, pp.143-145 e 149.

402 CHALHOUB, 2013, p. 188.

403 SOARES, Marcus Vinicius Nogueira. Quincas Borba em A Estação. In: ROCHA, op. cit., p. 735.

404 MACHADO DE ASSIS, op. cit., v.1, p. 899.

405 "Os escravos davam-lhe o nome de Sinhá Mãe, porque era, realmente, mãe para todos". Ibid., p. 899.

meteu, em criança, essa ideia de transmigração. Dizia ela que a alma cheia de pecados ia para o corpo de um bruto; chegou a jurar que conhecera um escrivão que acabou feito gambá..."[406]

Outro trecho importante narra uma execução em praça pública, de um negro condenado pela justiça. Com riqueza de detalhes, o autor descreve o "ajuntamento" na rua, a curiosidade de todos que ali estavam ou passavam em ouvir a leitura da sentença e olhar os dois pretos: "Um deles, mediano, magro, tinha as mãos atadas, os olhos baixos, a cor fula, e levava uma corda enlaçada no pescoço; as pontas do baraço iam nas mãos de outro preto. Este outro olhava para a frente e tinha a cor fixa e retinta".[407] Machado narra que Rubião ficou impressionado e não sabia se seguia o caminho ou se ficava e via o enforcamento. Afinal, "era tão raro ver um enforcado".[408] Nesta hesitação, Rubião decide que veria só a marcha do réu, a cerimônia e a cara do carrasco. No entanto, ao ouvir a narrativa dos curiosos de que o assassino era frio e feroz, Rubião teve "força para encarar o réu, sem delíquios de piedade"[409].

Além de trazer seu posicionamento contrário à execução de um homem negro em praça pública, Machado analisa o fato pelo viés criminológico: a partir do momento em que uma pessoa comete um crime, este fato é o que a define, este é o estigma[410] que ela carrega e, de acordo com a lei de Talião, vale a máxima "olho por olho, dente por dente". O réu é enforcado e ali percebemos os pensamentos conflitantes de Rubião: por que algumas forças internas o faziam desejar assistir a um homem ser executado? Seria pelo fato de ter conhecimento das teorias raciais, do positivismo, do darwinismo social e por acreditar que aquele homem negro seria um ser inferior e, portanto, sua vida nada valia? Será que ele seria insignificante tal qual a borboleta preta do romance de Brás Cubas? Será que a "curiosidade" de assistir a este episódio estaria presente se o homem tivesse outra cor de pele?

---

406 MACHADO DE ASSIS, op. cit., v.1, p. 774.

407 Ibid., p. 773.

408 Ibid., p. 773.

409 MACHADO DE ASSIS, op. cit., v.1, p. 773.

410 Sidnei Nogueira ensina que "estigmatizar é um exercício de poder sobre o outro. Estigmatiza-se para excluir, segregar, apagar, silenciar e apartar do grupo considerado normal e de prestígio". NOGUEIRA, op. cit., p. 35.

2.2.8 – Dom Casmurro

O livro publicado, pela primeira vez em 1899, é considerado por muitos críticos literários como um grande romance, tanto que alguns chegam a classifica-lo como o melhor romance brasileiro.[411] Três anos antes da publicação em livro, mais precisamente em 15 de novembro de 1896, A República publicou com o título "Um agregado – capítulo de um livro inédito", o que viria a ser os capítulos III, IV e V da obra[412].

Dom Casmurro é tão importante para a literatura, que Helen Caldwell chega a dizer que seria a obra prima de Machado e "a estrela mais brilhante da galáxia da literatura brasileira".[413]

Para o público em geral, provavelmente é o mais conhecido, tendo muitas pessoas lido o romance nos tempos de colégio ou então assistido a uma de suas adaptações para o cinema. A primeira, em preto e branco, data de 1968, traz o nome de nossa heroína no título e o triângulo amoroso é vivido por Isabella (Capitu), Othon Bastos (Bentinho) e Raul Cortez (Escobar). Cito também a adaptação de 2003: as personagens ganham nomes diferentes - Ana (vivida por Maria Fernanda Candido), Bento (vivido por Marcos Palmeira) e Miguel (vivido por Bruno Garcia) – e se passa no século XXI. Dom Casmurro também foi adaptada à cena lírica em duas versões: 1916 e 1992[414].

É certo que nem todas as pessoas efetivamente leram o romance ou assistiram às suas adaptações, mas, ainda assim, o nome do livro possivelmente as remete para a seguinte questão: afinal, Capitu traiu Bentinho?

Durante décadas, foi dada a Capitu uma sentença condenatória por quem lesse a trama. No entanto, em 1960, Helen Caldwell escreve o ousado "O Otelo brasileiro de Machado de Assis: um estudo de Dom Casmurro." Nesta obra, a autora destrincha os capítulos, traz os símbolos contidos no texto, os significados dos nomes das personagens e diversos argumentos na tentativa de, finalmente, absolver Capitu, provavelmente a personagem mais injustiça-

411 GUIMARÃES Hélio de Seixas; LEBENSTAYN, Ieda, op. cit., v. 2. p. 89.

412 MACHADO, op. cit., pp. 188-189.

413 CALDWELL, Helen. *O Otelo brasileiro de Machado de Assis*: um estudo de Dom Casmurro. São Paulo: Ateliê Editorial. Tradução de Fabio Fonseca de Melo. 2008, p. 215.

414 MACHADO, op. cit., p. 395.

da da história da literatura nacional, condenada pela crítica e leitores por algo que, de fato, não foi demonstrado.

O fato é que Machado não diz expressamente se houve ou não a traição. Tudo o que temos ao longo da história é a narrativa de uma das pessoas envolvidas - Bento Santiago - e que, portanto, carece de imparcialidade. Bento logo no início explica a origem de seu apelido e já pede para que não olhemos o dicionário[415] - provavelmente porque lá veremos sinônimos para Casmurro que se encaixam perfeitamente em sua personalidade: indivíduo teimoso, obstinado, cabeçudo.[416] Caldwell inclusive explica que só tempos depois da publicação do romance é que foi incluído nos dicionários portugueses o significado que Bento atribuíra a Casmurro.[417]

O fato de Machado não nos dar a resposta de forma direta - houve traição ou tudo não passa de um ciúme doentio de Bento (que é demonstrado desde o início de seu relacionamento com Capitu, quando ainda tinham 15 e 14 anos, respectivamente)? - demonstra que o autor gosta de trabalhar temas de uma forma bastante inteligente, levando o leitor a tirar suas conclusões após diversos acontecimentos que lhes são apontados ao longo do texto. Obviedades fogem do estilo de escrita de Machado e é por isso que muitas pessoas até hoje estudam a sua obra.

Em Dom Casmurro, o ambiente daquele Brasil escravista é novamente retratado e devemos prestar atenção a todos os detalhes e descrições do escritor.

Ao falar de sua mãe, Dona Glória, Bento faz questão de dizer que era uma boa criatura. Ora, ela até vendeu os escravizados que tinha recebido a título de herança! Esta frase equivale a dizer, nos dias atuais, "não sou racista, tenho até amigos negros". Vender os escravizados não fazia dela uma boa pessoa, que chegou a "comprar alguns [escravizados] que pôs ao ganho ou alugou"[418]. A

415 "Não consultes dicionários. Casmurro não está aqui no sentido que eles lhe dão, mas no que lhe pôs o vulgo de homem calado e metido consigo". MACHADO DE ASSIS, op. cit., v.1, p. 906.

416 Disponível em: <https://www.google.com/search?q=casmurro+significado&oq=casmurro+significado&aqs=chrome.0.0l2j46j0l2j69i60l3.2879j0j7&sourceid=chrome&ie=UTF-8>. Acesso em: 01 ago. 2020.

417 CALDWELL, op. cit., p. 21.

418 "Minha mãe era boa criatura. Quando lhe morreu o marido, Pedro de Albuquerque Santiago, contava trinta e um anos de idade, e podia voltar para Itaguaí. Não quis; preferiu ficar perto da igreja em que meu pai fora sepultado. Vendeu a fazendola e os escravos, comprou alguns que pôs ao ganho ou alugou" MACHADO DE ASSIS, 2019, p. 30.

tentativa de humanizar membros da elite, com o argumento de que "são boas pessoas" é a falácia exposta pelo escritor, já que estas "boas almas" na verdade são parasitas, que vivem da exploração da mão de obra dos escravizados.

Ao contar o episódio de como José Dias se tornou um agregado da família, vemos que a família vivia em uma fazenda, que tinha como base o regime escravocrata. Dias um dia apareceu pela fazenda, em que tinham uma "escravatura" (diversos escravizados) dizendo que era médico homeopata. Curou o feitor e uma escravizada e não quis receber remuneração. Foi aí que o pai de Bento lhe propôs que ficasse por ali, recebendo um pequeno ordenado.[419]

No momento de despedida de Bento para ir ao seminário, o ambiente é composto por escravizados – meninos e mulheres: "Era manhã de um lindo dia. Os moleques cochichavam; as escravas tomavam a bênção: 'Bênção, nhô Bentinho! não se esqueça de sua Joana! Sua Miquelina fica rezando por você!'".[420] O pronome possessivo "sua" nos indica que Bento convivia com estas mulheres e que elas guardavam uma relação de afeto com ele, o que, como já foi dito, de fato ocorria em determinados casos. As amas de leite, por exemplo, nutriam afeto pelos bebês que amamentavam e acompanhavam o crescimento das "suas" crianças com carinho. Muitos escravizados, como já foi mencionado, eram patrimônio da família há gerações, viam a chegada dos filhos e netos de seus senhores. Na família de Bento não era diferente: o cocheiro João, escravizado da família "tão velho como a sege", assim tratava o sinhozinho: "Pai João vai levar nhonhô".[421]

Ainda que escravizados e escravizadas sentissem que eram íntimos, o senhor e sinhá deixavam bem evidente o distanciamento entre eles. Quando

419 "Era nosso agregado desde muitos anos; meu pai ainda estava na antiga fazenda de Itaguaí, e eu acabava de nascer. Um dia apareceu ali vendendo-se por médico homeopata; levava um Manual e uma botica. Havia então um andaço de febres; José Dias curou o feitor e uma escrava, e não quis receber nenhuma remuneração. Então meu pai propôs-lhe ficar ali vivendo, com pequeno ordenado. (...) Um dia, reinando outra vez febres em Itaguaí, disse-lhe meu pai que fosse ver a nossa escravatura". MACHADO DE ASSIS, 2019, p. 25.

420 MACHADO DE ASSIS, 2019, p. 145.

421 "O cocheiro, que era nosso escravo, tão velho como a sege, quando me via à porta, vestido, esperando minha mãe, dizia-me rindo: — Pai João vai levar nhonhô!" – MACHADO DE ASSIS, 2019, p. 225.

Bento regressou bacharel, ou seja, formado em Direito, todos – e aqui, por óbvio se incluem os escravizados e escravizadas – chamaram-lhe de doutor.[422]

O fato de ter escravizados era tão naturalizado que as crianças não questionavam o fato de seres humanos serem tratados de forma tão cruel. Machado traz esta crítica – possivelmente sutil a leitores pouco atentos - no trecho em que Bento conta um episódio de quando era criança: "(...) metia a cara no vidro, e via o cocheiro com as suas grandes botas, escanchado na mula da esquerda, e segurando a rédea da outra; na mão levava o chicote grosso e comprido. Tudo incômodo, as botas, o chicote e as mulas, mas ele gostava e eu também".[423] A única coisa que não causava incômodo a Bento era a mais incômoda: um senhor, que sofreu por anos a fio a exploração do regime escravista.

Um dia, já de volta do seminário, Bento mostra com ar de satisfação a vasta propriedade que tem: seus escravizados. Eram tantos, que Escobar chegou a dizer "todas as letras do alfabeto". Os que tinham mesmo nome, eram diferenciados por um apelido – da pessoa ou da nação de onde foram capturados[424], fato que realmente ocorria na época. Bento ainda informou que alguns são ganhadores e outros estão alugados[425], mais um fato que ocorria com frequência: diversos anúncios no jornal eram colocados com este fim. Machado inclusive traz um preto que vendia cocadas, passando pela rua oferecendo o quitute de seu tabuleiro e cantando: "Chora, menina, chora, hora, porque não tem Vintém". Machado transporta para a obra a cena corriqueira e, para isso, usa a memória de Capitu, que sabia a toada "de cor e de longe", sem se incomodar com aquela situação.

Por fim, cabe trazer a interessante análise de Helen Caldwell quanto à análise dos nomes das personagens usados por Machado e ao episódio do Panegírico de Santa Monica. Segundo a autora, nenhum nome é escolhido por

422 "Tio Cosme, para alegrá-la, chamava-me doutor, José Dias também, e todos em casa, a prima, os escravos, as visitas, Pádua, a filha, e ela mesma repetiam-me o título". MACHADO DE ASSIS, 2019, p. 257.

423 MACHADO DE ASSIS, 2019, p. 226.

424 "Mostrei outro, mais outro, e ainda outro, este Pedro, aquele José, aquele outro Damião... — Todas as letras do alfabeto, interrompeu Escobar. Com efeito, eram diferentes letras, e só então reparei nisto; apontei ainda outros escravos, alguns com os mesmos nomes, distinguindo-se por um apelido, ou da pessoa, como João Fulo, Maria Gorda, ou de nação como Pedro Benguela, Antônio Moçambique..." MACHADO DE ASSIS, 2019, p. 240.

425 "— E estão todos aqui em casa? perguntou ele. — Não, alguns andam ganhando na rua, outros estão alugados". MACHADO DE ASSIS, 2019, p. 240.

Machado ao acaso: tudo tem um significado. O sobrenome Fernandes da personagem Santiago poderia, por exemplo, revelar a ironia do autor:

> Apesar de haver diversos Fernandes relacionados com a época do descobrimento, é tentador acreditar (...) que Machado tivesse em mente Antonio Fernandes, o escanção e mordomo negro de Afonso de Albuquerque, um grande guerreiro pelo qual Albuquerque tinha profunda confiança, mas que foi nada menos que queimado na fogueira por seu senhor. (...) Isso pode significar que a mãe e a avó de Bento tinham sangue negro – talvez uma ponta de ironia machadiana.[426]

A autora ainda defende que a adoção deste sobrenome pode refletir a realidade brasileira: um país em que diversas mulheres escravizadas foram estupradas pelos senhores e deles tiveram filhos.[427]

Quanto ao capítulo que se refere ao Panegírico de Santa Monica, Caldwell ensina sobre as referências desta Santa e de Santo Agostinho na obra machadiana. Em 1850, foi estabelecida em Paris uma associação de mães, sob o Padroado de Santa Monica, que rezavam para seus filhos e maridos. Santo Agostinho, por sua vez, citado também em outros romances, como Quincas Borba, Casa Velha e Esaú e Jacó, seria para Machado a personificação dos homens. Assim, conclui:

> Que Machado de Assis identifique os homens brasileiros (e a si próprio, como um deles) com Agostinho, e as mulheres brasileiras com Santa Monica, é superficialmente apropriado por duas razões. Os homens brasileiros (e portugueses) do século dezenove eram notoriamente filhos turrões e maridos infiéis. Monica e Agostinho eram africanos, de origem negra, conforme algumas cogitações; e há um grande elemento africano na população brasileira, sendo que o próprio Machado tinha sangue negro (...) portanto, o panegírico de Santa Monica torna-se uma descrição, no sentido mais amplo, da obra artística de Machado – retratar a boa mãe cristã, a bondade da natureza humana, persuadindo o filho turrão, algumas vezes salvo, outras perdido. Daí a submissão inconteste de Machado de Assis à imagem feita por Santiago, que, em suas próprias palavras, deve funcionar da seguinte maneira: minha obra é um panegírico de Santa Monica (o amor) dedicada a Santo Agostinho (meus compatriotas brasileiros e toda a humanidade). (...)

426 CALDWELL, op. cit., p. 67

427 CALDWELL, op. cit., p. 68.

> Meu panegírico é importante para mim, mas talvez não tenha nenhuma importância. (...) Machado está 'distribuindo seu panegírico', confiando-o ao autor fictício, Santiago (...).[428]

Machado deixou, portanto, seu posicionamento não apenas expresso, como também de forma sutil, para que nós analisássemos suas obras e desvendássemos suas mensagens. Neste ponto, vale a pena mencionar a análise de José Veríssimo: "na obra do Sr. Machado, a emoção é, por via de regra, não sei se poderia dizer sempre, de ordem intelectual. Falece-lhe, ou esconde-a ciosamente, e, talvez, seja esta a hipótese verdadeira, a emoção sentimental.[429] Os escritos de Machado tem um propósito: dialogar com o leitor e a leitora, fazendo com que ao menos refletam sobre temas como política, guerras e revoluções, sistema escravista e religião.

2.2.9 – Esaú e Jacó

O romance foi publicado em 1904, quatro anos antes de sua morte. Machado de Assis inclusive pensava que esta seria sua última obra, razão pela qual inicialmente chamava-se "Último".

A história bíblica do livro Gênesis, de Esaú e Jacó, foi a inspiração para o nome da obra, que narra a vida de irmãos gêmeos que brigavam entre si desde que estavam no ventre de sua mãe, Raquel. Contrariando o que se ouve, que os pais amam os filhos de forma igual, Isaque preferia Esaú, enquanto Raquel amava mais Jacó. Esaú foi o primeiro a nascer e, segundo a tradição, o primogênito era herdeiro de toda a propriedade do pai. Um dia, Esaú acabou cedendo os direitos de primogenitura ao irmão Jacó. Quando o pai já estava velho, sem quase enxergar, pediu que o habilidoso caçador Esaú caçasse e lhe preparasse um ensopado, para que ele lhe abençoasse antes de morrer. Raquel ouviu e contou o fato a Jacó, para que ele matasse dois cabritos do rebanho e preparasse o tal ensopado e então ter as bençãos do pai. Assim foi feito: Jacó tomou o lugar do irmão na benção de seu pai, ludibriando-o. Esaú odiou o irmão, jurando sua morte. No entanto, os dois acabam se reconciliando.

---

428 Ibid., pp. 201-202.

429 VERÍSSIMO, José. Um irmão de Brás Cubas. In: MACHADO DE ASSIS, op. cit., v.1, p. 30.

Machado usa esta passagem da bíblia para criar um romance que tem como personagens principais os irmãos Pedro e Paulo, filhos gêmeos de Natividade e Santos. Pedro cursa medicina e é monarquista, enquanto Paulo cursa direito e é republicano. Os dois possuem, como visto, divergências políticas e se apaixonam pela mesma mulher, chamada Flora, que não consegue decidir para quem dará o seu amor. A história é narrada em terceira pessoa, pelo Conselheiro Aires, que é apaixonado por Natividade, mas nunca foi correspondido.

Logo no início da história, Natividade vai se consultar com uma cabocla no Morro do Castelo, que lhe transmite que os irmãos serão grandes homens, mas que brigarão muito entre si.

Para a umbanda, religião de matriz africana, o caboclo é um espírito sábio, que incorpora nos pais de santo e se apresenta na forma de indígena, guiando as pessoas que o consultam. Machado coloca no romance esta importante entidade da umbanda, logo no início, demonstrando a sua importância e o respeito que todas as pessoas tinham com ela:

> A polícia mesma, quando não acabava de apanhar um criminoso, ia ao Castelo falar à cabocla e descia sabendo; por isso é que não a botava para fora, como os invejosos andavam a pedir. Muita gente não embarcava sem subir primeiro ao morro. A cabocla explicava sonhos e pensamentos, curava de quebranto...[430]

Machado narra com riqueza de detalhes o encontro de Natividade e sua irmã com a cabocla, demonstrando todo respeito ao ritual da mencionada religião afro-brasileira: o fumo do cigarro, a voz do caboclo velho entoando uma cantiga do sertão e a atenção das duas mulheres naquelas palavras.

Escrito depois do 13 de maio, é importante ressaltar que Machado escreve um romance que traz uma religião afro-brasileira, em um período em que candomblé e umbanda eram referidas como religiões de "baixo-espiritismos", eivadas de discriminação e perseguidas pelo Estado, que as reprimiu fortemente até a década de 1940.[431]

Diversas são as passagens que merecem ser citadas, justamente por conterem a crítica de Machado à relação entre senhor-escravizado. Uma curiosa

430 MACHADO DE ASSIS, op. cit., v.1, p. 1059.

431 NOGUEIRA, op. cit., p. 95.

passagem ocorre no capítulo XX, "A joia", em que Santos é agraciado com o título de Barão e, consequentemente, a mulher, Natividade, torna-se Baronesa. Os escravizados ficam contentes com a notícia e logo vem a ironia de Machado:

> Os criados ficaram felizes com a mudança dos amos. Os próprios escravos pareciam receber uma parcela da liberdade e condecoravam-se com ela: "Nhã Baronesa!" exclamavam saltando. E João puxava Maria, batendo castanholas com os dedos: "Gente, quem é esta crioula? Sou escrava de Nhã Baronesa!"[432]

Outro fato no mínimo intrigante é que, neste romance, Machado explora muito bem a "guerra" entre monarquistas e republicanos através das brigas entre os dois irmãos e expressa, de forma evidente, o 13 de maio de 1888. No entanto, Esaú e Jacó sequer é lembrado como um romance crítico àquele período:

> Não esqueça dizer que, em 1888, uma questão grave e gravíssima os fez concordar também, ainda que por diversa razão. A data explica o fato: foi a emancipação dos escravos. Estavam então longe um do outro, mas a opinião uniu-os. A diferença única entre eles dizia respeito à significação da reforma, que para Pedro era um ato de justiça, e para Paulo era o início da revolução. Ele mesmo o disse, concluindo um discurso em S. Paulo, no dia 20 de maio: "A abolição é a aurora da liberdade; esperemos o sol; emancipado o preto, resta emancipar o branco.[433]

Machado trouxe um tema em que os dois irmãos concordavam: a abolição da escravatura. Ainda assim, os dois irmãos a defendiam por motivos diversos, tal qual ocorria naquela época. Não se pode falar em "movimento abolicionista", como se fosse um bloco só, mas sim em "movimentos abolicionistas": eis que desejavam o mesmo fim, mas por razões distintas.

O autor – que era defensor da Monarquia -, quanto à questão política monarquia x república, traz o seguinte argumento de um dos personagens a respeito dos liberais:

> A linguagem dessas profecias era liberal, sem sombra de solecismo. Verdade é que ele se arrependia de as escutar, e forcejava por traduzi-las no velho idioma conservador, mas já lhe iam faltando dicionários.

---

432 MACHADO DE ASSIS, op. cit., v.1, p. 1074.

433 Ibid., p. 1092.

> A primeira palavra ainda trazia o sotaque antigo: "Salve, Batista, ex-presidente de província!" mas a segunda e a última eram ambas daquela outra língua liberal, que sempre lhe pareceu língua de preto.[434]

Da leitura deste trecho podemos perceber o tom pejorativo da expressão "língua de preto". O livro, escrito no século XX, infelizmente ainda traduz o que ocorre nos dias atuais. Não podemos deixar de lembrar do vídeo do jornalista William Waack que, ao reclamar de uma buzina da rua, diz (sem saber que está sendo gravado): "é coisa de preto"[435]. Afinal, para estas pessoas "tudo que é bom ou bonito não pode ser preto"[436].

A risada logo após o comentário é uma das facetas do racismo, aqui tentando ser algo jocoso. Acontece que o racismo recreativo – termo cunhado pelo prof. Dr. Adilson Moreira - nada mais é do que um meio de propagação da hostilidade racial[437].

Sobre o episódio do citado jornalista, ocorrido em 2017, Jonathan Raymundo, professor de história e filosofia, escritor e criador do evento *Wakanda in Madureira,* publicou texto exaltando a cultura negra, que inicia com a menção ao nosso grande escritor: "Coisa de preto é a bruxaria contida num conto de Machado de Assis".[438] Na época, houve um movimento #coisadepreto para ressignificar a expressão, totalmente pejorativa às pessoas negras.

Ainda sobre a "língua de preto", importante trazer os ensinamentos de Lélia Gonzalez, sobre o "pretuguês":

> É engraçado como eles gozam a gente quando a gente diz que é Framengo. Chamam a gente de ignorante dizendo que a gente fala errado. E de repente ignoram que a presença desse r no lugar do l nada mais é que a marca linguística de um idioma africano, no qual o l inexiste. Afinal, quem que é o ignorante? Ao mesmo tempo, acham o maior barato a fala dita brasileira,

---

434 MACHADO DE ASSIS, op. cit., v.1, p. 1108.

435 Disponível em: <https://www.youtube.com/watch?v=WR2CcTWeM_A> Acesso em; 03 ago. 2020.

436 WILLIAM, op. cit., p. 61. O autor dá exemplos de como são vistos de forma diferentes uma pessoa branca de tranças ou dreads e uma pessoa negra. Esta tem toda uma carga de preconceito sobre si e são muitas vezes associadas a pessoas sujas ou marginais. Ibid., pp. 61-62.

437 MOREIRA, Adilson. *Racismo recreativo.* São Paulo: Sueli Carneiro; Pólen. 2019. Coleção Feminismos plurais, p. 30.

438 Disponível em: <https://veja.abril.com.br/entretenimento/lazaro-ramos-desconstroi-frase-coisa-de-preto-racismo-e-crime/> Acesso em: 03 ago. 2020.

> que corta os erres dos infinitivos verbais, que condensa você em cê, o está em tá e por aí afora. Não sacam que tão falando pretuguês.[439]

Machado, ao utilizar o termo "linguagem de preto", já nos trazia o racismo de nossa sociedade. É importante relatar que, até hoje, diversas palavras e expressões do período da escravidão e que precisam urgentemente ser abolidas são utilizadas, tais como: denegrir, criado-mudo, meia-tigela, mulata, da cor do pecado, não sou tuas negas etc. Felizmente, diversas páginas nas redes sociais[440] têm realizado um importante papel, levando informação de maneira acessível a todas as pessoas, mencionando tais expressões e explicando o porquê da sua carga racista. Todas as palavras possuem significado e, portanto, precisamos pensar antes de usá-las.

Voltemos a Esaú e Jacó. O final deste romance não termina tão bem quanto a história bíblica. Pedro e Paulo continuam inimigos e seguem a carreira política, cada um defendendo seus ideais políticos, completamente opostos. Machado, portanto, além de tratar especificamente da escravidão, traz aqui um tema que a ela é ligado: a crise da monarquia e o consequente golpe republicano.

Wood reflete sobre o romance que traz importantes questões políticas: "Machado convida-nos a pensar não apenas nas escolhas que fazemos, mas também sobre a própria possibilidade de escolha, sobre aqueles momentos em que, a despeito de todas as aparências de liberdade, não sabemos exatamente quão livre somos".[441] Trata-se da possibilidade de escolha real, de posicionar-se e de não ser omisso e o não dito por Machado era de grande valor.

2.2.10 – Memorial de Aires

Último romance de Machado, finalizado em 1908, poucos meses antes de sua morte. O escritor, já bastante debilitado, temia em não conseguir sequer trabalhar esta obra: "não sei se terei tempo de dar forma e termo a um livro que medito e esboço; se puder, será certamente o último."[442]

---

439 GONZALEZ, *op. cit.*, p. 90.

440 A título de exemplo, as páginas no instagram "Notícia Preta", "Alma preta jornalismo", "Tinha que ser preto" e "Pretitudes".

441 WOOD, Michael. In: ROCHA, op. cit., pp. 332-333.

442 MACHADO, op. cit., p. 347.

Como se pode perceber logo no título, o Conselheiro Aires, do romance anterior Esaú e Jacó, está de volta com suas memórias. Escrito em formato de diário, teremos a partir das anotações de Aires dois tipos de narrativas: uma em primeira pessoa, quando se tratar das lembranças vividas por Aires e outra em terceira pessoa, quando se tratar da biografia das demais personagens.

Na trama, o Conselheiro Aires, já idoso, aposentado e sozinho, resolve escrever para ocupar seu tempo. O casal Aguiar e d. Carmo, juntos há vinte e cinco anos, que não tiveram filhos e Tristão e Fidélia ocupam as páginas de seu diário.

Neste romance, não perceberemos a ironia característica de Machado nos diários de Aires datados de 1888 e 1889. É possível que isso tenha se dado ao fato de que Machado, após a morte de Carolina, permaneceu recluso e depressivo. A perda de seu grande amor pode ter influenciado inclusive seu modo de escrita. No entanto, assim como Dom Casmurro sustenta duas interpretações acerca de Bentinho e Capitu, aqui há a possibilidade de diferentes leituras sobre o relacionamento entre Aires e Flora. Esta é mais uma prova de que não era do feitio de Machado deixar tudo sempre de forma expressa no texto, mas sim provocar e inquietar o leitor.

Nos meses que antecedem o 13 de maio, Aires faz diversas anotações em seu diário sobre o tema. Na primeira, do dia 20 de março de 1888, escreve sobre o Desembargador Campos, que "parece que alguma coisa se fará no sentido da emancipação dos escravos, — um passo adiante, ao menos"[443]. Uma semana depois, no dia 27 de março, outra anotação: "Parece que ele veio por causa do boato que corre na Paraíba do Sul acerca da emancipação dos escravos".[444]

No mês seguinte, em 10 de abril, Aires prossegue com as anotações sobre os rumores de uma possível emancipação:

> Grande novidade! O motivo da vinda do barão é consultar o desembargador sobre a alforria coletiva e imediata dos escravos de Santa-Pia. Acabo de sabê-lo, e mais isto, que a principal razão da consulta é apenas a redação do ato. Não parecendo ao irmão que este seja acertado, perguntou-lhe o que é que o impelia a isso, uma vez que condenava a ideia atribuída ao governo de decretar a abolição, e obteve esta resposta, não sei se sutil, se profunda, se ambas as coisas ou nada: — Quero

443 MACHADO DE ASSIS, op. cit., v. 1, p. 1213.

444 Ibid., p. 1213.

> deixar provado que julgo o ato do governo uma espoliação, por intervir no exercício de um direito que só pertence ao proprietário, e do qual uso com perda minha, porque assim o quero e posso.[445]

Esta ação retratada por Machado foi bastante comum naquela época. Muitos senhores se apressaram para conceder a alforria aos seus escravizados antes que o governo assim o fizesse e lhes deixasse sem qualquer indenização. Soma-se a isso o fato de que crescia o número de escravizados que se reuniam para rebelar-se. As insurreições eram um barril de pólvora, prestes a estourarem, vistas, como bem salienta Trípoli, como uma afronta, um crime, uma ameaça ao sistema escravista.[446] Esta visão só mudou, passando a ser retratada como verdadeira revolução e resistência a um sistema opressor com o curso da história.

Curioso é que Campos tentou dissuadir o amigo, ao argumento de que a filha Fidélia seria prejudicada, já que, com a sua morte, seria herdeira de sua propriedade, que incluía, logicamente, os escravizados. No entanto, não conseguiu. Afinal, "antes de morto, o que era seu era somente seu".[447] Assim, foi redigida a carta de alforria, com a certeza de que a maioria dos então libertos permaneceriam em sua fazenda, recebendo salário.

Três dias depois daquele registro da alforria (que em nenhum momento foi feita em decorrência de um ato benevolente), Aires relata o encontro que teve com Fidélia, que só disse coisas boas do pai e de seu ato tão generoso: ele era um "bom senhor" e eles, "bons escravos"[448]. Mais uma vez, Machado traz a relação entre senhor-escravizado e como ela é distorcida aos olhos do opressor, que vê o senhor que escraviza como uma pessoa humana, de coração bondoso e classifica os escravizados em "bons" ou "maus" de acordo com a subserviência.

No dia 19 de abril, uma anotação de Aires revela o espírito dos integrantes de movimentos abolicionistas: a conquista da liberdade estava, finalmente se aproximando. Machado inclusive faz menção ao fato de que seríamos um país a abolir a escravidão tardiamente, o último da América Latina e que deveríamos seguir o exemplo da terra de Lincoln:

---

445 MACHADO DE ASSIS, op. cit., v.1, p. 1214.

446 TRÍPOLI, op. cit., p. 51.

447 MACHADO DE ASSIS, op. cit., v.1, p. 1214.

448 Ibid., p. 1215.

> Lá se foi o barão com a alforria dos escravos na mala. Talvez tenha ouvido alguma coisa da resolução do governo; dizem que, abertas as câmaras, aparecerá um projeto de lei. Venha, que é tempo. Ainda me lembra do que lia lá fora, a nosso respeito, por ocasião da famosa proclamação de Lincoln: "Eu, Abraão Lincoln, Presidente dos Estados Unidos da América..." Mais de um jornal fez alusão nominal ao Brasil, dizendo que restava agora que um povo cristão e último imitasse aquele e acabasse também com os seus escravos. Espero que hoje nos louvem. Ainda que tardiamente, é a liberdade, como queriam a sua os conjurados de Tiradentes.[449]

Em 07 de maio, Aires relata a apresentação do projeto para a Câmara e o boato de que, em poucos dias, finalmente virará lei: "é a abolição pura e simples"[450]. Como sabemos, os rumores se confirmaram, já que no dia 13 de maio foi assinada a Lei Áurea e o episódio é narrado no diário de Aires:

> Enfim, lei. Nunca fui, nem o cargo me consentia ser propagandista da abolição, mas confesso que senti grande prazer quando soube da votação final do Senado e da sanção da Regente. Estava na Rua do Ouvidor, onde a agitação era grande e a alegria geral.
>
> Um conhecido meu, homem de imprensa, achando-me ali, ofereceu-me lugar no seu carro, que estava na Rua Nova, e ia enfileirar no cortejo organizado para rodear o paço da cidade, e fazer ovação à Regente. Estive quase, quase a aceitar, tal era o meu atordoamento, mas os meus hábitos quietos, os costumes diplomáticos, a própria índole e a idade me retiveram melhor que as rédeas do cocheiro aos cavalos do carro, e recusei. Recusei com pena. Deixei-os ir, a ele e aos outros, que se juntaram e partiram da Rua Primeiro de Março. Disseram-me depois que os manifestantes erguiam-se nos carros, que iam abertos, e faziam grandes aclamações, em frente ao paço, onde estavam também todos os ministros. Se eu lá fosse, provavelmente faria o mesmo e ainda agora não me teria entendido... Não, não faria nada; meteria a cara entre os joelhos. Ainda bem que acabamos com isto. Era tempo. Embora queimemos todas as leis, decretos e avisos, não poderemos acabar com os atos particulares, escrituras e inventários, nem apagar a instituição da História, ou até da Poesia. A Poesia falará dela, particularmente naqueles versos de Heine, em que o nosso nome está perpétuo. Neles conta o capitão do navio negreiro haver deixado trezentos negros no Rio de

449 MACHADO DE ASSIS, op. cit., v.1, p. 1214.

450 Ibid., p. 1216.

> Janeiro, onde "a Casa Gonçalves Pereira" lhe pagou cem ducados por peça. Não importa que o poeta corrompa o nome do comprador e lhe chame Gonzales Perreiro; foi a rima ou a sua má pronúncia que o levou a isso. Também não temos ducados, mas aí foi o vendedor que trocou na sua língua o dinheiro do comprador.[451]

No dia seguinte, Aires novamente faz a importante observação: a devida liberdade, mesmo que tardiamente, foi concedida![452]

Rememorando os tempos de menino, Aires relembra o entrudo e, de início, pensa: "do que adianta falar sobre isso em 1888?". Afinal, "costumes e instituições, tudo perece". No entanto, não podemos apagar nossas memórias, o que vivenciamos.[453]

No dia 30 de junho, há a importante menção ao fato de que, ainda que libertos, aqueles homens e mulheres negros permaneceram com seus antigos senhores, livres, com "a mesma afeição".[454] Em 08 de abril de 1889, uma nova anotação, mas a mesma situação: nada havia mudado, na prática, para aqueles escravizados.[455] Apenas na teoria não eram mais escravizados. Assinar um papel decretando o fim da escravidão sem amparar todos aqueles homens e mulheres traria graves sequelas que, durante gerações, não seriam sanadas. Neste romance, Machado se posicionou quanto à necessidade de uma Reforma Agrária, com a posse integral da fazenda de Santa Pia pelos pretos, recém libertos.[456]

Esta é a importância em se analisar um romance escrito pós 13 de maio. Não teria Machado a menor necessidade em escrever sobre este fato caso assim não desejasse. Por que motivo então escolheu justamente os anos de 1888 e 1889 para serem os anos escritos no diário de Aires? "Enfim, a lei", "era tempo", disse ele utilizando a personagem Aires para tal.

Pode-se chegar à conclusão de que Machado se preocupa com a História e a memória coletiva: documentos podem ser queimados – como ocorreu com

---

451 Ibid., p. 1216.

452 Ibid., p. 1217.

453 Ibid., pp. 1231-1232.

454 Ibid., p. 1228.

455 MACHADO DE ASSIS, op. cit., p. 1284.

456 FONSECA, Manoel José Gondim da. In: GUIMARÃES, Hélio de Seixas; LEBENSTAYN, Ieda. op. cit., v.2. pp. 346-347.

a queima dos arquivos por Rui Barbosa que documentavam o tráfico negreiro – mas a instituição escravidão que foi, durante séculos a fio, um regime legal no Brasil, não poderá jamais ser apagada. É preciso, portanto, ressaltar a importância da literatura de Machado – assim como a de diversos escritores e escritoras da época -, como verdadeiro registro do Brasil oitocentista.

Por fim, necessário mencionar o que o narrador de Esaú e Jacó fala sobre o Memorial de Aires (lembrando que ambos os romances tem Aires como elo de ligação): "atento, verdadeiramente ruminante, tem quatro estômagos no cérebro e, por eles faz passar e repassar os atos e os fatos, até que deduz a verdade, que estava, ou parecia estar escondida."[457] Assim trata Machado seus leitores, que precisam refletir sobre o texto e tirar dele suas conclusões.

457 MACHADO DE ASSIS, op., cit., v.1, p. 1119.

Capítulo 3 – Os Contos Machadianos

Machado de Assis escreveu mais de duzentos contos, em diversos jornais e revistas da época. O primeiro publicado foi "Três tesouros perdidos", em 05 de janeiro de 1858. O maior lapso temporal na publicação de contos foi justamente entre os dois primeiros: após a publicação de "Três tesouros perdidos", Machado só voltou ao gênero literário em 1962, com "O país das quimeras". Depois, a produção de contos foi assídua.

Como bem salienta Renard Quintas Perez, suas histórias curtas variam quanto ao estilo: em algumas, teremos a "fórmula de Maupassant", com princípio, meio e fim. Em outras, apenas a descrição de algo: um momento ou um estado de espírito – em que "o interesse da intriga é substituído pela captação do estado da alma", por exemplo.[458]

Machado publicou seus contos nos mais diversos jornais e revistas. A Estação, por exemplo, era uma revista voltada para o público feminino. O Jornal das Famílias, por sua vez, que circulou entre os anos de 1864 e 1878, era lido por pessoas conservadoras e tinha como um dos colaboradores um padre que aconselhava as leitoras – moças solteiras casadouras e donas de casa – a serem submissas e cristãs.[459] A Gazeta de Notícias, era expressamente abolicionista. Curiosamente, a maior parte da escrita de Machado foi primeiro publicada em revistas femininas como as duas mencionadas primeiro e também O Espelho e A marmota fluminense[460]. Com isso, os contos (e romances) ali publicados tinham um público-alvo bem definido, o que não quer dizer que ele deixaria de passar sua mensagem e posicionar-se com relação à sociedade da época.

Contos fluminenses (1870); Histórias da meia-noite (1873); Papeis avulsos (1882); Histórias sem data (1884); Várias histórias (1896) e Relíquias da Casa Velha (1906) são sete coletâneas de contos machadianos. Para a escrita

---

458 Bernard Quintas Perez. In: GUIMARÃES, Hélio de Seixas; LEBENSTAYN, Ieda, op. cit., v.2, pp.226-227.

459 FARIAS, Virna L. Cunha de. *Machado de Assis na imprensa do século XIX* – práticas, leitores e leituras. São Paulo: Paco editorial, 2016, pp. 182-183.

460 Ibid., p. 79.

deste trabalho, todos foram lidos e analisados e serão mencionados aqueles que têm relação com a proposta deste livro.

3.1 – Contos Fluminenses

A primeira coletânea, datada de 1870, reúne sete contos: Miss Dólar, Luís Soares, A mulher de preto, O segredo de Augusta, Confissões de uma viúva moça, Linha reta e linha curva e Frei Simão.

3.1.1 – Miss Dollar

Escrito em 1870, Miss Dollar conta a história de uma viúva que não acredita no amor, por ter se casado com um homem interessado apenas em seu dinheiro. Os escravizados aparecem em poucas passagens. O importante é que ele faz menção ao fato de que as personagens possuíam escravizados e, além de descrever a relação de subserviência, faz menção ao fato de que os escravizados tudo viam, ouviam, percebiam.[461] Afinal, eram eles os mecanismos que faziam girar a propriedade do senhor e ficavam sempre (porque precisavam ficar, até mesmo por questão de autodefesa) alerta ao que acontecia.

3.1.2 - Luís Soares

Escrito em 1869, o conto narra a história da personagem estampada no título. *Bon vivant*, Luís Soares empobrece e recorre ao tio, tal qual a parábola bíblica do filho pródigo. O tio lhe consegue um casamento arranjado com Adelaide, mas Soares rejeita a ideia. Ao final, ele acaba se matando: prefere morrer a ficar pobre.

Durante os tempos de ostentação de Soares, é cercado de escravizados, fato retratado por Machado em mais de uma passagem. Já logo no início do primeiro capítulo, temos o criado lhe servindo a ceia às cinco da manhã.[462] Ele

461 "Os dois escravos de Mendonça começaram a notar a profunda diferença que havia entre os hábitos de hoje e os de outro tempo. Supuseram logo que alguma cousa o preocupava." MACHADO DE ASSIS, op. cit., v.2, p. 21.

462 "A sua ceia limitava-se a uma xícara de chocolate que o criado lhe dava às cinco horas da manhã quando ele entrava para casa." Ibid., p. 30.

ficava sempre alerta a qualquer possível ordem do senhor. Machado inclusive narra que foi o criado quem ouviu o tiro no quarto de Soares e foi o primeiro a entrar e vê-lo morto.

Há, mais uma vez, aquele que serve e aquele que é servido, aquele que trabalha de sol a sol e o parasita, que suga e é cruel.[463] Este é o retrato da sociedade oitocentista. Schwarz defende que "ao transpor para o estilo a relações sociais que observava, ou seja, ao interiorizar o país e o tempo, Machado compunha uma expressão da sociedade real, sociedade horrendamente dividida".[464]

3.1.3 - A mulher de preto

Antes de escrever Dom Casmurro, o tema traição (real ou fantasiada) e triângulo amoroso apareceu neste escrito de 1868. Nesta trama, Estevão, que tem 24 anos, vê as mulheres como mero objeto de seu deleite. Um dia, ao comparecer a um baile, se encanta por uma mulher vestida de preto (daí o título do conto), chamada Madalena. Logo depois, se surpreende ao descobrir que ela é casada com Meneses, um rapaz que conheceu há pouco e por quem tinha começado a desenvolver uma amizade. A trama central não nos interessa aqui, mas sim uma outra camada do conto.

Após a análise de todos os romances de Machado, é possível perceber que, naquele estilo literário, muitas vezes a trama girava em torno de um relacionamento amoroso, com percalços, mocinho e mocinha e um final (feliz ou trágico). A história desenvolvida pelo autor muitas vezes possui diversas camadas e podemos perceber aqui que, novamente, ele retrata a sociedade da época. Através de uma das personagens, que ocupa o cargo de delegado, abor-

---

463 Quando pensamos em alguém cruel, pode nos vir à mente cenas de violência, de agressão. No entanto, a violência pode ser verbal, física, psicológica, patrimonial... Ter uma pessoa à sua disposição, sem ter horário certo de descanso, apenas preocupada em servir – e fazer isto bem para não ser punido – é uma forma de crueldade.

464 SCHWARZ, 2012, p. 11.

da política e nepotismo,[465] algo que, até hoje, precisa ser discutido – inclusive, com a necessidade de edição da súmula vinculante n. 13.[466]

Além de falar sobre política, mais uma vez Machado faz questão de nos situar no contexto de uma sociedade escravista, ao escrever sobre Estevão: possuía um escravizado, que tinha a mesma idade que ele, era "cria da casa do pai", "mais irmão do que escravo".[467]

Machado faz a pontuação – nem um pouco sutil – sobre a falácia "ele é praticamente da família", utilizada até os dias de hoje. Por trás desta colocação, podemos extrair a crítica: ora, como alguém pode tratar um irmão como se fosse uma coisa, um bem que pode ser a qualquer tempo vendido? Como alguém teria a ousadia de chamar de irmão a quem lhe serve dia e noite e que está sujeito a todo e qualquer tipo de violência – verbal e física? Como a personagem o considera "como se fosse seu irmão", mas sequer o chama pelo nome?[468]

3.1.4 – O segredo de Augusta

Escrito em 1868, a história gira em torno do casal Vasconcelos, de quarenta anos e Augusta, de trinta. Os dois têm uma filha de quinze anos, chamada Adelaide, que não quer se casar, mas que desperta o interesse de Gomes, amigo de Vasconcelos.

O que nos interessa neste conto é a passagem em que Vasconcelos conversa com um credor. Ele está, pouco a pouco, perdendo suas posses, dentre

465 "— O governo é reator; as províncias não podem mais suportá-lo. Os princípios estão todos preteridos; na minha província foram demitidos alguns subdelegados pela circunstância única de serem meus parentes; meu cunhado, que era diretor das rendas, foi posto fora do lugar, e este deu-se a um peralta contraparente dos Valadares. Eu confesso que vou romper amanhã a oposição." MACHADO DE ASSIS, op. cit., v.2, p. 52.

466 Súmula vinculante 13: "A nomeação de cônjuge, companheiro ou parente em linha reta, colateral ou por afinidade, até o terceiro grau, inclusive, da autoridade nomeante ou de servidor da mesma pessoa jurídica investido em cargo de direção, chefia ou assessoramento, para o exercício de cargo em comissão ou de confiança ou, ainda, de função gratificada na administração pública direta e indireta em qualquer dos poderes da União, dos Estados, do Distrito Federal e dos Municípios, compreendido o ajuste mediante designações recíprocas, viola a Constituição Federal".

467 "Morava só, tinha um escravo, da mesma idade que ele, e cria da casa do pai, mais irmão do que escravo, na dedicação e no afeto." MACHADO DE ASSIS, op. cit., v.2, p. 48.

468 "(...) o criado trouxe-lhe uma carta." Ibid., p. 58.

elas, seus escravizados.[469] A perda de escravizados significa perda de um status e o esvaziamento de uma herança que seria passada à sua filha. Como já mencionado, os escravizados eram passados de geração a geração, como propriedade e Machado escreveu sobre isso.

3.1.5 - Confissões de uma viúva moça

Escrito em 1865, o conto narra mais uma história de amor que não teve final feliz. Eugenia, era casada e tinha um admirador, Emílio, que se declarou por carta. No entanto, quando ela ficou viúva e o caminho ficou livre para ela viver este amor, Emílio refugou.

Mais uma vez percebemos que as personagens centrais nada fazem: vivem às custas de um regime escravista, explorador e cruel. Machado retrata em duas passagens a subserviência dos escravizados, que sequer possuem nome na trama, mas estão sempre atentos e à disposição, aguardando ou executando tarefas ordenadas por seus senhores.[470]

Arrancados de sua terra mãe, trazidos à força e trabalhando de forma a carregar toda a estrutura da sociedade, constituindo a base da pirâmide, mais uma vez Machado nos mostra a face - que muitos querem apagar ou maquiar - de nosso país.

A escrita de Machado traz o pensamento de pessoas daquela época e, para tanto, é necessário citar um fato histórico, documentado. Em discurso datado de 1873, o parlamentar Bernardo Pereira de Vasconcelos, que defendia que a civilização brasileira se construiu às custas do suor do negro africano, assim se pronunciou: "o trabalhador robusto, o único que sob este céu (...) poderia ter produzido, como produziu, as riquezas que proporcionaram a nossos pais recursos para mandar seus filhos estudar nas academias e universidades

---

469 "(...) as suas casas da Rua da Imperatriz estão hipotecadas; a da Rua de S. Pedro foi vendida, e a importância já vai longe; os seus escravos têm ido a um e um, sem que o senhor o perceba, e as despesas que o senhor há pouco fez para montar uma casa a certa dama da sociedade equívoca são imensas." MACHADO DE ASSIS, op. cit., v.2, p. 72.

470 "Fiz um esforço e resolvi aniquilá-lo, protestando que ao segundo caso nenhum escravo ou criado me ficaria em casa." Ibid., p. 88. "Pus termo ao novo louvor do rapaz, chamando um escravo para dar algumas ordens. Ibid., p. 90.

da Europa (...)".[471] É feita, portanto, a crítica: determinados membros da sociedade estudavam – inclusive fora do país – justamente por se valerem da exploração de homens e mulheres que foram forçados a aqui produzir riqueza. O discurso não menciona a exploração indígena (provavelmente por não ser ali o foco do debate) pelo colonizador, mas merece – e deve – ser aqui lembrado.

3.1.6 – Linha reta e linha curva

Escrito em 1866, temos um novo triângulo amoroso, formado por Emilia, Diogo e Tito. Novamente, ele não deixa de mencionar as posses das personagens, o que inclui ter escravizados. Ainda que de maneira breve, Machado faz questão de citar que Adelaide, mãe de Emilia, possui um criado.[472] O trecho poderia ser retirado e, mesmo assim, a história faria sentido. Então, por que Machado o menciona?

Normalmente, tudo aquilo que um autor escreve tem um motivo para nas suas linhas estar. Com Machado, não é diferente. Percebemos ao longo das leituras de seus textos a exposição nua e crua da sociedade escravista.

3.1.7 – Frei Simão

Escrito em 1864, Machado nos conta a trágica história dos primos Simão e Helena, que se amavam, mas foram separados pelos pais de Simão, que o mandaram para longe. Ele virou Frei e ela foi forçada a se casar.

Machado não deixa de abordar a sociedade escravista, ainda que de maneira rápida e sutil, ao narrar que "a mala (de Simão) e o criado estavam prontos."[473] O criado estava sempre à disposição, de prontidão para ser usado tal qual um objeto – neste caso, a mala.

Como se percebe, em praticamente todos os contos desta coletânea Machado inseriu a figura do escravizado, como forma de retratar a sociedade escravista e criticá-la, ainda que tenha por vezes feito de forma sutil.

471 VASCONCELOS apud Oliveira Lima, O império brasileiro, São Paulo: Melhoramentos, 1927. p. 142. In: SCHWARZ, 2012, p. 43.

472 "Adelaide ia dar algumas ordens quando viu com pasmo entrar-lhe em casa a viúva, acompanhada de um criado." MACHADO DE ASSIS, op. cit., v. 2, p. 131.

473 Ibid., p. 135.

3.2 – Histórias da Meia Noite

A coletânea foi publicada pela primeira vez em 1873 e é composta por seis contos, a saber: A parasita azul; As bodas de Luís Duarte; Ernesto de Tal; Aurora sem dia; O relógio de ouro e Ponto de vista (Quem desdenha).

3.2.1 – A parasita azul

O conto escrito em 1872 traz mais uma vez um triângulo amoroso, formado por Soares, Isabel e Camilo.

Apenas em um parágrafo há menção aos serviçais de uma das personagens: "Tirada a carga dos animais, cuidaram os criados primeiramente do café, e, depois do jantar. Nessas ocasiões ainda mais pungiram ao nosso herói as saudades de Paris".[474] Possivelmente, o autor não quis deixar de mencionar que Camilo, ao retornar para o Brasil depois de longos oito anos em Paris, tinha uma estrutura à sua espera, o que incluía escravizados.

3.2.2 – As bodas de Luís Duarte

Escrito em 1873, o conto se desenvolve durante um jantar na casa da família Lemos e tem como foco (como se pode depreender do título) a instituição do matrimônio.

Em um dos trechos da história, há uma queixa quanto aos serviços realizados pelos escravizados: "No entanto D. Mariquinhas fazia maravilhas ao piano; Eduardo encostado à janela parecia meditar um suicídio, ao passo que o irmão brincando com a corrente do relógio ouvia umas confidências de D. Margarida a respeito do mau serviço dos escravos".[475]

Críticas quanto aos serviços executados pelos escravizados certamente ocorriam. Os escravizados recebiam advertências e punições e poderiam até mesmo ser levados ao Calabouço. Poderiam também ser alvo de chibatadas, uma punição legalizada, já que autorizada em lei.

---

474 MACHADO DE ASSIS, op. cit., v.2, p. 148.

475 Ibid., p. 176.

Machado inclusive narra neste conto a "árdua" tarefa da sinhá, D. Beatriz: manter a casa sempre em ordem.[476] Na verdade, toda a tarefa exaustiva e braçal ficava a cargo das escravizadas, já que a sinhá apenas dava as ordens e exigia a sua perfeita execução. A casa funcionava simplesmente porque havia diversos escravizados e escravizadas, a quem lhes competiam as mais diversas funções.[477]

3.2.3 – Ernesto de Tal

O conto de 1873 narra a história de Rosina, que desperta o interesse de dois rapazes: Ernesto e um "rapaz de nariz comprido". Os dois decidem enviar uma carta a ela rompendo relações. No entanto, Ernesto acaba se casando com a moça (ela "queria casar, casar o melhor que pudesse",[478] mesmo que preferisse o outro rapaz) e o moço do nariz comprido se torna padrinho do filho dos dois.

Toda a comunicação epistolar tinha como intermediário o "moleque" da casa dc Rosina, que respeitosamente chamava a moça de "Nhanhã".[479] Mais uma vez, Machado não deixa de mencionar na história o fato de que os "moleques" eram utilizados para pequenos serviços, sempre à disposição do "nhonhô" e "nhanhã".

3.2.4 – O relógio de ouro

O conto mais curto da coletânea, escrito em 1873, nos traz a história de Luis Negreiros, casado com Clarinha. Negreiros fica intrigado ao chegar em casa e encontrar um relógio que não é seu. A partir daí, passa a desconfiar da mulher e a trama machadiana prende a atenção até o final. Para isso, Machado se vale do

---

476 "D. Beatriz, com as chaves na mão, mas sem a melena desgrenhada do soneto de Tolentino, andava literalmente da sala para a cozinha, dando ordens, apressando as escravas, tirando toalhas e guardanapos lavados e mandando fazer compras, em suma, ocupada nas mil coisas que estão a cargo de uma dona de casa, máxima num dia de tanta magnitude." Ibid., p. 171

477 "Quanto ao Antonico, tinha comido às seis horas um bom prato de mingau, na forma do costume, e só se ocupou em dormir tranqüilamente até que a mucama o foi chamar." Ibid., p. 172. "(...) senhora limitou-se a dizer a um dos serventes: - Leva isto a nhonhô". Ibid., p. 179.

478 MACHADO DE ASSIS, op. cit., v.2, p. 188.

479 "No dia seguinte, logo depois do almoço, estava Rosina em casa muito sossegada, longe de esperar o golpe, e até forjando planos de futuro, que assentavam todos no rapaz do nariz comprido, quando o moleque lhe apareceu com duas cartas. – Nhanhã Rosina, disse ele, esta carta é do sinhô Ernesto e esta..." Ibid., p. 193.

feitiço hermético, que nada mais é do que a narrativa prolongada de um acontecimento, que não guarda perfeita conexão com o tempo real do fato narrado:

> Em suma, a história que leva um tempo imaginário breve, cronologicamente delimitado, pode desenvolver-se num discurso longo, em desproporção com aquela, e ainda assim parecer de curta duração. (...) uma espécie de exageração, semelhante ao processo mórbido, familiar aos tomadores de ópio, da passagem célere, em poucos minutos, de algumas dezenas de anos, e que é um 'feitiço hermético' da arte de narrar.[480]

Logo no início do conto, os escravizados estão exercendo sua função servil[481] e avisam ao senhor sobre o jantar que está à mesa.[482] Na hora do jantar, ao provar a sopa fria, Meireles (sogro de Luís) ia criticar os escravizados, quando Luís acabou tomando para si a culpa, já que lhe foi avisado que o jantar estava à mesa, à espera do senhor, da sinhá e do convidado. Aos escravizados recai sempre a responsabilização pelos serviços mal executados. São julgados sem o menor pudor e sem qualquer averiguação do que, de fato, aconteceu.

3.3 – Papéis Avulsos

Publicada em 1882, a coletânea reúne doze contos, dentre eles alguns bem conhecidos do grande público: O alienista; Teoria do medalhão; A chinela turca; Na arca; D. Benedita; O segredo do Bonzo; O anel de Polícrates; O empréstimo; A sereníssima República; O espelho; Uma visita de Alcebíades e Verba testamentária.

Machado, que selecionou os contos e os colocou nesta coletânea, faz um alerta quanto ao título "Papeis avulsos", que leva a crer que seriam escritos sem qualquer ligação entre si. Ele escreve que são avulsos, mas que foram reunidos com um propósito. Assim como "pessoas de uma só família, que a obrigação do

---

480 NUNES, Benedito. *O tempo da narrativa*. Série fundamentos. São Paulo: Ática. 1988, p. 33.

481 Santos ensina que, ao negro, cabia o papel de dócil, útil, enquanto o senhor exercia seu autoritarismo por vezes paternalista. Op. cit., p. 50.

482 Ibid., p. 213.

pai fez sentar-se à mesma mesa"[483], cada conto foi escrito de forma avulsa, mas guarda relação com os outros, razão pela qual foram reunidos nesta coletânea.

3.3.1 – O alienista

O conto, publicado inicialmente na revista carioca A Estação: Jornal ilustrado para a família, entre outubro de 1881 e março de 1882, traz a história de Simão Bacamarte, respeitado médico que, ao retornar para Itaguaí, sua cidade natal, resolve se dedicar aos estudos da psiquiatria. Ele constrói o manicômio Casa Verde, para onde manda recolher todos os loucos. Em pouco tempo, a maioria da população da cidade é internada e sua teoria falha. Após muito pensar e concluir que ele é o único "perfeitamente são", Bacamarte decide soltar todos que ali estavam e se internar: o problema, afinal, seria ele, o "anormal".

Há um diálogo entre a sinhá e a mucama que, certamente, foi pensado para o tipo de veículo ao qual foi publicado o conto, já que falavam sobre as riscas do tecido de um dos trinta e sete vestidos que dona Evarista tinha recebido. Mesmo aqui, Machado insere política em seu texto, ao escrever sobre a fictícia Revolta dos Canjicas.[484] Ao tomar conhecimento da referida Revolta, aquela senhora continuou calmamente experimentando os vestidos, como se nada estivesse acontecendo ou fosse mais importante do que aparentar e se mostrar para a alta sociedade.

Krause faz uma ótima leitura do que seria a Casa Verde: "um espaço de privação da liberdade na qual pessoas são escravizadas em nome dos discutíveis e camaleônicos poderes da ciência e da política".[485]

O conto aborda a questão da loucura. O primeiro hospício – como eram chamados à época os hospitais psiquiátricos – foi criado em 1852[486] e estudos sobre a loucura se intensificavam, à medida em que o cientificismo avançava no país. Aqui, cabe o questionamento: quem eram as pessoas internadas nestes locais?

---

483 SILVEIRA, Daniela Magalhães da. *Fábrica de contos*: ciência e literatura em Machado de Assis. São Paulo: Unicamp. 2010, p. 39.

484 No conto, o barbeiro Porfírio queria entrar para a política e armou a Revolta dos Canjicas (ele era conhecido como Canjica, daí o nome) para derrubar o governo e a Casa Verde. Porfírio tomou o poder e fechou a Câmara dos vereadores, mas ficou ao lado de Simão Bacamarte.

485 KRAUSE, Gustavo Bernardo. O paradoxo cético em Machado de Assis. In: ROCHA, op. cit., p. 212.

486 SILVEIRA, op. cit., p. 121.

Lima Barreto, por exemplo, teve diversas passagens ao longo de sua vida, assim como pessoas enquadradas nos crimes de vadiagem pelo Código Penal da época.

A política higienista era uma das bases do Estado, em que "mulheres e homens negros foram submetidos a torturas físicas e psicológicas"[487] nestes locais terríveis, em que não havia qualquer dignidade ou respeito às suas vidas. Um destes terríveis lugares foi o Colônia, ativado pouco tempo depois da lei áurea, em 1903 e foi um verdadeiro campo de concentração, em que foram exterminadas sessenta mil pessoas.[488]

Machado então escreve um conto que tem a seguinte mensagem: Afinal, quem seria normal? Em algumas passagens, Machado, através do narrador e das outras personagens, menciona o escravizado como propriedade[489] - mucamas e pajens -, como serviçal, na figura da mucama Benedita[490], traz novamente a figura do "moleque" como um garoto de recados, a quem, por vezes seu senhor/senhora não dá crédito[491] e traz a reação colérica de um senhor ao tomar conhecimento de que seu escravizado lhe havia tomado um boi.[492]

---

487 WILLIAM, op. cit., p. 73.

488 ARBEX, Daniela. *Holocausto brasileiro*. São Paulo: Geração editorial. 2013. Apesar de ser, formalmente, um local para abrigar e tratar pessoas que apresentavam problemas mentais, 70% das pessoas ali internadas eram mentalmente sãs. O Colônia foi o destino de pessoas que incomodavam o Estado: presos políticos, pessoas em situação de rua (enquadradas no delito de mendicância), vadias (enquadradas no crime de vadiagem), negras, pobres, mães "solteiras" (terminologia utilizada à época para mulheres que ficavam grávidas e não eram casadas) e alcoolistas. Ibid., pp. 25-26. A condição daquelas pessoas era deplorável: muitas roupas eram peças únicas e, quando iam para a lavanderia, os internos ficavam nus. Eram deixados sem água e por isso bebiam a própria urina. As mulheres, para não sofrerem violência sexual, chegavam a passar as próprias fezes em seus corpos. Ibid., pp. 48 e 51.

489 "D. Evarista, a tia, a mulher do boticário, um sobrinho deste, um padre que o alienista conhecera em Lisboa, e que de aventura achava-se em Itaguaí cinco ou seis pajens, quatro mucamas, tal foi a comitiva que a população viu dali sair em certa manhã do mês de maio." MACHADO DE ASSIS, op. cit., v. 2, p. 235.

490 "- Benedita, vê se a barra está boa. —Está, sinhá, respondia a mucama de cócoras no chão, está boa. Sinhá vira um bocadinho. Assim. Está muito boa." Ibid., p. 245.

491 "— Morra o Dr. Bacamarte!!! Morra o tirano! Uivaram fora trezentas vozes. Era a rebelião que desembocava na Rua Nova. D. Evarista ficou sem pinga de sangue. No primeiro instante não deu um passo, não fez um gesto; o terror petrificou-a. A mucama correu instintivamente para a porta do fundo. Quanto ao moleque, a quem D. Evarista não dera crédito, teve um instante de triunfo súbito, imperceptível, entranhado, de satisfação moral, ao ver que a realidade vinha jurar por ele." MACHADO DE ASSIS, op. cit., v.2, p. 245.

492 "O defunto meu tio não era mau homem; mas quando estava furioso era capaz de nem tirar 0 chapéu ao Santíssimo. Ora, um dia, pouco tempo antes de morrer, descobriu que um escravo lhe roubara um boi; imagine como ficou." Ibid., p. 239.

Apesar das diversas interpretações sobre o texto, que vai de sátira à política a crítica à ciência[493], fato é que Machado nestas econômicas linhas consegue passar a qualquer leitor a relação existente na sociedade escravista, fazendo menção às revoltas que aconteceram no país no século XIX, como a Cabanagem e a Balaiada.

3.3.2 – Teoria do Medalhão

Publicado em 1881, este é o conto que marca a entrada de Machado como colaborador da "Gazeta de Notícias"[494] e nos traz um diálogo entre pai e filho, no dia do aniversário de 21 anos deste. O pai dá conselhos acerca de seu futuro profissional: convém ser um medalhão, conquistar riqueza e fama. Com isso, ele honraria os sonhos frustrados de seu pai, ao mesmo tempo em que teria uma boa vida. Para isso, o filho Janjão precisa renunciar a qualquer ideia própria, ter disciplina e adotar um comportamento comedido. Em outras palavras, o medalhão precisa concordar com as ideias do outro e não exercer (ou, pelo menos, não manifestar) qualquer pensamento crítico.

O pai em nenhum momento menciona que carreira seria a adequada para o rapaz seguir. Preocupa-se apenas com o diploma de bacharel, que, naquela época, era sinônimo de status. A aparência contava muito, em uma sociedade que se preocupa com o ter mais do que com o ser.

3.3.3 – A chinela turca

Publicado originalmente em A Época no ano de 1875, o conto – que tem um quê de Edgar Allan Poe[495] - se passa em 1850 – ano em que foi promulgada a Lei Eusébio de Queiroz – e tem como personagens centrais o bacharel Duarte, sua mulher Cecilia e o major Lopo Alves. O casal pretendia ir a um baile,

493 Posições de Barreto Filho e Katia Muricy, citados por BARBIERI, Ivo. Sob o disfarce da ciência. In: ROCHA, op. cit., p. 586.

494 Neste veículo, Machado sempre assinou com seu próprio nome, sem qualquer pseudônimo. SILVEIRA, op. cit., p. 83.

495 Neste conto, assim como nos de Poe, temos a intromissão do sonho na realidade. Esta é uma característica marcante nas narrativas fantásticas. Ainda, Machado insere no conto um pêndulo para marcar a passagem do tempo e a iminência da morte, o que podemos constatar no conto de Poe chamado "O poço e o pêndulo".

mas Duarte recebeu inesperadamente a visita do major, que insistiu para que ele lesse um livro de cento e oitenta páginas naquela noite.

Como bacharel, Duarte tem uma boa vida e, portanto, se vale de escravizados em sua propriedade. Nas duas únicas passagens em que Machado traz o tema à tona, ele o faz de forma sutil, por meio de um moleque de propriedade de Duarte, responsável por receber e levar recados a seu senhor.[496]

3.3.4 – Na arca

Publicado em O Cruzeiro em 1878, o conto traz as personagens bíblicas de Noé e seus descendentes, no pós-dilúvio, propondo "três capítulos inéditos do Gênesis".

Machado escreve tal qual os textos bíblicos. Nos capítulos por ele escritos, os três filhos de Noé, Sem, Jafé e Cam procedem à divisão das terras. Não há qualquer concordância, muito pelo contrário, a disputa fica grave, com ameaça de morte, inclusive. Em uma verdadeira disputa de herança de pessoa viva, Noé reflete: "eles nem possuem a terra e já estão brigando por causa dos limites."[497]

É interessante perceber como Machado aborda a questão da ganância, da disputa por bens entre irmãos e o fato de ter escolhido justamente estas personagens bíblicas para escrever. Isso porque, como se sabe, Noé amaldiçoou Cam e, pegando esta passagem da Bíblia, muitos justificaram a escravidão dos negros africanos, que seriam descendentes de Cam.

Aqui, é importante trazer o pensamento de Antonio Candido, um dos maiores críticos literários sobre a importância da literatura:

> Os valores que a sociedade preconiza, ou os que considera prejudiciais, estão presentes nas diversas manifestações da ficção, da poesia e da ação dramática. A literatura confirma e nega, propõe e denuncia, apoia e combate, fornecendo a possibilidade de vivermos dialeticamente os problemas.[498]

---

496 "Este, com a liberdade que lhe davam as relações, disse ao moleque que não deixasse entrar ninguém". MACHADO DE ASSIS, op. cit., v.2, p. 269. "O suspiro mal teve tempo de abrir as asas e sair pela janela fora, em demanda do Rio Comprido, quando o moleque do bacharel veio anunciar-lhe a visita de um homem baixo e gordo." Ibid., p. 270.

497 Ibid., p. 278.

498 CANDIDO, Antonio. *Várias cidades*. 3 ed. São Paulo: Duas cidades. 1995, p. 243

Na escrita de Machado, percebemos a narrativa dos valores da sociedade da época e denúncias ao regime escravista. Na obra machadiana, percebemos que há uma intenção do autor em instigar, aguçar ou desenvolver nosso pensamento crítico acerca de diversos temas, como ganância, casamento por conveniência, traição e escravização.

A proposta do conto é trazer uma inclusão de capítulos dentro do Gênesis, mas sem retirar as características das personagens bíblicas que conhecemos. Podemos então interpretar que Machado nos traz um prenúncio do que aconteceria posteriormente a Cam. Temos um Noé colérico, que não suporta ser desobedecido, que brada aos sete ventos: "Maldito o que não me obedecer. Ele será maldito, não sete vezes, não setenta vezes sete, mas setecentas vezes setenta."[499] Como sabemos, Noé amaldiçoou seu próprio filho, Cam e seus descendentes e é desta passagem que muitas pessoas se utilizam para tentar justificar (até hoje) o cruel processo de escravização dos negros africanos.[500]

3.3.5 – D. Benedita (Um retrato)

Publicado na revista A Estação em 1882, o conto é ambientado no dia da festa de aniversário de D. Benedita. Machado busca trazer, a partir da personagem, o conceito de veleidade.

Irônico desde a primeira linha ("A coisa mais árdua do mundo, depois do ofício de governar, seria dizer a idade exata de d. Benedita."),[501] o texto foca em D. Benedita, mulher que "sempre foi um padrão de bons costumes"[502] e não deixa de abordar a questão da escravidão. Afinal, a senhora da sociedade possuía seus escravizados que lhes serviam, a não ser quando houvesse um outro

499 MACHADO DE ASSIS, op. cit., v.2, p. 278.

500 Marco Feliciano que, em redes sociais, escreveu: "Africanos descendem de ancestral amaldiçoado por Noé. Isto é fato. (...) sobre o continente africano repousa a maldição do paganismo, ocultismo, misérias, doenças oriundas de lá: ebola, AIDS, fome (...) A maldição de Noé sobre Canaã toca seus descendentes diretos, os africanos. Disponível em: https://folhagospel.com/pastor-marco-feliciano-provoca-revolta-no-twitter-ao-dizer-que-africanos-sao-amaldicoados/ e https://noticias.uol.com.br/politica/ultimas-noticias/2011/03/31/deputado-federal-diz-no-twitter-que-africanos-descendem-de-ancestral-amaldicoado> Acesso em 05 nov. 2020.

501 MACHADO DE ASSIS, op. cit., v.2., p. 279.

502 Ibid., p. 279.

"costume".[503] No texto, vemos a realização de todo o trabalho doméstico por escravizados nas figuras de José, rapaz incumbido de levar e trazer cartas[504] e do copeiro João.[505] A eles não é destinada qualquer fala, eles apenas executam as ordens que lhes são dadas. Afinal, o "bom" escravizado era aquele que obedecia às ordens, sem qualquer questionamento.

3.3.6 - O Espelho

Conto machadiano bem conhecido, "O espelho" foi originalmente publicado em 1882, na Gazeta de Notícias e tem como principal personagem Jacobina, que, em uma reunião com quatro amigos, decide expor sua teoria de que toda pessoa tem duas almas, a exterior e a interior. A teoria, formulada quando sua tia Marcolina lhe presenteou com um espelho da Família Real Portuguesa, lhe alterou toda a percepção de vida.

Machado consegue nos fazer refletir sobre temas complexos, principalmente sobre a imagem que as pessoas têm de nós, ou seja, a que nós transparecemos - ou então a leitura que fazem de nós - e a que realmente nos reflete. Neste momento em que Machado aborda a "alma exterior", além de fazer menção à personagem do judeu Shylock, de "O mercador de Veneza", de Shakespeare, ele nos traz a importância do status social e o modo como as pessoas nos veem e nos encaixam dentro de uma sociedade em que o "ter" é mais importante do que o "ser".

Ao tratar da alma exterior, ele traz as figuras dos escravizados, da opressão que sofriam dentro da sociedade escravista e, consequentemente, o reflexo para a alma exterior daqueles que os tinham como propriedade e daqueles que nada representavam a eles.

No momento em que tia Marcolina abandona o sítio e pede que o narrador tome conta dele, parte dos escravizados se evade e os poucos que permanecem não o tratam da mesma forma. Consequentemente, a sua alma exterior sofre diminuição:

---

503 "D. Benedita acatava esse uso nacional das casas modestas de confiar o peru a um dos convivas, em vez de o fazer retalhar fora da mesa por mãos servis". Ibid., p. 279.

504 "(...) um escravo levaria a carta ao correio muito a tempo." Ibid., p.281. "-Foi, mandei o José a toda pressa". Ibid., p. 285.

505 "- João, dá cá mais açúcar. O copeiro deu-lhe o açúcar." Ibid., p. 291.

> (...) Mas o certo é que fiquei só, com os poucos escravos da casa. Confesso-lhes que desde logo senti uma grande opressão, alguma coisa semelhante ao efeito de quatro paredes de um cárcere, subitamente levantadas em torno de mim. Era a alma exterior que se reduzia; estava agora limitada a alguns espíritos boçais. O alferes continuava a dominar em mim, embora a vida fosse menos intensa, e a consciência mais débil. Os escravos punham uma nota de humildade nas suas cortesias, que de certa maneira compensava a afeição dos parentes e a intimidade doméstica interrompida. Notei mesmo, naquela noite, que eles redobravam de respeito, de alegria, de protestos. Nhô alferes, de minuto a minuto; nhô alferes é muito bonito; nhô alferes há de ser coronel; nhô alferes há de casar com moça bonita, filha de general; um concerto de louvores e profecias, que me deixou extático. Ah! pérfidos! mal podia eu suspeitar a intenção secreta dos malvados.[506]

Ao falar sobre os escravizados e o tratamento que teria mudado, os amigos que ouviam a narrativa logo pensaram que a intenção deles com a repentina mudança era o planejamento do assassinato de Jacobina. No entanto, o narrador prontamente afirma: "antes assim fosse": Na verdade, eles planejavam a fuga. Jacobina ficou sozinho no sítio e para ele, a redução de sua alma era pior que a morte:

> Os velhacos, seduzidos por outros, ou de movimento próprio, tinham resolvido fugir durante a noite; e assim fizeram. Achei-me só, sem mais ninguém, entre quatro paredes, diante do terreiro deserto e da roça abandonada. Nenhum fôlego humano. Corri a casa toda, a senzala, tudo; ninguém, um molequinho que fosse. Galos e galinhas tão-somente, um par de mulas, que filosofavam a vida, sacudindo as moscas, e três bois. Os mesmos cães foram levados pelos escravos. Nenhum ente humano. Parece-lhes que isto era melhor do que ter morrido? era pior. (...) Essa alma ausente com a dona do sítio, dispersa e fugida com os escravos, ei-la recolhida no espelho.[507]

A alma interior, totalmente dependente da exterior que, durante aqueles dias em que passou no sítio foi moldada a regalias e servidão dos escravizados, foi reduzida. Ao olhar o espelho, não se reconheceu. Como não mais tinha escravizados para moldarem sua alma exterior, seu status social, teve a ideia de se vestir de alferes (ele ocupava tal cargo na Guarda Nacional), para resgatar a sua alma exterior.

---

506 MACHADO DE ASSIS, op. cit., v.2, pp. 315-316.

507 MACHADO DE ASSIS, op. cit., v.2, pp. 316-318

3.3.7 – Verba Testamentária

Publicado originalmente na Gazeta de Notícias em 1882, o conto nos traz a história de Nicolau, um homem revolucionário de 1831,[508] que, desde pequeno, apresentava sinais de um comportamento perverso: destruía brinquedos, batia nos colegas, maltratava cães e escravizados:

> Nicolau ficava então ríspido; em casa achava tudo mau, tudo incômodo, tudo nauseabundo; feria a cabeça aos escravos com os pratos, que iam partir-se também, e perseguia os cães, a pontapés. Não sossegava dez minutos, não comia, ou comia mal. Enfim dormia; e ainda bem que dormia. O sono reparava tudo. Acordava lhano e meigo, alma de patriarca, beijando os cães entre as orelhas, deixando-se lamber por eles, dando-lhes do melhor que tinha, chamando aos escravos as coisas mais familiares e ternas. E tudo, cães escravos, esqueciam as pancadas da véspera, e acudiam às vozes dele obedientes, namorados, como se este fosse o verdadeiro senhor, e não o outro. [509]

Possivelmente, a maioria das pessoas que lerem o conto de Machado poderão classificar Nicolau como um sujeito que não goza de perfeita saúde mental, já que, em determinados momentos, era capaz das maiores atrocidades. Em outros, era uma pessoa agradável e doce. Doente mental ou não, o importante é constatar a atitude dos escravizados, similares à do cão que é tido como o melhor amigo do homem, símbolo da lealdade: era como se passassem uma borracha em tudo de ruim que Nicolau os fizera.

Os escravizados não eram pessoas passivas. Nas palavras de Wlamyra Albuquerque, "a revolta escrava – individual ou coletiva – foi o primeiro e

---

508 No Brasil, no dia 07 de abril de 1831, um movimento do povo contrário a D. Pedro I o forçou a abdicar o trono real. Machado assim narra o episódio: "(...) ele desceu ao Rio de Janeiro, onde o vamos achar, tempos depois, entre os revolucionários de 1831. Conquanto pareça temerário dizer as causas que levaram o Nicolau para o Campo da Aclamação, na noite de 6 para 7 de abril, penso que não estará longe da verdade quem supuser que - foi o raciocínio de um ateniense célebre e anônimo. Tanto os que diziam bem, como os que diziam mal do imperador, tinham enchido as medidas ao Nicolau. Esse homem, que inspirava entusiasmos e ódios, cujo nome era repetido onde quer que o Nicolau estivesse, na rua, no teatro, nas casas alheias, tornou-se uma verdadeira perseguição mórbida, daí o fervor com que ele meteu a mão no movimento de 1831. A abdicação foi um alívio. Verdade é que a Regência o achou dentro de pouco tempo entre os seus adversários; e há quem afirme que ele se filiou ao partido caramuru ou restaurador, posto não ficasse prova do ato". MACHADO DE ASSIS, op. cit., v.2, p. 328.

509 Ibid., p. 326

principal instrumento de instabilidade da ordem vigente"[510]. Os escravizados e escravizadas lutaram – e muito – por sua liberdade. No entanto, enquanto não tinham condições de fugir, de comprar sua alforria[511] ou de assassinar o seu algoz, precisavam agir tal qual a narrativa de Machado. Afinal, sob a cabeça do escravizado sempre pendia a possibilidade de sua venda ou de algum familiar, a negativa de alforria (ainda que tinham juntado a quantia adequada), as agressões verbais, psíquicas, sexuais e as chibatadas.

3.4 – Histórias sem data

A coletânea, publicada em 1884, reúne dezoito contos, escritos ao longo do ano de 1883: A igreja do diabo; O lapso; Último capítulo; Cantiga de esponsais; Singular ocorrência; Galeria póstuma; Capítulo dos chapéus; Conto alexandrino; Primas de Sapucaia; Uma senhora; Anedota pecuniária; Fulano; A segunda vida; Noite de almirante; Manuscrito de um sacristão; Ex cathedra; A senhora do Galvão e As academias de Sião.

3.4.1 – A igreja do Diabo

Publicado originalmente na Gazeta de Notícias, este é um audacioso conto de Machado. Ateu, ele escreve um conto que envolve religião, Deus e o Diabo que, cansado de ser inferior, decide fundar a sua própria igreja. Afinal, "uma igreja do Diabo era o meio eficaz de combater as outras religiões e destruí-las de uma vez".[512]

A única passagem em que há referência aos criados é a parte em que o diabo se espanta com um de seus servos, que "não só não se furtava ao jogo, como também dava gratificações aos criados".[513] Como sabemos, naquela época, os criados poderiam ser homens e mulheres escravizados, mas também

---

510 ALBUQUERQUE, Wlamyra. *Movimentos sociais abolicionistas*. In: GOMES, Flavio; SCHWARCZ, Lilia Moritz. (org.). Dicionário da escravidão e liberdade. São Paulo: Companhia das letras, 2018, p. 328.

511 É certo que houve escravizados que pagaram sua alforria em serviços ao senhor e, desta forma, permaneciam a ele atrelados durante toda a vida. REIS, op. cit., p. 43

512 MACHADO DE ASSIS, op. cit., v. 2., p. 336.

513 Ibid., p. 340.

aqueles que eram livres e recebiam um ordenado. De qualquer forma, o espanto do diabo era a bondade do sujeito. Com o passar do tempo, ele notou que muitos de seus fiéis eram virtuosos às escondidas. Afinal, a única coisa proibida a quem o idolatrasse era a prática de qualquer ato de bondade.

Em todo o conto, percebe-se a ironia de Machado. Afinal, como se pode admitir um ato de bondade com aqueles que te servem? Como ter fiéis que não seguem seu único mandamento? De um jeito ou de outro, seríamos todos pecadores. Então Machado, de maneira majestosa, utiliza como metáfora as franjas de capas de veludo e de algodão e conclui: "- Que queres tu, pobre Diabo? As capas de algodão têm agora franjas de seda, como as de veludo tiveram franjas de algodão. Que queres tu? É a eterna contradição humana".[514]

3.4.2 – O lapso

Publicado na Gazeta de Notícias, o curtíssimo conto de Machado é ambientado na segunda metade do século XVIII e tem como personagem principal o médico holandês Dr. Jeremias Halma, que identifica em Tomé Gonçalves um "mal": o de esquecer de quitar dívidas.

Como a história gira em torno de um mau devedor, que tem o hábito de não saldar suas dívidas, Machado menciona Charles Lamb, escritor londrino, que viveu entre 1775 e 1834 e sua "Teoria das duas raças" - raça aqui não usada no sentido empregado pelas teorias raciais da época, mas sim para dividir a espécie humana em dois tipos de pessoas: a dos que emprestam e a dos que pedem emprestado.[515]

Machado lia muito, inclusive diversos autores estrangeiros, como Shakespeare (inclusive, em diversos contos há referências) e Stendhal, trabalhou nos mais importantes jornais e revistas da época, era autodidata. Diante disso, em um período em que as teorias raciais se desenvolviam e eram propagadas pelo mundo, escrever um conto mencionando uma teoria como a de Lamb, que nada tinha a ver com a noção de raça como forma de inferiorizar pessoas pelo tom de sua pele, poderia ser uma forma de se fazer uma reflexão irônica sobre o assunto, ou seja, não devemos utilizar um conceito construído socialmente, como forma de elen-

514 MACHADO DE ASSIS, op. cit., v.2, p. 341.

515 Ibid., p. 344.

carmos as pessoas brancas a um patamar de superioridade em relação às demais. Precisamos nos preocupar é com aqueles que "devem e não negam", mas que pagam apenas quando tiverem vontade para fazê-lo: os devedores habituais.

3.4.3 – Último Capítulo

Neste conto publicado na Gazeta de Notícias, um homem chamado Matias Deodato de Castro e Melo decide se suicidar. Ele então faz um testamento e decide explicar os motivos das disposições testamentárias.

Em algumas passagens, demonstra-se que Matias era um homem de posses (afinal, deixava um testamento) e, consequentemente, tinha seus escravizados. Ele estava metodicamente ocupado em dar fim à sua vida e não poderia deixar que ninguém o atrapalhasse: estava preocupado com o rapaz que o servia, que poderia voltar e interromper a execução[516]. Com o rapaz em si, nenhuma preocupação, nem em dar-lhe a alforria após sua morte.

Ao mencionar Gonçalves, um amigo, fez questão de falar que o rapaz preferia conversar com os criados, já que não tinha tanto "espírito jurídico", ou seja, não era um bacharel. Sair de uma conversa no salão, com pessoas da alta sociedade e se "misturar" com os criados, seria algo reprovável:

> Este Gonçalves era o espírito menos jurídico, menos apto para entestar com as questões de direito. Verdadeiramente era um pulha. Comparemos a vida mental a uma casa elegante; o Gonçalves não aturava dez minutos a conversa do salão, esgueirava-se, descia à copa e ia palestrar com os criados. Mas compensava essa qualidade inferior com certa lucidez, com a presteza de compreensão nos assuntos menos árduos ou menos complexos, com a facilidade de expor, e, o que não era pouco para um pobre diabo batido da fortuna, com uma alegria quase sem intermitências.[517]

516 "Quero morrer ao meio-dia, e passa de onze horas. Além disso, mandei fora o rapaz que me serve, e ele pode vir mais cedo, e interromper-me a execução do projeto mortal". MACHADO DE ASSIS, op. cit., p. 350.

517 Ibid., p. 350.

3.4.4 – Singular ocorrência

O conto, publicado na Gazeta de Notícias, é ambientado entre 1860 e 1880 e narra a história de Andrade, um homem casado que se apaixonou por Marocas, uma prostituta. Ela dispensa seus clientes e, mesmo assim, Andrade passa a desconfiar da sua fidelidade.

Se houve traição ou não, Machado não nos revelou, deixou a cargo de quem leu o conto chegar à conclusão. No entanto, deixou expressa a hipocrisia da sociedade patriarcal, em que o homem exige fidelidade, quando ele mesmo, tem um outro relacionamento. Ainda, Machado nos apresenta mais uma vez a escravidão e suas consequências: apesar de ser liberta, por ter recebido a alforria, uma mulher continua a serviço de Marocas: uma "preta forra", que sequer é chamada pelo nome, mas que era "muito amiga" da ama (mais uma variação da frase 'quase da família').[518]

3.4.5 – Galeria póstuma

Este conto foi publicado na Gazeta de Notícias e nos traz a história de Joaquim, que morre e deixa um diário em que fala mal de seus amigos. Seu sobrinho, para protegê-lo, não revela o diário para eles.

No último registro do diário, datado de 1879, o morto conta sua experiência não muito agradável em um baile: "Em suma, baile chinfrim; uma velha gaiteira obrigou-me a dançar uma quadrilha; à porta um crioulo pediu-me as festas. Chinfrim!"[519]

Mais uma vez, qual seria a necessidade de Machado mencionar o "crioulo", se não para lembrar, fazer referências, destacar aos leitores sobre a existência da escravidão? Poderia simplesmente ter escrito a personagem apenas sobre o baile, suas más impressões. No entanto, citou o crioulo, para não deixar passar o conto sem descrever algo normalizado para a sociedade daquela época.

518 "Às dez horas apareceu-nos em casa uma criada de Marocas, uma preta forra, muito amiga da ama". Ibid., p. 359.

519 MACHADO DE ASSIS, op. cit., v.2, p. 361.

3.4.6 – Capítulo dos Chapéus

Publicado inicialmente em 1879, na Estação, Machado nos traz uma história de Mariana, mulher submissa, que obedece cegamente ao marido e que um dia resolve pedir-lhe que use um chapéu diferente daquele que habitualmente usava.

Em um primeiro momento, podemos entender que o conto não relata nada mais do que o cotidiano de um casal que tem a sua paz abalada diante de um pedido ordinário. No entanto, podemos tecer comentários do comportamento de Mariana ao regime escravista. Isso porque, ela, mulher no século XIX, estava cansada de agradar ao seu senhor, de apenas obedecer e não ter vontade própria.

Mulheres e pessoas escravizadas naquela época não tinham voz – ou melhor, não eram ouvidas. Sequer poderiam votar ou viver tal qual desejassem. A mulher, antes do casamento, devia obediência ao pai. Depois do casamento, transmitida a um homem através de um dote, em nítido contrato de compra e venda, devia obedecer sem qualquer questionamento ao marido. Até o século XX, juristas inclusive defendiam que entre marido e mulher, uma vez que havia algo chamado "débito conjugal", não haveria crime de estupro caso o homem forçasse sua mulher a ter com ele relações. Não tinha a mulher qualquer vontade – na verdade, tinha, mas era completamente ignorada: estava ali para servir o marido.[520]

Certamente que o sistema escravista era muito mais cruel e aqui não há que se fazer qualquer medição entre opressões. Não se trata de medir dores, mas sim de perceber que havia – como há até hoje – os oprimidos e os opressores. Silveira entende que, ao usar esta comparação entre a situação de Mariana e a dos escravizados, Machado o faz justamente por serem situações em que a lógica de domínio dos senhores são idênticas[521] e que "muitas daquelas senhoras se envolveram também em movimentos pela emancipação dos escravos e,

520 Nelson Hungria era um jurista que se posicionava neste sentido. Segundo ele, "a violência por parte do marido não constituirá, em princípio, crime de estupro, desde que a razão da esposa seja mero capricho ou fútil motivo". Assim, ele entendia que se houvesse uma recusa justificada, como no caso da "mulher que se opõe a relações sexuais com o marido atacado de moléstia venérea, poderá ser vítima de estupro, caso haja emprego de força física". HUNGRIA, Nelson. Comentários ao Código Penal. Vol. VIII, 3 ed. Rio de Janeiro: Forense. 1956, p. 132. Ainda, o Código Civil de 1916, em seus artigos 240 e seguintes servia de base para posicionamentos absurdos como este.

521 SILVEIRA, op. cit., p. 228.

talvez por causa disso, ressaltaram os pontos coincidentes entre as instituições do casamento e da escravidão".[522]

Ainda, é interessante notar que Machado publicou este conto n'A Estação, que, como o próprio subtítulo afirmava, era "um jornal ilustrado para a família". Lido pelas mulheres, seria uma boa forma de sinalizar, ainda que de forma bem sutil, por meio de metáforas, a opressão do sistema escravista e a necessidade de eliminá-lo.

3.4.7- Primas de sapucaia!

Publicado na Gazeta de Notícias, a trama gira em torno das primas Claudina e Rosa. A parte do conto que interessa para o presente trabalho é apenas uma passagem em que o narrador conta a atitude do criado: não se ouve qualquer palavra do rapaz, mas ele, ao ver que iria acender o charuto, rapidamente pega o fósforo para acendê-lo.[523] O escravizado deve estar sempre alerta, sempre a postos para atender ao senhor e aos convidados.

3.4.8 – Uma senhora

Publicado na Gazeta de Notícias, Machado nos conta a história de D. Camila, de 36 anos, que tem uma filha de 19 anos chamada Ernestina e não consegue aceitar que está envelhecendo.

No penúltimo parágrafo, Machado traz a figura da ama de leite, mulher negra escravizada que era comprada ou alugada para dar o seu leite à criança branca:

> Um dia, encontrei-a ao lado de uma preta, que levava ao colo uma criança de cinco a seis meses. D. Camila segurava na mão o chapelinho de sol aberto para cobrir a criança. Encontrei-a oito dias depois, com a mesma criança, a mesma preta e o mesmo chapéu de sol. Vinte dias depois, e trinta dias mais tarde, tornei a vê-la, entrando para o bonde com a preta e a criança. — Você já deu de mamar? dizia ela à preta. Olhe o

---

522 Ibid., p. 229.

523 "Enquanto ideava isto, creio que acabei de beber o café; lembra-me que o criado veio à mesa e retirou a xícara e o açucareiro. Não sei se lhe pedi fogo, provavelmente viu-me com o charuto na mão e trouxe-me fósforos. MACHADO DE ASSIS, op. cit., v.2, p. 383.

> sol. Não vá cair. Não aperte muito o menino. Acordou? Não mexa com ele. Cubra a carinha, etc., etc.[524]

A ama de leite, que muitas vezes era privada de qualquer contato com o filho que gerou, passava a cuidar da criança branca com todo amor e carinho e, ainda assim, era tratada com rispidez e grosseria por seu senhor e sinhá, como percebemos no trecho acima. Seria, esta mulher, uma mãe escrava infeliz, sofrida, mas uma ama de leite feliz e realizada.[525]

Ainda, é importante ter em mente que, até a promulgação da lei do ventre livre, era possível a compra e venda em separado da mãe e de sua cria, menor de doze anos. Mesmo que não fossem separados fisicamente, com a venda em separado, o bebê da ama de leite não ficava com ela. Eles eram criados por outras escravizadas da casa. Com isto, muitos bebês, filhos destas mulheres amas de leite, eram privados não só do leite da própria mãe, como também de seu amor e carinho, transferidos para os bebês que recebiam seu leite.[526]

Quando alugada, o anúncio colocado no jornal colocava as mais diversas informações, que fariam com que ela fosse a ama de leite escolhida. Prezava-se tanto por qualidades físicas como por atributos como "carinhosa", "sem vícios ou moléstias", atentava-se para a idade da mulher e idade do leite e, por vezes, "de primeira cria", já que, inicialmente, médicos higienistas acreditavam que este leite seria mais forte e puro.[527] Inacreditavelmente, ainda hoje alguns seguem estes "ensinamentos" de que existiria mulheres com leite fraco.

Uma imagem, bastante conhecida, é a fotografia da ama de leite Monica, tirada com o menino Augusto Gomes Leal.[528] Koutsoukos, ao analisar a foto e

524 MACHADO DE ASSIS, op. cit., v.2, p. 391.

525 DEIAB, Rafaela de Andrade. A mãe preta na literatura brasileira: a ambiguidade como construção social (1880-1950). Dissertação de mestrado em Antropologia, USP, São Paulo, setembro, 2006. Disponível em: <https://teses.usp.br/teses/disponiveis/8/8134/tde-04092007-123741/pt-br.php> Acesso em: 05 nov. 2020.

526 Harriet Ann Jacobs, em sua autobiografia, conta que sua mãe, uma escravizada, "foi desmamada aos três meses para que a criança da senhora pudesse obter alimento suficiente". JACOBS., op. cit., p. 17.

527 KOUTSOUKOS, op. cit., pp. 148 e 162.

528 Disponível em: https://www.google.com/search?q=imagem+ama+de+leite+monica&sxsrf=ALeKk02gfDp0NxDUJkMlHvdGFlUskaLU5g:1600303794892&source=lnms&tbm=isch&sa=X&ved=2ahUKEwixseiZ_O7rAhWdGbkGHVXoAucQ_AUoAXoECAwQAw&biw=1093&bih=526#imgrc=ier1jXX_D4sHEM. Acesso em: 10 set. 2020.

tudo o que não é dito, percebe que, pela idade do garoto, ela teria sido sua ama de leite e que continuou cuidando dele, tornando-se sua ama-seca, a sua "mãe preta"[529]. Esta figura, a da mãe preta, que cuidou dos filhos, dos netos, bisnetos de uma família, perpetuou-se ao longo da história: um dos resquícios do Brasil escravista. Isto é retratado no documentário "Babás", de Consuelo Lins e Flavia Castro, que tem como imagem de abertura a foto da ama de leite Monica, de 1860, com o comentário da narradora: "quase todo o Brasil cabe nesta foto".

3.4.9 – Anedota pecuniária

Publicado na Gazeta de Notícias em 1883, o conto narra a história do ganancioso Falcão, ambientada na segunda metade do século XIX, entre as décadas de 50 e 70. Rico, ele queria sempre mais. Não tinha filhos e acabou adotando sua sobrinha, Jacinta a quem "amava com um amor de cão".[530] No entanto, ele acaba dando sua mão a Chico Borges, pela quantia de dez contos de réis. Mais tarde, adota a sobrinha Virginia, que igualmente não fica muito tempo com ele, repetindo o gesto de venda da mão, desta vez para Reginaldo.

Falcão tem os mesmos cuidados paternos com ambas as sobrinhas. Fez inclusive uma "advertência à preta",[531] aquela que provavelmente era responsável por cuidar das moças, de que ela fizesse uma vigilância perpétua, ou seja, cuidasse a todo momento de suas crias. Todo o cuidado de Falcão e desejo de exercer a paternidade com as moças desaparecia quando a remota oportunidade de ganhar mais dinheiro aparecia. Percebe-se que o homem dá mais valor às posses e, nas duas únicas passagens que a personagem sem nome, a "preta", aparece é para receber advertências quanto aos cuidados que deve ter com bens de Falcão que valiam dinheiro – assim como a escravizada.

529 KOUTSOUKOS, op. cit., p. 138.

530 MACHADO DE ASSIS, op. cit., v. 2, p. 394.

531 "A paternidade natural dá forças para o sacrifício da separação; a paternidade dele era de empréstimo, e, talvez, por isso mesmo, mais egoísta. Nunca pensara em perdê-la; agora, porém, eram trinta mil cuidados, janelas fechadas, advertências à preta, uma vigilância perpétua, um espiar os gestos e os ditos, uma campanha de D. Bartolo". Ibid., p. 394. e "Virgínia tinha dezoito anos, feições lindas e originais; era grande e vistosa. Para evitar que lha levassem, Falcão começou por onde acabara da primeira vez: — janelas cerradas, advertências à preta, raros passeios, só com ele e de olhos baixos". Ibid., p. 395.

3.4.10 - Fulano

Publicado no início do ano de 1884, na Gazeta de Notícias, o conto nos traz a história de Fulano Beltrão, um homem reservado, até que dois amigos tecem ótimos comentários a seu respeito no Jornal do Commercio. A partir daí passa a tornar público tudo o que faz. É, portanto, a história de uma pessoa "comum" que, do dia para a noite, com os holofotes da mídia, tem seus hábitos, desejos e rotina alterados. A imprensa constrói uma pessoa, que seria nada mais do que "uma grande invenção".[532]

Este conto aborda a questão do leilão em praça pública de crianças negras, para serem escravizadas. Machado faz questão de frisar a Lei do Ventre Livre, estabelecendo a diferença, na prática, do que ocorria antes da sua promulgação:

> Ninguém como ele para um desses movimentos. Assim também com as alforrias de escravos. Antes da lei de 28 de setembro de 1871, era muito comum aparecerem na praça do Comércio crianças escravas, para cuja liberdade se pedia o favor dos negociantes. Fulano Beltrão iniciava três quartas partes das subscrições, com tal êxito, que em poucos minutos ficava o preço coberto.[533]

Machado traz Fulano como um homem que, desde que foi "descoberto" pelos jornais, quer que seu nome continue sendo mencionado. Com isso, passa a ser "justiceiro" dos escravizados. Em nenhum momento ele deixa que percebamos o real intuito do feito - se por questões morais ou apenas para alimentar seu ego, para que seja bem quisto e falado. A partir da conduta de Fulano, ele menciona a Lei do Ventre Livre e a mudança (ainda que lenta) da sociedade, forçada por uma lei a não escravizar crianças nascidas de mulheres escravizadas a partir de 28 de setembro de 1871.

Em outro conto mais adiante, Machado mencionará expressamente a referida lei. Ainda, na série de crônicas "História dos 15 dias", saúda a sua chegada, ansioso por novos tempos e repele o terrível Calabouço (tratado por ele em Brás Cubas), mais uma prova de que, tanto em obra ficcional quanto não-ficcional, foi um escritor que se posicionou:

532 MACHADO DE ASSIS, op. cit., v.2, p. 398.

533 Ibid., p. 398.

> A lei de 28 de setembro fez agora cinco anos. Deus lhe dê vida e saúde! Esta lei foi um grande passo na nossa vida. Se tivesse vindo uns trinta anos antes estávamos em outras condições. Mas há 30 anos, não veio a lei, mas vinham ainda escravos, por contrabando, e vendiam-se às escancaras no Valongo. Além da venda, havia o calabouço. Um homem do meu conhecimento suspira pelo azorrague[534]. [535]

Como dizer que este homem não se posicionava e que não "dá uma palavra, não faz um artigo, não tem um gesto que acompanhe sua geração na abominação do cativeiro", como disse José Lins do Rego, que chega ao ponto de escrever que Machado odiava a humanidade?[536]

O Morro do Livramento, em que vivia Machado no início de sua vida, era muito próximo ao Cais do Valongo. Quando saia para vender suas balas, passava por lá e assistia a tudo que ocorria. José Lins do Rego dizia que o menino "via tudo isto e se calava".[537] O que faria um menino de apenas dez anos?

Machado escrevia sobre o Rio de Janeiro, sobre suas ruas e paisagens, tendo como centro as relações da sociedade escravista. É por isso que Carlos Heitor Cony escreveu que, quem quiser conhecer o Rio, hábitos e paisagem, inegavelmente precisará buscar a obra machadiana.[538] Como bem salienta John Gledson, Machado de Assis possui "pensamento histórico" e foi um escritor que "odiava a escravidão e, a seu modo, fez tudo para combatê-la, mas que também tinha convicção de que os efeitos do escravismo eram profundos demais para serem eliminados por meio de uma lei".[539]

---

534 É importante ressaltar que, segundo dados de matrícula, aproximadamente 1.5 milhão de pessoas constituíam a população escravizada, razão pela qual era muito pequeno o número de libertos pelo fundo de emancipação: 230. Por isso, para facilitar o emprego do fundo de participação, foi promulgado o Decreto de 20 de setembro de 1876. Ainda assim, este número era também muito inferior ao das manumissões (alforrias compradas pelos próprios escravizados): 35.093 contra 4.584. CHALHOUB, 2003, pp. 229-230 e 239.

535 MACHADO DE ASSIS, op. cit., v.4, p. 299

536 GUIMARÃES, Hélio de Seixas; LEBENSTAYN, Ieda, op. cit., v.2. p. 141.

537 MACHADO DE ASSIS, op. cit., v.2, p. 139.

538 Ibid., 309.

539 GUIMARÃES, 2017, p. 234.

3.4.11 - A segunda vida

O conto, originalmente publicado em 1884 na Gazeta Literária, é uma releitura do mito de Er, de Platão. José Maria, um homem que morreu em 1860 e regressou de Hades em 1861, procura o Monsenhor Caldas para narrar sua nova vida, cheia de receios.

Ao ser surpreendido por este homem, o Monsenhor fica preocupado e sua reação é de chamar a polícia. Mas o que faz um homem de posses? Não é ele próprio que fará isso, mas sim um serviçal, um "preto velho que o servia".[540] Mais à frente, Machado reforça o fato de que o serviçal já tem idade, assim como o Monsenhor. O modo como o Monsenhor trata aquele homem sugere que ele o serve há longos anos.

3.4.12 - Ex cathedra

Publicado na Gazeta de Notícias em 1884, conta a história de Fulgêncio, um homem rico, viúvo, bacharel em Direito e que passa horas trancafiado em seu escritório, lendo e estudando. Um dia, resolve unir sua afilhada Caetaninha e Raimundo. Decide para isso dar-lhes lições e prepará-los para a vida.

Logo no início do texto, Machado nos traz informações sobre Caetaninha: nada lhe faltava, afinal, Fulgêncio era um homem abastado. Quando criança, tinha diversos "brinquedos e escravas para diverti-la", mas, com a idade, perdeu interesse neles.[541]

As meninas negras, escravizadas – leiloadas em praça pública, anunciadas em jornal – eram compradas para servirem de "entretenimento" para as meninas que, muitas vezes, tinham a mesma idade que elas. Com o tempo, havia um distanciamento, uma "perda de interesse" da sinhazinha por algo que era tão somente uma "coisa", facilmente descartável.

As meninas escravizadas, que cresceram junto com Caetaninha, se tornam suas mucamas e Machado retrata bem esta passagem da fase infantil para

540 MACHADO DE ASSIS, op. cit., v.2, p. 402.

541 "Mas Caetaninha fizera quatorze anos; e, se nos primeiros tempos bastavam os brinquedos e as escravas para diverti-la, era chegada a idade em que os brinquedos perdem de moda e as escravas de interesse, em que não há leituras nem escrituras que façam de uma casa solitária na Tijuca um paraíso." Ibid., p. 417.

a adulta, em que elas deixam de ser aquelas que brincam com a sinhazinha e se tornam suas mucamas.[542] Ressalta-se que, quando criança, havia as crianças escravizadas que brincavam com Caetaninha, mas também a mucama da casa, aquela destinada a ensinar-lhe diversos afazeres domésticos, como costura.[543]

Machado não retrata apenas as crianças e mulheres escravizadas neste conto, ele também traz a figura do homem, em uma rápida passagem.[544] Mesmo que mencionando *en passant*, todas as fases de uma vida – criança, adolescência e adulta - são retratados por ele, especificamente na figura das escravizadas.

3.4.13 – A senhora do Galvão

Publicado em 1884 na Gazeta de Notícias, Machado conta a história de Maria Olimpia, que recebeu semanalmente por três meses um bilhete anônimo delatando a traição de seu marido Galvão. Ela então passa a desconfiar de uma amiga viúva.

Como o conto gira em torno de Maria Olimpia, uma mulher rica, a figura da mulher escravizada que aparecerá é a da mucama, a criada mais próxima, que lhe serve em casa e a acompanha na rua, aquela a quem muitas vezes a sinhá revela seus segredos mais íntimos e pede opiniões sobre os mais variados assuntos.[545] O autor retrata este relacionamento nhanhã-mucama de

---

542 "(...) se a nossa Caetaninha ficou alvoroçada, e as mucamas andam de um lado para outro espiando e falando do "sobrinho de sinhô velho que chegou de fora", é porque a vida ali não tem outros episódios, não porque ele seja homem feito". MACHADO DE ASSIS, op. cit., v.2, p. 418.

543 "Foi ele mesmo que a educou, desde os sete anos, quando perdeu a mulher; ensinou-lhe a ler e escrever, francês, um pouco de história e geografia, para não dizer quase nada, e incumbiu uma das mucamas de lhe ensinar crivo, renda e costura. Tudo isso é verdade". Ibid., p. 417.

544 "Para não descer da região poética em que nos achamos, deixo de dizer que a mula em que o Raimundo veio montado, foi reconduzida por um preto ao alugador". Ibid., p. 418.

545 "Afinal meteu o bilhete no bolso do vestido, e encarou a mucama, que esperava por ela, e que lhe perguntou: — Nhanhã não quer mais ver o xale? Maria Olímpia pegou no xale que a mucama lhe dava e foi pô-lo aos ombros, defronte do espelho. Achou que lhe ficava bem, muito melhor que à viúva. Cotejou as suas graças com as da outra. Nem os olhos nem a boca eram comparáveis; a viúva tinha os ombros estreitinhos, a cabeça grande, e o andar feio. Era alta; mas que tinha ser alta? E os trinta e cinco anos de idade, mais nove que ela? Enquanto fazia essas reflexões, ia compondo, pregando e despregando o xale. — Este parece melhor que o outro, aventurou a mucama. — Não sei... disse a senhora, chegando-se mais para a janela, com os dois nas mãos. — Bota o outro, nhanhã. A nhanhã obedeceu". Ibid., p. 422.

forma a nos mostrar a naturalidade com que isto ocorria: um retrato do dia-a-dia da sociedade escravista oitocentista.

3.5 – Várias histórias

A coletânea, publicada em 1896, traz dezesseis contos: A cartomante; Entre santos; Uns braços; Um homem célebre; A desejada das gentes; A causa secreta; Trio em lá menor; Adão e Eva; O enfermeiro; O diplomático; Mariana; Conto de escola; Um apólogo; D. Paula; Viver! e O cônego ou metafísica do estilo.

A seguir, a devida análise daqueles que guardam ligação com o tema deste trabalho, qual seja, a escravidão.

3.5.1 – Entre santos

Publicado originalmente na Gazeta de Notícias em 1886, exatos dez anos antes do lançamento da Coletânea Novas Histórias, o conto nos traz um episódio extraordinário na vida de um padre, que presenciou uma conversa entre santos sobre as orações e pedidos feitos naquele dia.

São Francisco de Sales conta a história de Sales (o homem tem o mesmo nome do santo), que só se interessa pelo dinheiro e que pede pela mulher, que está acamada e não melhora. Quando fala sobre o homem e sua vida, expõe que ele tem uma "preta escrava, comprada com outra, há muitos anos e às escondidas, por serem de contrabando".[546] Já há aqui menção nítida ao fato histórico de que o Brasil tentou, por meio legal, impedir o tráfico de escravizados, mas as leis não surtiram efeito na prática.

Além de abordar no conto o fato de ter uma escravizada de forma ilegal, há uma outra descrição da crueldade do homem: quando a escravizada morreu, foi enterrada como pessoa livre e miserável e não como escravizada, para que ele não tivesse que arcar com as custas do funeral.

Os santos, no conto, descem de seu pedestal e trocam ideias como amigos em uma roda de conversa. Machado de Assis os humaniza, para que eles façam as devidas críticas à sociedade.

546 MACHADO DE ASSIS, op. cit., v.2, p. 442.

O homem, que só se importava com o dinheiro e com a mulher – ou seja, suas posses – humildemente se dirigia à Igreja à procura de uma cura para o que a ciência não conseguia fazer. Há coisas que o dinheiro não pode comprar.

No tocante à escravidão, percebe-se a crítica ao constatar o fato de que o homem explorou por anos a fio uma escravizada e, quando esta morreu, sequer teve um enterro decente, pois não queria arcar com estes custos. Esta era a escravidão: sugava-se até o último momento de vida de uma pessoa, vista sempre na qualidade de um objeto que, quando perdia a sua utilidade ou morria, simplesmente outra era colocada em seu lugar.

3.5.2 – Uns braços

Publicado na Gazeta de Notícias em 1885, a história gira em torno de Inácio, um jovem rapaz de quinze anos que mora na casa de Borges, onde também mora Dona Severina, por quem o menino se apaixona. A mulher também sente algo por ele e, em um determinado dia, enquanto o garoto dorme, ela lhe dá um beijo. Inácio foge da casa, sem saber se o beijo foi real ou apenas um sonho.

O trecho que nos interessa refere-se a como Machado caracteriza o trabalho de Borges: "trabalhava como um negro,[547] não estava para visitas de parola".[548] O trabalho executado pelos escravizados era tão árduo que, segundo Reis, não só o branco não fazia: ao que indica, o crioulo nativo também recusava.[549] Ainda, a primeira canção popular baiana, "O vendedor d´água", já trazia em seus versos a dureza do trabalho:

> Destes quatro barris velhos
> Podem fazer meu caixão
> Para quem vive de dores
> Morte é consolação.[550]

---

547 William ressalta que expressões como "serviço de preto" é uma forma de depreciar todo trabalho negro. WILLIAM, op. cit., p. 69. Ainda, Moreira ensina que associações feitas à negritude, ligando-a a coisas como escuridão, falta de caráter ou degradação moral "estruturam a atitude de desagrado que as pessoas brancas sentem em relação aos negros". Ibid., p. 48.

548 MACHADO DE ASSIS, op. cit., v.2, p. 447.

549 REIS, op. cit., p. 75. Neusa Santos Sousa, ao falar sobre o trabalho servil, ensina que, naquela sociedade, cidadão era o branco e, por isso, o serviço respeitável era o "serviço de branco". Op. cit., p. 50.

550 MACHADO DE ASSIS, op. cit., v.2, p. 433.

Esta exploração foi também retratada nesta canção de trabalho, em que se pode perceber:

> Solo: Engenho novo está p'ra moer!
>
> Coro: Trabalhar até morrer! Ô trabalhar, ô trabalhar, olé! Trabalhar até morrer![551]

No conto de Machado, Borges trabalhava sem qualquer descanso ou qualquer momento de distração ou lazer. Somado à informação histórica da época trazida por Reis, chegamos à conclusão de que Machado de Assis nos traz um retrato daquela sociedade.

3.5.3 – Um homem célebre

Publicado em 1888, o conto nos traz a história de Pestana, conhecido compositor que queria ser renomado a nível de grandes clássicos como Mozart, Beethoven e Bach. Ambientada entre os anos de 1871 – ano da primeira composição de uma polca por Pestana – e 1885, ano do falecimento da personagem, Machado desde o início deixa expresso que Pestana tinha um "preto velho que o servia". Tudo ele fazia: cuidava da ceia e acendia o gás, por exemplo. Ainda, "segundo as ordens que tinha",[552] perguntava a Pestana se queria que buscasse a bengala ou o chapéu, já que este era distraído.

É muito emblemática a escolha do nome para a primeira polca composta por Pestana, em 1871. Na busca pelo título perfeito, tinha escolhido "Pingos de sol". No entanto, o editor disse que "os títulos deveriam ser, já de si, destinados à popularidade, ou por alusão a algum sucesso do dia – ou pela graça das palavras". E aqui, mais uma vez Machado nos traz a crítica: um dos nomes sugeridos pelo editor seria "A lei de 28 de setembro".

Percebam como nada é escrito por acaso na obra machadiana. O autor escolheu o ano de 1871 para que fosse o ano da primeira composição da personagem e ainda menciona o "sucesso do dia": a lei do ventre livre, um avanço rumo à libertação dos escravizados. Pelo modo como conduziu o conto, é possível tratar-se de um elogio ao avanço rumo ao fim da escravidão.

551 NASCIMENTO, op. cit., p. 58.

552 MACHADO DE ASSIS, op. cit., v.2, p. 453.

Este posicionamento é bastante plausível se levarmos em consideração que Machado lidava em sua vida burocrática, no Ministério da Agricultura[553], justamente com consultas sobre a aplicação desta lei e há documentação no sentido de que ele, em seus pareceres, posicionava-se a favor dos escravizados.[554] Inclusive, Francisco de Paula Barros, seu colega no Ministério, publicou um artigo no Il Brasile destacando a colaboração de Machado no processo de abolição[555].

Segundo Ubiratan Machado, como chefe de seção, nosso escritor "contestou o aumento exagerado do valor do escravo, proposto pelos senhores, zelou pelo cumprimento dos preceitos legais, apontou irregularidades nas matrículas dos cativos". Tais atitudes certamente não seriam bem vistas pelos senhores[556].

Mais um dado importante que vai ao encontro do citado anteriormente: na Ilustração Brasileira de 15 de maio de 1876, Machado escrevera que a escravidão era uma "detestável instituição social". Na crônica, ele cobrava a alforria dos escravizados através do fundo de emancipação, criado com a Lei do Ventre Livre[557].

Pestana morre no ano de 1885, ano da publicação da lei dos sexagenários e, curiosamente, apenas no início do conto há menção ao "preto velho" que o servia. Neste ano, não há qualquer menção a serviçais na casa do compositor. Quem cuidava dele, quem era o "enfermeiro" era o "pobre clarinete de teatro", sem menção a qualquer escravizado, diferente de contos anteriores. Isso pode ter sido uma escolha do autor em decorrência da expressa menção ao ano de 1885, já que ele escolheu os anos de 1871 para iniciar o conto e o de 1885 para encerrá-lo, anos emblemáticos na luta pela abolição.

---

553 Tomás Coelho foi o responsável por uma administração cuidadosa do Ministério da Agricultura, Comércio e Obras Públicas. Ao demitir o poeta Rosendo Moniz Barreto de seu cargo, por ser um funcionário que faltava ao trabalho e não cumpria com suas funções de chefe de seção, Coelho colocou Machado de Assis naquele cargo. MACHADO, op. cit., 140.

554 KRAUSE, Gustavo Bernardo. O paradoxo cético em Machado de Assis. In: ROCHA, op. cit., p. 212.

555 MACHADO, op. cit., p. 80

556 Ibid, p. 25.

557 Ibid, p. 24.

3.5.4 – A causa secreta

O conto, publicado inicialmente na Gazeta de Notícias em 1885, nos traz a história de Garcia, um médico que conhece Fortunato quando este ajuda um ferido por capoeiras. Os dois se tornam amigos e abrem uma Casa de Saúde. Não demora muito Machado nos revela a "causa secreta", ou seja, o porquê de Fortunato ser tão dedicado aos enfermos: ele tem prazer em ver a dor alheia.

Machado nos traz o preconceito e o medo que se tinha dos capoeiras, ao narrar o episódio em que Fortunato acudiu um dos feridos:

> - Foi uma malta de capoeiras. Eu vinha do quartel de Moura, onde fui visitar um primo, quando ouvi um barulho muito grande, e logo depois um ajuntamento. Parece que eles feriram também a um sujeito que passava, e que entrou por um daqueles becos; mas eu só vi a este senhor, que atravessava a rua no momento em que um dos capoeiras, roçando por ele, meteu-lhe o punhal.[558]

Demonizava-se a religião, música,[559] dança, enfim, a cultura que vinha de África. Como mencionado durante a análise do romance Memórias Póstumas de Brás Cubas, a capoeira foi inclusive tipificada como crime no Código Penal de 1890 e um dos principais motivos de detenção de cativos no início do século XIX.[560] Apesar de praticada à luz do dia, causava preocupação nos "homens de bem" daquela época, razão pela qual à Polícia incumbia a fiscalização e a manutenção da ordem.[561] Este era o Brasil pós 13 de maio: ao abolir o regime servil, o então escravizado – ora liberto – passou de "bom escravo para mau cidadão".[562]

---

558 MACHADO DE ASSIS, v.2, p. 465.

559 Curiosamente, quando pessoas brancas cantavam samba, como João Gilberto com os versos de "Pra quê discutir com madame", eram aclamadas (William, op. cit., p. 147). Chegou-se ao ponto de Manu Magalhães, em rede nacional no programa Encontro, cantar um samba, antes dando o recado "essa é para aqueles preconceituosos que dizem que branco não pode cantar samba" (Disponível em: <https://www.youtube.com/watch?v=WlWA1zdfcR0>. Acesso em: 10 set. 2020). Ora, em que momento pessoas brancas foram tolhidas por isso ou discriminadas por cantar samba? O Código Penal, ao recriminar o samba, o fizeram com um propósito bem evidente: segregar pessoas negras.

560 SOARES, op. cit., p. 64.

561 Ibid., p. 22.

562 GONZALEZ, *op.cit.*, p. 32.

Soares nos traz a visão de jornalistas da época, que viam nos capoeiras homens "vagabundos, livres ou cativos, dados a crápula, à velhacaria, a vícios infames".[563] Curiosamente, apenas um lado da moeda era visto. Por que não enxergar a capoeira como resistência e reação ao agressor escravista?[564]

O racismo está "em constante transformação (...) e pode assumir diferentes formas em diferentes momentos históricos".[565] A capoeira foi igualmente demonizada, já que foi um resgate desta cultura, criada pelos descendentes de escravizados africanos, uma forma de expressão, que, além de ser um misto de canto, dança e festa, é também uma forma de defesa pessoal, cujos golpes se inspiram nos movimentos dos animais, extremamente necessária naqueles tempos de crueldade e violência. Há diversas cantigas e, uma delas fez inclusive parte da trilha sonora da novela Xica da Silva:[566]

Eu vou fugir
Eu vou capitão do mato

Minhas mãos tão calejadas
Minha alma está cansada
Já não aguento esse lugar
O Quilombo dos Palmares
Ajude a me curar

Sem mim não tinha riqueza
Conheci fome e tristeza
E o chicote a me espancar
Vou prá perto de Zumbi
Ele está a me esperar

---

563 SOARES, op. cit., p. 23.

564 KARASCH menciona as duas facetas da capoeira: seu lado lúdico, de festa e brincadeira (retratado inclusive em uma gravura de Rugendas) e a sua face de resistência e reação ao agressor escravista. KARASCH apud SOARES, op. cit., p. 55. Por conta desta segunda faceta, a capoeira foi chamada por Luis Carlos Soares de "rebelião de baixa intensidade". SOARES apud SOARES, ibid., p. 64. No entanto, apesar desta visão, percebe-se nas leituras de documentos da época – e até mesmo da legislação então vigente – que a capoeira não era vista com bons olhos.

565 MICHAEL OMI e HOWARD WINANT apud Moreira, op. cit., p. 40.

566 Disponível em: <https://www.letras.mus.br/xica-da-silva-novela/973895/>. Acesso em 27 ago 2020.

No conto, há inclusive o expresso conselho: "cuidado com os capoeiras!".[567]

Aquele que fosse pego praticando capoeira poderia ser acusado do crime de vadiagem, previsto nos artigos 295 e 296 do Código Criminal do Império de 1830.[568]

Todo este medo fabricado pela sociedade escravista teve reflexos no pós 13 de maio, com a instituição do crime de capoeiragem no Código Criminal de 1890, no artigo 402 que, inclusive trazia a agravante de pertencer o acusado a uma malta. Assim, o novo Código Criminal trazia um tipo penal especialmente para a prática da capoeiragem:

> Art. 402. Fazer nas ruas e praças publicas exercicios de agilidade e destreza corporal conhecidos pela denominação capoeiragem; andar em correrias, com armas ou instrumentos capazes de produzir uma lesão corporal, provocando tumultos ou desordens, ameaçando pessoa certa ou incerta, ou incutindo temor de algum mal:
>
> Pena - de prisão cellular por dous a seis mezes.
>
> Paragrapho unico. E' considerado circumstancia aggravante pertencer o capoeira a alguma banda ou malta.
>
> Aos chefes, ou cabeças, se imporá a pena em dobro[569].

567 Esta imagem dos capoeiras foi "pintada" pela primeira vez com a personagem de Chico Juca, do romance "Memórias de um sargento de milícias", de Manoel Antonio de Almeida, publicado em 1852. Chico Juca seria um valentão, um profissional da desordem. SOARES, op. cit., pp. 35-36. Na televisão, a novela Lado a lado, estrelada por Camila Pitanga e Lázaro Ramos, que se passa no Brasil, nos séculos XIX e início do XX, mostra como a capoeira era temida pelo povo.

568 "Art. 295. Não tomar qualquer pessoa uma occupação honesta, e util, de que passa subsistir, depois de advertido pelo Juiz de Paz, não tendo renda sufficiente. Pena - de prisão com trabalho por oito a vinte e quatro dias. Art. 296. Andar mendigando: 1º Nos lugares, em que existem estabelecimentos publicos para os mendigos, ou havendo pessoa, que se offereça a sustental-os. 2º Quando os que mendigarem estiverem em termos de trabalhar, ainda que nos lugares não hajam os ditos estabelecimentos. 3º Quando fingirem chagas, ou outras enfermidades. 4º Quando mesmo invalidos mendigarem em reunião de quatro, ou mais, não sendo pai, e filhos, e não se incluindo tambem no numero dos quatro as mulheres, que acompanharem seus maridos, e os moços, que guiarem os cégos. Penas - de prisão simples, ou com trabalho, segundo o estado das forças do mendigo, por oito dias a um mez".

569 Disponível em: <http://www.planalto.gov.br/ccivil_03/decreto/1851-1899/d847.htm>. Acesso em 30 out. 2020.

Além de trazer a questão da capoeira, Machado nos traz novamente a figura do escravizado que servia seu senhor, respondia prontamente e apenas o que lhe era questionado e voltava aos afazeres[570].

3.5.5 – Trio em lá menor

Publicado originalmente em 1886, na Gazeta de Notícias, Machado nos traz uma história dividida em quatro partes, usando o vocabulário musical: I. Adagio cantabile; II. Allegro ma non tropo; III. Allegro appassionato e IV. Minueto. Maria Regina é a personagem principal, a mocinha que não conseguia se decidir quanto aos seus pretendentes, Maciel e Miranda, já que cada um tinha atributos positivos e negativos.

Logo na primeira linha do conto, Machado nos informa que Maria Regina, jovem que vivia com a avó, tinha a seu dispor uma mucama. O autor, neste conto, faz questão de incluir a seguinte informação: "A mucama que a servia, apesar da familiaridade que existia entre elas, não pôde arrancar-lhe uma palavra".[571]

Já foi discutida anteriormente a relação entre mucama e sinhá. Muitas vezes, elas cresciam juntas. Ainda, havia certamente casos em que eram de fato irmãs sanguíneas por parte de pai, já que não era incomum que o senhor abusasse sexualmente das escravizadas e deste abuso nascessem filhos e filhas, que nem por isso deixavam de ser escravizados e conviviam com seus irmãos e irmãs brancas.

3.5.6 – Adão e Eva

O interessante conto, publicado em 1885 na Gazeta de Notícias, nos traz uma senhora de engenho e seus convidados que, sentados à mesa, começam a conversar sobre diversos assuntos, até chegar à pergunta: quem seria responsável pela expulsão do Paraíso, Adão ou Eva?

Em 1885, o Brasil estava finalmente a três anos da assinatura da Lei Áurea. Diversas revoltas e insurreições ocorreram, pressões internas e externas e, naquele ano, foi promulgada a lei dos sexagenários. O tema central é a religio-

570 "O preto que o servia acudiu a abrir a porta". "Disse-lhe o preto que não, e ele assumiu a direção do serviço, pediu às pessoas estranhas que se retirassem, pagou aos carregadores, e deu as primeiras ordens". MACHADO DE ASSIS, op. cit., v.2, p. 464.

571 Ibid., p. 471.

sidade e a inversão do que estaria escrito na Bíblia e Machado colocou como personagem principal, como anfitriã, uma senhora de engenho. Poderia ter criado um diálogo entre bacharéis ou um debate entre alunos e professor, por exemplo. No entanto, novamente quis retratar aquela sociedade patriarcal, na figura de quem era dona do engenho e possuía bens, incluindo escravizados.

Os versos da música "Brasis", cantados por Seu Jorge, refletem o que Machado, no século XIX, já retratava: "Tem um Brasil que soca, outro que apanha. Um Brasil que saca, outro que chuta". Diferentes realidades, a da elite escravocrata e a dos escravizados.

3.5.7 – O enfermeiro

O conto publicado na Gazeta de Notícias em 1884, tem seu início em 1860 (com uma breve menção a 1858) e traz a história do enfermeiro Procópio e do coronel Felisberto, de quem Procópio tratava. Cansado das humilhações a que era submetido pelo coronel, o enfermeiro o mata e depois descobre que era seu herdeiro universal.

O nome completo de Procópio já foi bem escolhido pelo autor para que ele pudesse tecer sua crítica: Procópio José Gomes Valongo. Ao se apresentar ao coronel, este logo ficou espantado com o sobrenome Valongo, dizendo que "não era nome de gente".[572]

O Cais do Valongo, entre 1811 e 1831, foi porto de entrada dos africanos escravizados no Rio de Janeiro e, por este motivo, o comentário do coronel: afinal, escravizados não poderiam ser considerados pessoas e não seria adequado o sobrenome de Procópio. Como chamar Procópio de Procópio Valongo? O coronel vivia rodeado de escravizados, como o autor faz questão de mencionar ao no conto[573]. Por isso, não chamaria o enfermeiro pelo nome e sobrenome. Este reflexo da sociedade era constantemente retratado por Machado, como bem defendeu Austregésilo de Athayde[574].

572 MACHADO DE ASSIS, op. cit., v.2, p. 480.

573 "(...) disse-me que nenhum dos enfermeiros que tivera prestava para nada, dormiam muito, eram respondões e andavam ao faro das escravas (...)". Ibid., p. 480. "chamei um escravo, disse-lhe que o coronel amanhecera morto". Ibid., p. 483.

574 GUIMARÃES, Hélio de Seixas; LEBENSTAYN, Ieda, op. cit., v. 2. p. 85.

3.5.8 – O diplomático

Já na primeira linha do conto, Machado já dá o tom da sociedade escravista: uma preta vai até sua sinhá e fala baixinho para que só ela pudesse ouvir, sem atrapalhar o resto das pessoas que ali estavam.[575]

Publicado na Gazeta de Notícias em 1884, o conto narra a história de mais uma personagem ambiciosa e gananciosa: Rangel, um solteiro de meia idade. Em nenhum outro momento do conto haverá a participação de escravizados, já que irá focar nas personagens de Rangel, Joaninha e Queiroz. No entanto, ficou pontuada a questão da servidão e a referência à posse de escravizados.

3.5.9 – D. Paula

O conto publicado na Gazeta de Notícias em 1884, narra a história de Venancinha que, aos prantos, se consola com a tia, D. Paula, a respeito da briga que tivera com o marido, por este suspeitar que ela teria cometido adultério.

Mais uma vez, a presença das escravizadas fica marcada neste conto, em duas passagens: na primeira, uma escravizada nota a chegada de D. Paula e a sua reação é logo avisar à sinhá (mas foi interrompida pela convidada)[576] e na segunda, D. Paula expressamente diz à sobrinha para que as escravizadas não a vejam. Isso porque, certamente não poderiam confiar que elas guardariam segredo.[577] As escravizadas e escravizados portas adentro eram os olhos e os ouvidos da casa: tudo sabiam.

3.5.10 – O cônego ou metafísica do estilo

A Gazeta de Notícias publicou o conto em 1885, que narra a história de Matias, um cônego empenhado em escrever o seu sermão, mas não consegue encontrar o adjetivo adequado para um substantivo. Quando ele resolve descansar, o

575 "A preta entrou na sala de jantar, chegou-se à mesa rodeada de gente, e falou baixinho à senhora". MACHADO DE ASSIS, v.2, p. 486.

576 "A primeira escrava que a viu, quis ir avisar a senhora, mas d. Paula ordenou-lhe que não (...)". Ibid., p. 507.

577 "(...) Vou lá, espera por mim, que as escravas não te vejam". Ibid., p. 507.

narrador entra na história – e mente de Matias – defendendo que as palavras têm gênero e, portanto, o substantivo Silvio está à procura de Silvia, adjetivo.

Matias, que se recordava das "cantigas da roça que ele ouvia cantar às pretas, em casa"[578], trazia em suas memórias o regime escravista. O conto poderia tranquilamente não ter esta passagem e não ficaria desfalcado. É justamente por isso que é relevante para indagarmos: por que então ele decidiu fazer essa referência?

Wood, ao analisar a obra machadiana, sustenta com propriedade que "o lance de Machado é ao mesmo tempo estético e político, um modo de espreitar as classes dominantes sem parecer divergir delas, um modo de fazer – como diz Schwarz a certa altura – com que se condenem por si sós, sem que saibam o que estão fazendo".[579]

3.6 – Páginas recolhidas

A coletânea, publicada em 1899, é composta por dezenove contos: O caso da vara; O dicionário; Um erradio; Eterno!; Missa do Galo; Ideias de canário; Lágrimas de Xerxes; Papeis velhos; A estátua de José de Alencar; Henriqueta Renan; O velho Senado; Tu, só tu, puro amor; Vae soli!; Os salteadores da Tessália; O sermão do diabo; A cena do cemitério; Canção de piratas e Garnier.

3.6.1 – O caso da vara

Este conto é, provavelmente, um dos mais citados quando o assunto é escravidão. Publicado em 1891 na Gazeta de Notícias, Machado aborda com todas as letras o sistema escravocrata e nos traz um dilema moral.

Ambientado antes de 1850, a história tem como personagem principal Damião, rapaz que foge do seminário e vai até Sinhá Rita, para que ela intervenha junto a seu pai e ele não precise mais retornar para aquele lugar. Sinhá Rita era uma boa mulher, mas possuía escravizadas e ensinava às suas crias e também às de fora a fazer renda, crivo e bordado. Lucrécia, uma das meninas escravizadas, era ameaçada constantemente com uma vara.

578 Ibid., p. 520.

579 WOOD, Michael. *Um mestre entre ruínas*. In: ROCHA, op. cit., p. 327.

Machado faz a descrição desta escravizada, que tinha apenas onze anos. Apesar da pouca idade, já estava habituada a ser castigada e carregava no corpo marcas da crueldade da sinhá: "Era uma negrinha, magricela, um frangalho de nada, com uma cicatriz e uma queimadura na mão esquerda"[580].

Ao ver a menina, Damião ficou com pena e resolveu "apadrinhá-la", ou seja, protegê-la de qualquer castigo que viesse a sofrer por parte de Sinhá Rita. No entanto, quando a menina precisou de sua ajuda para escapar do castigo da Sinhá, que pediu que Damião lhe desse a vara que estava próxima a ele, apesar de ouvir as súplicas de Lucrécia,[581] ele entregou o instrumento de tortura nas mãos do algoz.

O dilema moral seria: Damião ajudaria aquela menina escravizada, de quem havia dito que seria padrinho, contra a punição ou nada faria, já que a algoz seria aquela que lhe iria ajudar a não mais retornar ao seminário? Quanto vale esta ajuda, a sua "tábua de salvação"?[582]

Machado não precisou mencionar o quanto a menina apanhou, podemos tirar esta conclusão do contexto, já que, no conto, a menina apresenta marcas de castigos anteriores, tem medo e roga pelo perdão da sinhá a todo momento. Machado por vezes não escreve de forma explícita sobre o cruel regime escravista. Porém, daquilo que "não é dito", daquilo que é escrito de forma irônica ou ainda, do que é narrado de forma sutil, podemos tirar as nossas conclusões.

Neste conto, é possível afirmar o posicionamento crítico de Machado à escravidão. Este é um dos contos classificados como "pesados" de Machado. Ele traz o sofrimento de uma menina escravizada, a forma cruel como ela é tratada, suas dores, a violência física e psicológica que sofre rotineiramente e, o mais importante: o silêncio do homem branco, que se compadece no primeiro momento, mas, ao final, se acovarda e se cala, pensando apenas em si próprio.

Impossível não nos lembrarmos aqui de Martin Luther King e sua célebre frase: "o que me incomoda não é o grito dos maus, mas sim o silêncio dos bons". O silenciamento diante de uma situação de opressão nada mais é do que a conivência de quem se cala. O egoísmo da personagem em pensar apenas em si após

---

580 MACHADO DE ASSIS, v.2, p. 526.

581 "Me acuda, meu sinhô, seu moço!" MACHADO DE ASSIS, op. cit., v.2, p. 529.

582 Ibid., p. 528.

ter sido testemunha ocular de uma agressão física a uma menina, personagem também nos remete ao texto de Brecht, intitulado "Intertexto":

> Primeiro levaram os negros,
>
> Mas não me importei com isso
>
> Eu não era negro
>
> Em seguida levaram alguns operários
> Mas não me importei com isso
> Eu também não era operário
>
> Depois prenderam os miseráveis
> Mas não me importei com isso
> Porque eu não sou miserável
>
> Depois agarraram uns desempregados
> Mas como tenho meu emprego
> Também não me importei
>
> Agora estão me levando
> Mas já é tarde.
> Como eu não me importei com ninguém
> Ninguém se importa comigo[583].

Nada mais terrível do que a omissão diante de uma situação em que você tem condições de se posicionar. Esta crítica está presente neste conto de Machado e, infelizmente, foi vivida por muitas mulheres escravizadas.[584]

Domício Proença Filho sustenta que Machado de Assis não se posicionava em seus textos e que "O caso da vara" (assim como "Pai contra mãe") não estariam centrados na questão étnica, mas sim no egoísmo e na fraqueza humanas. Para ele, "a literatura de Machado é indiferente aos problemas

583 Disponível em: <https://www2.unicentro.br/pet-letras/2017/03/29/intertexto-bertold-brecht-1898-1956/>. Acesso em: 01 nov. 2020.

584 SELAS cita McLaurin, que encontra a história real de Lucrécia, mulher negra comprada para satisfazer sexualmente seu proprietário. Em um determinado momento, ela pediu socorro às filhas daquele homem, alegando que não aguentava mais a violência sexual e que estava grávida e doente. Não há documentação a respeito da atitude (ou ausência dela) por parte das referidas mulheres. SELAS, op. cit., pp. 103-104.

dos negros".[585] David Brookshaw, de forma similar, argumenta que Machado jamais se preocupou com a questão racial e escravista.[586] Ora, se a questão central fosse de fato esta, por que motivo o autor escolheria como personagens principais escravizados e relataria a violência por eles sofrida? Vários contos de Machado trazem questões morais, bem como a falibilidade do ser humano e seus inúmeros defeitos. Estes dois mencionados retratam de forma expressa a objetificação, violência, crueldade e todo o mal causado pela escravidão.

Guilhermino Cesar da Silva defende que não tivemos na língua portuguesa outro autor de obras de ficção que tratasse mais a fundo das questões morais do que Machado[587]. De fato, estas reflexões permearam sua obra e ele a trouxe para criticar e debater a sociedade escravista.

3.6.2 – Um erradio

Publicado em 1894 na Gazeta de Notícias, o conto traz como personagem principal Elisário, que, como muitos criados por Machado, é um homem rico, que pôde se dar ao luxo de não concluir nenhuma das três faculdades que cursou e se tornou professor de latim e explicador de matemática.

Duas personagens nesta história nos interessam. Um deles é Chico, um "criolo bonito"[588]. De fato, ao serem vendidos em leilão a "boa aparência" e a dentição sadia e completa eram requisitos que faziam com que o valor a ser pago fosse mais alto. No entanto, Chico era liberto e Elisário, mesmo sabendo disso, questiona o porquê de não vendê-lo justamente por conta do seu atributo da beleza: "É livre, não há dúvida, mas por isso mesmo compreenderá que, deixando-se vender como escravo, terão vocês com que pagar-lhes os ordenados".[589]

A segunda personagem é Zeferina, uma quitandeira, crioula baiana, comparada a Vênus, mas de forma irônica, em razão da sua cor de pele: "Não

585 PROENCA FILHO, Domício. A trajetória do negro na literatura brasileira. Estud. av., São Paulo , v. 18, n. 50, p. 161-193, abr. 2004. Disponível em <http://www.scielo.br/scielo.php?script=sci_arttext&pid=S0103-40142004000100017&lng=pt&nrm=iso>. Acesso em: 15 nov. 2020.

586 BROOKSHAW, David. *Raça e cor na literatura brasileira*. Tradução de Marta Kirst. Porto Alegre: Mercado aberto, 1983, pp 152-153.

587 SILVA, Guilhermino Cesar da. In: GUIMARÃES, Helio; LEBENSTAYN, Ieda, op. cit., v.2. p. 377.

588 MACHADO DE ASSIS, op. cit., v.2, p. 533.

589 Ibid., p. 533.

se espante, menino. Há muitas espécies de Vênus. O que ninguém dirá é que a esta lhe faltem os braços – continuou olhando para os braços da quitandeira, mais negros ainda pelo contraste da manga curta e alva da camisa".[590] Era comum naquela época as ganhadeiras: poderiam ser libertas ou então escravizadas que vendiam seus quitutes em tabuleiros pelas ruas e que, ao final do dia, ficavam com parte do lucro das vendas e juntavam para comprar sua alforria.

3.6.3 – Eterno!

O conto publicado em 1887 na Gazeta de Notícias, nos traz a história de Norberto, que amava Lindinha, que era casada. Quando ela ficou viúva, acabou se casando novamente com o amigo de Norberto.

Já no final do conto, Machado traz a figura da ama de leite:

> Vi no jardim uma preta amamentando uma criança, outra criança de ano e meio, que recolhia pedrinhas do chão, acocorada (...)
>
> Depois, foi à criança que mamava, não a tirou do regaço da ama, mas disse-lhe muitas coisas ternas.[591]

Inserida na família, cumprindo uma função tão importante que é dar o alimento mais importante ao bebê, após cumprir o seu trabalho era devolvida ao seu senhor (no caso de ter sido alugada) ou, se pertencesse àquela família, não tinha nenhum tratamento distinto por conta disso, muito pelo contrário: aquele bebê cresceria e ela, se fosse designada para cuidar da criança, teria um "dono" de tenra idade, que desde cedo era ensinado pelos pais a maltratar os escravizados, a ignorarem que eram pessoas, tratando-os como se fossem objetos. Paradoxalmente, enquanto pequenos, muitos deles tinham afeto por suas amas de leite, afeto este que lhe era dado muitas vezes mais por elas, suas mães pretas do que por suas mães.

590 Ibid., p. 536.

591 MACHADO DE ASSIS, op.cit., p. 533.

3.6.4 – Missa do Galo

Publicado em A Semana, em 1894, o conhecido conto de Machado nos traz um diálogo entre Nogueira, um rapaz de dezessete anos e Conceição, uma senhora de trinta anos, casada com Menezes, que a traía.

O narrador-personagem nos conta que a família de Menezes era pequena, composta por ele, Conceição, a sogra e duas escravizadas. Ambientado no ano de 1861 ou 1862, o autor faz referência à sociedade escravista, com menção à máxima de que os escravizados seriam "como se fossem da família".

Neste conto, apesar de não deixar explicitamente que houve algo entre o rapaz e a mulher, aquilo que não foi dito por Machado deve ser levado em consideração. Isso demonstra mais uma vez o modo de escrita do autor: não era dado a conclusões escancaradas, mas sim a deixar que o leitor e leitora seguissem suas pistas e tirassem suas conclusões.

3.6.5 – Ideias de Canário

Publicado em 1895 na Gazeta de Notícias, o conto nos traz Macedo, um homem que estuda ornitologia e que, um dia, se surpreende com um canário que fala com ele.

O conto pode ser interpretado da seguinte forma: o canário tinha muitas vivências para transmitir a Macedo, já que sempre que se mudava – da loja de Belchior para a casa de Macedo e, finalmente, para a liberdade, quando foge - sua visão de mundo mudava quando o seu horizonte era ampliado.

Quando está na loja, o canário pensa que o seu dono é seu criado, afinal, é ele quem lhe alimenta. Logo depois, quando vai para a casa de Macedo, este tem efetivamente dois criados, que passam a cuidar do canário. Vê-se, portanto, a comparação do regime de servidão: o canário na loja era "servido" (sem entender que, na verdade estava preso em uma gaiola).

No primeiro momento, na loja, em que o canário encontra-se satisfeito com a sua condição, já que recebe água e alimento de seu dono, podemos comparar com o diálogo travado no romance "Helena", quando ela fala sobre o cavalo, que parece contente sem, na verdade, saber que seria muito melhor se estivesse livre, fazendo ainda uma analogia ao preto velho, que descansava.

Como entender que sua prosa é "antibrasileira" ou que a ela falta "a cor, a imagem e o ritmo que são sinais psicológicos de toda a linguagem brasileira"?[592] A todo momento, ele nos fornece elementos do Brasil de sua época, com as cores de quem batia e de quem era a mira do chicote.

3.6.6 – O velho Senado

O conto, publicado em 1898 na Gazeta de Notícias, é escrito com um quê de memórias, retratando o Senado de 1860. Machado narra acontecimentos históricos e faz menção a nomes como Quintino Bocaiúva, Joaquim Nabuco e o Ministro da Justiça Eusébio de Queiroz.

É importante mencionar que Machado não estava alheio aos acontecimentos de seu país – e muito menos aos debates que ocorreram ao longo dos anos no tocante à abolição. Quanto ao Ministro da Justiça Eusébio de Queiroz, conhecido pela lei n. 581 de 1850, aquela que leva o seu nome e que determinou a extinção do tráfico de escravizados, ele foi, por muitos anos, protetor do cruel comércio, na época em que foi chefe de polícia no Rio de Janeiro, utilizando inclusive argumentos como "se isso fosse crime, seria um crime geral no Brasil."[593]

Machado narra os acontecimentos dentro do Senado, como os debates e votações e menciona expressamente a Lei do Ventre Livre, ao escrever sobre José Maria da Silva Paranhos: "Anos depois do ataque, esta mesma cidade aclamava o autor da lei de 28 de setembro de 1871, como uma glória nacional".[594]

Esta lei foi fruto de intensos debates no Congresso e de inúmeros textos, como o de Joaquim Nabuco em O Abolicionismo.[595] Inclusive, o fervor era tanto entre os debatedores que José de Alencar, autor de "O demônio familiar" (1857) e "Mãe" (1860), obras que abordam a escravidão, posicionou-se contra a sua promulgação, sob a seguinte justificativa:

---

592 RICARDO, Cassiano. In: GUIMARÃES, Hélio de Seixas; LEBENSTAYN, Ieda, op. cit., v. 2. p. 103.

593 SCHWARZ, 2012, p. 121.

594 MACHADO DE ASSIS, op. cit., v.2, p. 585.

595 Nabuco é amigo de Machado e conhecido abolicionista que, em 1880 era Presidente da Sociedade Brasileira Contra a Escravidão.

> Essa liberdade do ventre desorganiza o trabalho livre, dando-lhe por exemplo e mestre o trabalho escravo; ao mesmo tempo, aniquila o trabalho escravo, pondo-lhe em face, a todo instante, a imagem da liberdade. Finalmente, contamina a nova geração, criando-a no seio da escravidão, ao contacto dos vícios que ela gera.[596]

Percebe-se com este posicionamento de Alencar que ocorre algo mais sério do que alguns tentam acusar Machado. Enquanto este é visto por uns como aquele escritor que não se posiciona quanto à questão racial e à escravidão[597] – algo que estamos demonstrando justamente o contrário, de forma exaustiva, ao longo destas linhas – aquele, que publica obras reconhecidas como abolicionistas, no momento em que pode no Congresso colocar em prática toda a teoria, posiciona-se contra. No adágio popular, seria o "faça o que eu digo, não faça o que eu faço".

É preciso ressaltar que, se a obra ficcional de Alencar é vista de forma positiva, o mesmo não se pode dizer de "Cartas a favor da escravidão", um livro em que há uma reunião de epístolas enviadas ao Imperador em que Alencar posicionava-se a favor da abolição, "*pero no mucho*". Explica-se: ele não concordava com a situação, mas, como ao avaliá-la sob os prismas político, social e econômico, entendia que seria imprudente exterminá-la de uma só vez, levando-se em consideração os quatrocentos anos de longevidade do sistema. Era, portanto, um "abolicionista moderado".[598]

Comparando os dois escritores, enquanto Machado emitia seus pareceres a favor da aplicação da lei enquanto trabalhava no Ministério da Agricultura e mencionava em seu conto "Um homem célebre" expressamente o acon-

---

596 ALENCAR apud TRIPOLI, op. cit., p. 66

597 Mario de Andrade e David Brookshaw são alguns que se posicionam neste sentido. Andrade menciona que Machado de Assis era "anti-mulato" ANDRADE, Mario de. Aspectos da literatura brasileira. São Paulo: Martins. 1974, p. 104. Brookshaw chegou a dizer que Machado "é o exemplo clássico de mulato que devotou sua vida para ser aceito acima da linha de comportamento e, por isso, evitou qualquer referência às suas origens. BROOKSHAW, op. cit., p. 153. É preciso ter em mente que o comentário feito por Joaquim Nabuco era um achismo (ele *acreditava* que Machado não gostaria de ser chamado de mulato) e não algo factual.

598 Chalhoub relata que José de Alencar, que chegou a ser Ministro da Justiça, mesmo após sua saída do cargo, "permaneceu fidelíssimo à causa de estorvar a passagem de uma lei de emancipação." CHALHOUB, 2003, p. 193. SELAS posiciona-se no mesmo sentido: Alencar seria abolicionista nas obras "A escravidão do Brasil", "Mãe" e "Demônio familiar", mas moderado e antirreformista no Parlamento. SELAS, op. cit., p. 268. De nada valem as palavras, se desacompanhadas de ações.

tecimento que foi a promulgação desta lei, em Alencar não havia esta práxis: separava vida e obra de forma bastante reprovável.

Há que se mencionar o fato de que Antonio Candido denominou a literatura machadiana de "literatura pessoal", em razão da presença de memórias e autobiografia ao longo de seus textos.[599] De fato, podemos perceber, até o presente momento, quanto do Rio de Janeiro, de acontecimentos históricos e de retratos da sociedade no Brasil oitocentista o autor coloca em sua obra.

3.7 – RELÍQUIAS DA CASA VELHA

A coletânea foi publicada em 1906 e é composta por nove contos: Pai contra mãe; Maria Cora; Marcha Fúnebre; Um capitão de voluntários; Suja-se gordo!; Umas férias; Evolução; Pílades e Orestes e Anedota do Cabriolé.

3.7.1 – Pai contra mãe

Este conto é, provavelmente, um dos mais conhecidos de Machado. Mesmo aqueles que entendem que o autor não se posicionou tanto quanto deveria reconhecem este texto como uma exceção.

Lucia Miguel Pereira, ao defender que os contos de Machado eram estudos sobre diversos temas, aponta que muitos deles são "casos esporádicos (...) como nos dois em que trata da escravidão, "Pai contra Mãe" e "O caso da vara", em que "parece ter querido isolar o caso da mulata Arminda ou da negrinha Lucrécia do problema da escravidão". [600] Discordo deste posicionamento. Não é só nesses contos em que o autor trata deste tema. Sua escrita permeia a escravidão e as questões racial, política e econômica da época. O que por vezes muda é o modo pelo qual ele traz as referidas questões à tona.

Um tema pode ser tratado das mais variadas formas: sutilmente ou de maneira expressa, por exemplo. Alguns escritores, como é o caso de Machado, preferem trabalhar com o diálogo e troca com o leitor, dando a ele elementos para que, por si próprio, chegue às conclusões. Flaubert, outro renomado escritor, repudia a obra de Harriet Stowe, justamente por pensar que "A cabana do pai Tomás" não precisava fazer "reflexões sobre a escravidão", bastaria que fosse mostrada ao leitor. Para reforçar seu argumento, traz como exemplo a

599 CANDIDO, Antonio. A educação pela noite e outros ensaios. São Paulo: Ática, 1987, p. 54.

600 PEREIRA, op. cit., p. 216.

obra shakespeariana "O mercador de Veneza" e a inexistência de declamações contra a usura[601]. Estilos literários podem, portanto, ser questionados. O que não se pode é sustentar que determinado autor foi omisso, por não ter se posicionado em relação a um determinado tema, quando o conjunto de sua obra aponta para concluão diametralmente oposta.

Voltemos ao conto que é, do início ao fim, um repúdio, uma "exibição das máscaras grotescas da escravidão".[602] Logo nas primeiras linhas, o autor menciona os instrumentos de tortura que eram colocados nos escravizados, como o ferro ao pescoço e ao pé. Quanto à máscara de folha de flandres[603], Machado a descreve minnuciosamente, para que o leitor consiga visualizar o aparelho cruel utilizado naqueles homens e mulheres. De forma irônica, posiciona-se quanto ao tema:

> Havia também a máscara de folha-de-flandres. A máscara fazia perder o vício da embriaguez aos escravos, por lhes tapar a boca. Tinha só três buracos, dous para ver, um para respirar, e era fechada atrás da cabeça por um cadeado. Com o vício de beber. perdiam a tentação de furtar, porque geralmente era dos vinténs do senhor que eles tiravam com que matar a sede, e aí ficavam dous pecados extintos, e a sobriedade e a honestidade certas. Era grotesca tal máscara, mas a ordem social e humana nem sempre se alcança sem o grotesco, e alguma vez o cruel. Os funileiros as tinham penduradas, à venda, na porta das lojas.[604]

---

601 SCHWARZ, 2012, p. 183.

602 GOMES, Heloisa Toller. *As marcas da escravidão*. Rio: Editora UFRJ/EDUERJ, 1994, pp. 197-198.

603 Máscara de zinco trancada a cadeado que cobria o rosto e deixava apenas buracos pequenos na boca e no nariz para a respiração. Em um retrato da escravizada Anastácia, podemos ver a terrível máscara. Grada Kilomba salienta que Anastácia não tem uma história oficial: algumas pessoas dizem que ela era filha de uma família real de Kimbundo, nascida em Angola e levada para a Bahia, onde foi escravizada. Outras pessoas sustentam que era uma princesa Nagô/Yorubá que foi capturada e trazida para o Brasil como escravizada. Condenada a usar um colar de ferro e a máscara de Flandres, o motivo para tal castigo também não é uníssono: auxílio em fugas, resistência ao senhor quanto à violências sexuais, ciúme da sinhá... Certo é que nenhum destes "motivos" citados justificaria tamanha crueldade. Anastácia morreu de tétano, causado pelo colar de ferro. KILOMBA, Grada. Memórias da Plantação – episódios de racismo cotidiano. São Paulo: Cobogó. 2020. pp. 33-36. A arte de Yhuri Cruz, "Monumento à voz de Anastácia", a retrata sem o instrumento de tortura, uma ressignificação que busca retirar a máscara do silenciamento e da opressão e traz a luta e resistência desta mulher.

604 MACHADO DE ASSIS, op. cit., v.2, p. 621

Machado menciona com detalhes o ferro colocado no pescoço dos "fujões", além de narrar o que acontecia com eles caso fossem encontrados e também com quem o deixou escapar, abordar a questão dos ganhadores e dos escravizados de contrabando.

A explicação quanto aos fujões tem ligação direta com o conto: Candido Neves, depois de não conseguir nenhum outro trabalho, resolve ser caçador destes homens e mulheres que fugiam de seus senhores. Sua mulher, Clara, engravida e eles atravessavam uma péssima situação financeira, a ponto de a tia da moça aconselhar a colocar o recém-nascido na roda dos enjeitados. Quando o rapaz se dirigia ao local, avistou uma escravizada, Arminda, fugida, que implora por sua benevolência: está grávida.[605] No entanto, Candido é irredutível: afinal, o dinheiro da recompensa fará com que não seja preciso abrir mão de seu filho. Em uma das cenas, Candido tenta colocar na mulher a culpa pelo que ocorria, ao dizer: "Você é quem tem culpa. Quem manda fazer filhos e fugir depois?"[606]

Ao tentar sair das garras de Candido, Arminda acaba abortando. O pai, Candido, contra a mãe, Arminda, lutavam cada um por sua sobrevivência e sobrevivência de sua cria. O final do conto é emblemático, ao revelar o pensamento de Candido: "Nem todas as crianças vingam".[607]

Pode-se constatar da narrativa a crueldade do sistema escravista: o dinheiro é a máquina que move a sociedade e os escravizados eram vistos como coisas que tinham valor em dinheiro e, por isso, aqueles que encontravam os fujões eram recompensados em dinheiro pela captura.

Candido "abençoava a fuga" daquela escravizada e assistiu a toda a terrível cena do aborto, sem ter sentido qualquer remorso ou viver um dilema moral. Ainda, é preciso lembrar que a noção de raça foi uma construção social, fruto de um sistema de opressão cujos reflexos persistem nos dias atuais. Afinal, racialização exprime "um discurso sempre em construção e à mercê das circunstâncias de cada tempo e lugar".[608]

Aquela mulher, que fugia do cativeiro, o fazia provavelmente não só por ela. Tinha consciência do destino de seu bebê. É por isso que muitas mulhe-

605 "Houve aqui luta, porque a escrava, gemendo, arrastava-se a si e ao filho". Ibid., p. 627.

606 Ibid., v.2, p. 627.

607 Ibid., p. 627.

608 ALBUQUERQUE, op. cit., 35.

res escravizadas abortavam: não queriam o mesmo destino para suas crias.[609] Aquelas que tinham seus bebês, sabiam que provavelmente serviriam de ama de leite, teriam, de um jeito ou de outro seu filho arrancado de seus cuidados. Muitos bebês acabavam na mencionada roda dos enjeitados e lá dividiam o leite com diversas crianças o que, certamente, ocasionava a morte de alguns em decorrência da escassez do alimento.

3.7.2 – Marcha Fúnebre

O conto traz o desejo do deputado Cordovil, de ter uma morte súbita. A vontade é tão grande que ele sonha com isso todos os dias. Apesar disso, ele morreu lentamente depois de longos anos.

A ironia e o pessimismo de Machado estão mais uma vez presentes. O retrato da sociedade escravista mais uma vez é pintado por Machado, na figura do escravizado Florindo. As passagens no conto são poucas, mas já nos mostram como era tratado este homem, como verdadeiro lacaio, submisso aos mandos e desmandos do poderoso deputado.

3.7.3 - Umas férias

O menino José conta o dia em que seu tio Zeca vai buscar sua irmã Felicia e ele no colégio. Os dois não esperavam por isso, foi uma surpresa. O motivo foi revelado quando chegaram em casa: seu pai havia morrido.

O autor não deixa de trazer os pilares daquela sociedade: as figuras dos escravizados, retratadas discretamente, mas que já nos servem para demonstrar que Machado não deixava de se posicionar.[610]

3.7.4 – Anedota do Cabriolé

Publicada originalmente em 1905, no Almanaque Garnier, a história nos traz um Machado com humor ácido, que nos conta a história de Nhô Pedrinho e

609 KOUTSOUKOS, op. cit., p. 151.

610 "Mal chegara ao balcão, mandou-me buscar pela escrava; lá fui para o interior da casa e para o estudo". MACHADO DE ASSIS, op. cit., v.2, p. 660.

Nhá Anunciada, que iam casar, mas descobriram que eram meios-irmãos. Depois do choque inicial, resolveram fugir de casa e acabaram adoecendo e morrendo.

Um escravizado gemia e gritava "coitado de Nhô Pedrinho", "coitada de Nhá Anunciada" e, logo em seguida, Machado faz o leitor refletir:

> Alguém que leia isto com a alma turva de dúvidas, é natural que pergunte se o preto sentia deveras, ou se queria picar a curiosidade do coadjutor e do sacristão. Eu estou que tudo se pode combinar neste mundo, como no outro. Creio que ele sentia deveras; não descreio que ansiasse por dizer alguma história terrível.[611]

Neste trecho, a reflexão seria a seguinte: Seria mesmo possível que um escravizado ficasse realmente triste com a morte de seus senhores? É possível nutrir sentimentos bons para por aqueles que nos fazem tão mal? Como lamentar a morte de quem te aprisionava a um sistema cruel por toda a vida?

3.8 – Contos avulsos

Além das coletâneas acima mencionadas, há outros contos escritos por Machado que não foram reunidos, mas que têm relevância para o presente trabalho, já que ele continua abordando a questão da escravatura em seus escritos.

Em vários contos, há, ao menos menção ao sistema escravista, como, por exemplo, em Três tesouros perdidos, O anjo das donzelas, Casada e viúva, Cinco mulheres, O caminho de Damasco, A pianista, O capitão mendonça,[612] Um esqueleto,[613] Astúcias de marido, Não é mel para a boca de asno, O rei dos caiporas, Nem uma nem outra, Valério, A mágoa do infeliz Cosme, História de uma fita azul, D. Monica, Sem olhos, A melhor das noivas, O machete, A chave, Troca de datas, O caso do Romualdo, A carta Viagem à roda de mim

611 MACHADO DE ASSIS, op. cit., v.2, p. 672.

612 Publicado em 1870 no Jornal das Famílias, foi selecionado para integrar duas coletâneas organizadas por Raimundo Magalhães Jr., Contos recolhidos e Contos fantásticos de Machado de Assis, poderia ser classificado como literatura fantástica, cuja obra que deu origem ao gênero é Frankenstein, de Mary Shelley. Mesmo sendo um gênero tido como "quase-macabro", Machado insere a sociedade escravista na figura do "moleque", responsável por atender às ordens de seu senhor.

613 Conto macabro publicado em 1875 no Jornal das Famílias, em que Dr. Belém fica viúvo e se casa novamente, mas tem em sua casa o esqueleto da primeira mulher.

mesmo, Pobre cardeal!, D. Jucunda, O caso Barreto, Uma partida, Vênus! Divina Vênus!, Uma noite e O escrivão Coimbra. Em outros, Machado aborda de maneira ainda mais profunda o tema, razão pela qual merecem destaque.

3.8.1 – Virginius – narrativa de um advogado

Publicado no Jornal das Famílias em 1864, a história tem como personagem principal um fazendeiro, respeitado e tido como um "juiz" local, por decidir questões que ocorrem na região.

Pio é um homem rico que não possuía escravos, mas amigos. Seria possível isso?

> Escravo é o nome que se dá, mas Pio não tem escravos, tem amigos. Olham-no todos como se fora um Deus. É que em parte alguma houve nunca mais brando e cordial tratamento a homens escravizados. Nenhum dos instrumentos de ignomínia que por aí se aplicam para corrigi-los existe na fazenda de Pio. Culpa capital ninguém comete entre os negros da fazenda; a alguma falta venial que haja, Pio aplica apenas uma repreensão tão cordial e tão amiga, que acaba por fazer chorar o delinquente. Ouve mais: Pio estabeleceu entre os seus escravos uma espécie de concurso que permite a um certo número libertar-se todos os anos. Acreditarás tu que lhes é indiferente viver livres ou escravos na fazenda, e que esse estímulo não decide nenhum deles, sendo que, por natural impulso, todos se portam dignos de elogios?[614]

O trecho é recheado de críticas, ainda que de forma mais sutil. Machado usa um diálogo entre personagens para tratar de questões como: existiria uma "escravidão branda"? e seria possível uma relação de amizade entre senhor e escravizados, ainda que estes não recebam nenhuma daquelas "correções" tidas à época como legais? Seria possível uma pessoa realmente livre, com liberdade de escolha, sinceramente não ver distinção entre ser um escravizado na fazenda e um liberto? Não se pode esquecer o fato de que, muitos que eram alforriados, continuavam no local. Mudava-se apenas a "roupagem", de escravizado a liberto, mas suas condições permaneciam as mesmas.[615]

---

614 MACHADO DE ASSIS, op. cit., v.2, p. 736.

615 Hebe Mattos de Castro, em seu livro "Das cores do silêncio", em que pesquisou sobre condições de trabalho de homens e mulheres escravizados em fazendas do Rio de Janeiro, nos traz diversos

Ainda, fica o questionamento: se aquele homem é tão bom a ponto de "fazer um concurso" para anualmente libertar alguns escravizados, por que não alforria a todos e passa a remunerar por seus serviços?

Logo depois, já vemos o regime nem um pouco regido por leis trabalhistas dos escravizados.[616] Isso porque sua jornada era de 24 por 7, sem qualquer direito a descanso, férias ou remuneração. Como pensar que aquelas pessoas de fato estavam satisfeitas com esta situação?

Julião, homem negro, empregado do fazendeiro Pio – o pai de todos -, tinha uma filha, Elisa, que vivia junto de Carlos, filho de Pio, "naquela comunhão da infância que não conhece desigualdades nem condição".[617] Aquele apreço e carinho que os dois tinham quando crianças mudou quando o rapaz se tornou bacharel e regressou à fazenda: já tinha total consciência quanto ao abismo social que os separava e a compreensão de que pessoas negras eram tratadas como objeto. Ele declara seu amor pela moça, que a repele. Diante da recusa, Carlos deveria recuar. No entanto, não foi o que ocorreu. Julião acabou ouvindo os gritos da filha, que se debatia e lutava para sair dos braços de Carlos.

Julião foi amarrado por ordem dos capangas de Carlos. No entanto, ele conseguiu pegar uma faca e matar sua filha. Segundo ele, teria agido em legítima defesa de sua honra. Julião foi condenado a dez anos de prisão, enquanto Carlos não respondeu por crime algum. O "castigo" a ele dado foi servir à pátria, o que, segundo seu pai "Não é um castigo honroso? Sirva a sua pátria, e guarde a fazenda e a honra dos seus concidadãos: é o melhor meio de aprender a guardar a honra própria"[618]. O pai sequer menciona a honra daquela moça, a principal vítima de toda a história, hipersexualizada desde criança[619] e que foi violentada.

---

dados, como os libertos da Fazenda do Colégio: com o 13 de maio, apenas 8 deles – cinco homens e três mulheres – deixaram o local. CASTRO, op. cit., pp. 349-350.

616 "No dia seguinte, ainda vinha rompendo a manhã, já eu me achava de pé. Entrou no meu quarto um escravo com um grande copo de leite tirado minutos antes. Em poucos goles o devorei. Perguntei pelo amigo; disse-me o escravo que já se achava de pé. Mandei-o chamar". MACHADO DE ASSIS, op. cit., v.2, p. 737.

617 Ibid., p. 738.

618 MACHADO DE ASSIS, op.cit., p. 743.

619 "Tinha a pequena sete anos. Era, dizia Julião, a mulatinha mais formosa daquelas dez léguas em redor". Ibid., p. 738.

3.8.2 – O que são as moças

Neste conto, publicado no Jornal das Famílias em 1866, Machado nos traz a sociedade escravista ao texto - mesmo de que forma indireta - que trata da amizade entre duas mulheres e sua comunicação epistolar.

O mais importante que se extrai deste conto é o recado que ele transmite: "Não pertenço ao número dos narradores que atribuem aos leitores uma cegueira completa para a averiguação de certos pontos das suas narrativas".[620]

Percebe-se então que a hipótese trabalhada durante a pesquisa foi confirmada: Machado não tem a intenção de nos apresentar de forma explícita todo o conteúdo de seu texto. Ele gosta de fazer o leitor e a leitora chegarem às suas conclusões a partir de sua escrita, não dá todo o conteúdo mastigado, mas sim forma leitores críticos.

3.8.3 – O carro n. 13

Publicado em 1868 no Jornal das Famílias, logo no início o conto nos traz a personagem de Dr. Amaro e sua herança: a fazenda da Soledade, com seus trezentos escravizados. É mais um conto de Machado de Assis em que as personagens principais possuem bens e se formam em direito – Amaro "tinha uma chave de ouro para abrir todas as portas".[621]

3.8.4 – Mariana

Publicado no Jornal das Famílias em 1871, o conto narra a história da escravizada Mariana, "cria da casa", cheia de benefícios, que se apaixona por Coutinho. A escravizada acaba tirando a própria vida, ao ingerir veneno, quando sabe que o rapaz está de casamento marcado.

Machado ao apresentar Mariana, já faz a sua crítica ao fato de ser ela tratada "como se fosse da família":

> (...) era uma gentil mulatinha nascida e criada como filha da casa, e recebendo de minha mãe os mesmos afagos que ela dispensava às outras

620 Ibid., p. 834.

621 MACHADO DE ASSIS, op. cit., v.2, p. 904.

> filhas. Não se sentava à mesa, nem vinha à sala em ocasião de visitas, eis a diferença; no mais era como se fosse pessoa livre, e até minhas irmãs tinham certa afeição fraternal. (...) Mariana possuía a inteligência da sua situação, e não abusava dos cuidados com que era tratada. Compreendia bem que na situação em que se achava só lhe restava pagar com muito reconhecimento a bondade de sua senhora. A sua educação não fora tão completa como a de minhas irmãs; contudo, Mariana sabia mais do que outras mulheres em igual caso. Além dos trabalhos de agulha que lhe foram ensinados com extremo zelo, aprendera a ler e a escrever.[622]

Como poderia Mariana ser tratada como uma das filhas da sinhá, se ela sequer se sentava à mesa na hora das refeições? “Como se fosse livre” não é o mesmo que ser, de fato, livre. Mariana não era livre. Poderia, sim, ter um tratamento um pouco diferente dos demais escravizados, mas isto está longe de ser comparado a ser livre e ter o mesmo tratamento das meninas brancas, filhas da sinhá.

Em mais um conto, Machado nos traz algo que, nos dizeres de Chalhoub, seriam duas faces da mesma moeda: escravidão e paternalismo, cativeiro e dependência. O historiador traça um paralelo entre a escravizada Mariana e a dependente Helena:

> “os senhores mostram estima pelos dependentes, mas ao fazê-lo produzem apenas sofrimento e humilhação; os dependentes – escravos e livres, Mariana ou Helena – são sinceramente agradecidos aos seus senhores, mas sabem que não há perspectivas e que serão sempre lembrados de sua situação de inferioridade social”.[623]

Mariana, enquanto mulher escravizada, era vista como um objeto, com tamanha hipersexualização pelos homens, que estes se achavam no direito de abusar delas sexualmente. Quando o tio menciona Mariana, assim comenta: “Por que diabo sua mãe está guardando em casa essa flor peregrina? A rapariga precisa tomar ar”.[624]

622 Ibid., p. 980.

623 CHALHOUB, 2003, pp. 134-135.

624 MACHADO DE ASSIS, op. cit., v.2, p. 980.

Ao retratar a mãe, o narrador diz que era "a bondade em pessoa", afinal, perdoava tudo que as "amadas crias" faziam de errado.[625] Como poderia alguém ser bom se valendo de escravizados?

Ainda, outro trecho merece destaque: Coutinho, o rapaz por quem Mariana sofre de amor, sequer notava sua falta. Era invisibilizada, assim como todos os escravizados que, apesar de serem os responsáveis por agregar riqueza aos senhores e por realizar todo o trabalho, movendo a sociedade escravista e capitalista, não existiam, eram um "nada" para eles. Tanto é verdade que a bondade e generosidade da família caiu por terra quando Mariana fugiu: eles dariam um castigo a ela assim que fosse capturada.

Chalhoub entende que Coutinho seria um senhor de escravizados que foi "forçado a encarar os sofrimentos e tragédias que provocava à sua volta" e que o remorso por ele sentido não durou muito, foi efêmero, logo voltando ao papel que lhe era dado na sociedade: a de senhor de escravizados.[626]

Tripoli verifica a semelhança no enredo deste conto machadiano com "Ourika", romance de Madame Duras, publicado em 1824 e, ao abordar "Mariana", a autora posiciona-se em defesa de Machado aos ataques de omissão quanto às questões raciais e escravistas da época:

> Machado não transforma o negro em herói ou ser extraordinário nem o pinta com as cores miseráveis da ideologia dominadora. Ele o apresenta como ser humano que é, sujeito em sua condição de oprimido. Sem fazer apologia, mas de forma sutil, o autor, a seu modo, desnuda a realidade senhorial e revela uma sociedade em que a condição econômica define o indivíduo, determina a sua exclusão ou aceitação..[627]

É importante ressaltar que o conto foi publicado justamente no ano em que foi promulgada a lei do ventre livre, cujo processo histórico esteve também presente nos romances Helena, Iaiá Garcia, Brás Cubas e Dom Casmurro.[628] A lei foi também mencionada de uma maneira bem emblemática no conto "Um homem célebre." Chalhoub reflete que, diante do contexto histórico de debates

625 Ibid., p. 981.

626 CHALHOUB, 2003, p. 136.

627 TRIPOLI, op. cit., p. 118

628 CHALHOUB, 2003, p. 138.

intensos acerca da elaboração da referida lei e de Machado ter criado personagens que sequer sentem remorso legítimo em relação à escravidão, pensando apenas em suas posses e sua posição social, isto sugere que o autor não acreditava que a escravidão teria fim "por dentro das relações" senhor-escravizado: seria preciso a intervenção do poder público, através da promulgação de leis.[629]

Eduardo de Assis Duarte, ao abordar a narrativa de um conto chamado "A escrava", escrito pela maranhense Maria Firmina dos Reis em 1887, o compara com a força da narrativa de Lima Barreto e de Machado de Assis, nos contos "Pai contra mãe", "O caso da vara" e "Mariana"[630]. Estes dois escritores, muitas vezes comparados pela forma de escrita e de como se posicionaram frente à escravidão e ao racismo – comparações feitas por quem insiste em defender a omissão de Machado -, foram importantíssimos para a crítica ao sistema escravista – cada um à sua maneira.

3.8.5 – Quem não quer ser lobo

Publicado no Jornal das Famílias em 1872, o que mais salta aos olhos neste conto é o modo como o "moleque" José é tratado por seu senhor, Coelho. O rapaz obedecia às ordens e, ainda assim, não era bem tratado. A violência física era um costume, como podemos concluir de um parágrafo em que o rapaz se surpreende em não receber "o pontapé matinal de costume" e poder "assobiar um aria sem medo de interrupção".[631]

3.8.6 – Qual dos dois?

Publicado entre 1872 e 1873 no Jornal das Famílias, Machado faz uma crítica expressa àqueles ditos bacharéis, que apenas conquistam o diploma e não trabalham, vivendo da profissão "herdeiro". Daniel, personagem do conto, se formou em direito e não atuou em um só processo. Típico das personagens do autor é o fato de seus personagens virem de uma família endinheirada, em que não se conhece o trabalho e vive-se da exploração da mão-de-obra dos

629 CHALHOUB, 2003, pp. 136-137.

630 DUARTE, Eduardo de Assis. Úrsula e a desconstrução da razão negra ocidental. In: Maria Firmina dos Reis, faces de uma precursora. Rio de Janeiro: Malê, 2018, p. 74.

631 MACHADO DE ASSIS, op. cit., v.2, p. 1058.

escravizados que, chamam seus senhores de "amo", a tudo atendem e servem e só fazem o estritamente ordenado. Machado retrata isto no conto, na fala de um escravizado: "só ouço o que meu amo quiser".[632]

3.8.7 – Dois homens decadentes

Publicado no Jornal das Famílias em 1873, o conto nos traz as consequências da perda de dinheiro para dois homens que tinham status e uma boa posição. Em uma sociedade escravista, ter escravizados era sinônimo de ter dinheiro. No conto, um dos personagens precisou vender sua fazenda e seus escravizados, o que demonstrava a queda do padrão econômico.

3.8.8 – Os óculos de Pedro Antão

Publicado no Jornal das Famílias em 1884, o conto tem como ponto de partida o fato de José Mendonça ter recebido como herança de seu tio, Pedro Antão, a casa em que ele viveu durante anos.[633]

O conto do gênero fantástico, repleto de mistérios, conta ainda com o assassinato de um criado no decorrer da trama, "um crime que era o primeiro na escala de crimes futuros".[634] Uma das personagens é a escravizada Monica, retratada como uma "escrava velha", a "tia Monica". Aquela mulher, já velha, passou sua vida escravizada, servindo àquelas pessoas, sendo tratada como "tia" (como se fosse da família), mas que, no final, das contas, sabia que não pertencia àquela família. A "fiel Monica", era de confiança, tinha um carinho enorme por todos e, ainda assim, não experimentou a sua liberdade.

---

632 Ibid., p. 1122.

633 Nos contos "Um almoço", publicado em 1877 no Jornal das Famílias e "Dívida extinta", publicado em 1878 no Jornal das Famílias, Machado também faz questão de mencionar os escravizados como propriedade. Ibid, pp. 1468 e 1542.

634 MACHADO DE ASSIS, op. cit., p. 1211.

3.8.9 – Um dia de entrudo

Publicado em 1874 no Jornal das Famílias, o conto narra a história de um dia da família de Dona Angélica, no tempo do entrudo, em um conto em que moleques, mucamas e escravizadas se fazem presentes.

O entrudo era festa considerada ofensiva e violenta, em que as pessoas saíam pelas ruas e atiravam nas pessoas farinha e balões cheios d'água.[635] A preparação acontecia semanas antes, com a reunião de famílias que, inclusive, ganhavam uma renda extra com a venda dos limões de cheiro. A brincadeira acontecia dentro e fora de casa, normalmente entre conhecidos. Inclusive, proprietários de escravizados saiam acompanhados por estes, que levavam em tabuleiros os limões. Escravizados e libertos também participavam do entrudo, mas jogavam farinha apenas nas pessoas negras. Seria inaceitável um escravizado entrudar um senhor.[636]

Merece destaque o fato de um conto que trata de um festejo em que escravizados participavam ativamente ter sido publicado em um veículo tão conservador como a revista Jornal das Famílias. Isto demonstra que Machado de Assis tinha certa liberdade para selecionar os temas e publicar nos veículos – jornais e revistas - que encomendavam seus textos.

3.8.10 – Encher tempo

Este conto foi publicado em 1876 no Jornal das Famílias. Silveira entende que, a partir da leitura do último parágrafo do conto, em que Machado escreve "são umas vinte páginas para encher tempo. Em falta de coisa melhor, lê-se isso e dorme-se" seria um indício de que a escrita deste tipo de história não fizesse mais sentido a Machado. Como dissemos, o Jornal das Famílias era um veículo conservador, voltado ao público feminino.[637]

635 A litografia de 1840 de Rafael Mendes de Carvalho retrata o jogo do entrudo.

636 ARAUJO, Patricia Vargas Lopes de. Os festejos de entrudo no século XIX. festa considerada ofensiva e violenta, em que os escravizados saíam pelas ruas e atiravam nas pessoas farinha e balões cheios d'água. Disponível em: <https://www.e-publicacoes.uerj.br/index.php/tecap/article/view/10331.%20Acesso%20em%2021/05> Acesso em: 10 out 2020.

637 SILVEIRA, op. cit., p. 26.

O conto, portanto, é escrito por Machado pensando muito no público alvo a que era dirigido. Ainda assim, podemos encontrar – mesmo que de forma sutil – críticas àquela sociedade, através da personagem tia Monica, uma preta velha, que conseguiu a alforria através da concessão de um padre, quando mãe de Lulu. Apesar de liberta, ela continuou servindo a garota, obedecendo-a e chamando-a de nhanhã, em uma das várias críticas de Machado à continuidade de uma escravidão, para além da alforria.

3.8.11 – Conversão de um avaro

Neste conto de 1878, publicado no Jornal das Famílias, além de nos mostrar diversos personagens servidos pelos escravizados, Machado expressamente menciona o contrabando de escravizados, através da personagem Borges, que "tinha apenas dois escravos boçais comprados entre os últimos chegados por contrabando".[638]

3.8.12 – A mulher pálida

Publicada em 1881 n'A Estação, o conto, ao ser mais um a tratar de uma polpuda herança - seiscentos contos-, surpreende com a fala de uma das personagens, quando informa ao herdeiro que os bens foram a ele deixados e das fofocas que diziam sobre o destinatário de tanta sorte: "Dizia-se muita coisa; uns que a fortuna ficava para o Morais, outros que para o vigário, etc. Até se disse que uma das escravas seria a herdeira da maior parte. Histórias! Morreu o homem, abre-se o testamento, e lê-se a declaração de que você é o herdeiro universal".[639]

A crítica que pode ser feita é a seguinte: seria algo no mínimo diferente destinar a maior parte dos bens a uma escravizada, já que o que corriqueiramente os escravizados eram objeto do testamento, transmitidos aos herdeiros - e não sujeitos, destinatários de algum bem. Quando muito, concedia-se a alforria,[640] mas deixar a maior parte de uma fortuna a uma escravizada, seria, realmente, "história".

638 MACHADO DE ASSIS, op. cit., v.2, p. 1525.

639 MACHADO DE ASSIS, op. cit., v.3, p. 55.

640 REIS traz o caso de Porcina, que em testamento concede a liberdade a vinte e oito escravizados. O historiador atenta que não se pode falar em "gesto de grandeza", já que ela não tinha herdeiros, ou seja, não tinha a quem transmitir sua propriedade. REIS, op. cit., p.303.

3.8.13 – O imortal

O conto foi publicado em 1882, n'A Estação e traz a história de Ruy Garcia de Meirelles e Castro Azevedo de Leão, um frade que abandona a batina e vai morar em uma aldeia indígena, casando-se com o chefe Pirajuá. Este, no leito de morte, mostra a Leão um elixir da vida eterna, mas que jamais tomou. Quando Leão está morrendo, decide tomar o tal elixir.

Este é mais um conto de Machado em que ele aborda temas como o cientificismo e a religião. No entanto, uma das partes mais importantes é a narrativa de um dos personagens, ao falar sobre o pai e a sua ligação com o tráfico negreiro, já em 1694:

> Teve então ideia de meter-se no negócio de escravos; obteve privilégio, armou um navio, e transportou africanos para o Brasil. Foi a parte da vida que mais lhe custou; mas afinal acostumou-se às tristes obrigações de um navio negreiro. Acostumou-se, e enfarou-se, que era outro fenômeno na vida dele. Enfarava-se dos ofícios.[641]

É perceptível a importância da literatura para a transmissão de conhecimento e, por vezes, de fatos históricos. Em 1859, em seu romance "Úrsula", primeiro romance abolicionista brasileiro[642], Maria Firmina dos Reis narrou a cruel viagem nos tumbeiros, em um trecho forte e emocionante do livro:

> Meteram-me a mim e a mais trezentos companheiros de infortúnio e de cativeiro no estreito e infecto porão de um navio. Trinta dias de cruéis tormentos, e de falta absoluta de tudo quanto é mais necessário à vida passamos nessa sepultura até que abordamos às praias brasileiras. Para caber a mercadoria humana no porão fomos amarrados em pé e para que não houvesse receio de revolta, acorrentados como os animais ferozes das nossas matas, que se levam para recreio dos potentados da Europa. Davam-nos a água imunda, podre e dada com mesquinhez, a comida má e ainda mais porca: vimos morrer ao nosso lado muitos companheiros à falta de ar, de alimento e de água. É horrível lembrar que criaturas humanas tratem a seus semelhantes assim e que não lhes doa a consciência de levá-los à sepultura asfixiados e famintos! Muitos não deixavam chegar

---

641 MACHADO DE ASSIS, op. cit., v.3, p. 72.

642 MUZART, Zahidé Lupinacci. *Uma pioneira*: Maria Firmina dos Reis. In: Maria Firmina dos Reis: faces de uma precursora. Rio de Janeiro: Malê, 2018, p. 28.

> esse último extremo – davam-se à morte. Nos dois últimos dias não houve mais alimento. Os mais insofridos entraram a vozear. Grande Deus! Da escotilha lançaram sobre nós água e breu fervendo, que nos escaldou e veio dar a morte aos cabeças do motim.[643]

O romance não foi assinado por ela, que apenas escreveu "uma maranhense". Alfredo Bosi inclusive defende que ela, por ser uma mulher, maranhense, letrada, livre, que viveu o período escravista, ao não assinar seu nome deve ter adotado a "compostura" vista por ele em certas atitudes de Machado de Assis. Isso porque, segundo Bosi, todo "afrodescendente que ocupa o espaço público e rompe os muros da cidade letrada, age desta forma[644]. Se em pleno século XXI seguimos na luta antirracista, no século XIX diversos homens e mulheres negras foram silenciados. Prova disso é que, somente em 1962, o romance de Firmina foi encontrado casualmente por Horácio de Almeida em um sebo[645].

Quase trinta anos depois da publicação de "Úrsula", Machado de Assis publica o conto "O imortal", e segue tratando da questão do tráfico de africanos em sua obra, ressaltando aqui o ano em que isso ocorreu, para demonstrar que não era algo que ocorreu apenas na época narrada na história. Ainda, cria uma personagem que entrou neste negócio por razões financeiras, percebeu a tristeza que era este sequestro de almas e, ainda assim, acabou se acostumando e se entediando.

3.8.14 – Vidros quebrados

Publicado n'A Estação em 1883, o conto aborda a religiosidade e o poder de um criador na vida da pessoa e, em um rápido trecho, já consegue mostrar a quem o lê sobre a crueldade da escravidão, ao falar de uma surra que uma escravizada tomou, aquele "demônio de negra", tão grave que ela "ficou em sangue".[646]

---

643 REIS, op. cit., p. 103.

644 BOSI apud DUARTE. Eduardo de Assis. *Maria Firmina, mulher de seu tempo e de seu país*. In: REIS, Maria Firmina dos. Ursula. Belo Horizonte: Editora PUC Minas. 2019, p. 15.

645 Ibid., p. 19.

646 MACHADO DE ASSIS, v.3, p. 122.

3.8.15 – Só

Este conto, publicado em 1885 na Gazeta de Notícias, traz um diálogo entre as personagens Bonifácio e Tobias que merece a transcrição:

> Bonifácio, um dos seus poucos familiares, perguntou-lhe um dia que prazer achava naquelas reclusões tão longas e absolutas; Tobias respondeu, que era o maior regalo do mundo.
>
> — Mas, sozinho! tanto tempo assim, metido entre quatro paredes, sem ninguém!
>
> — Sem ninguém, não.
>
> — Ora, um escravo, que nem sequer lhe pode tomar a bênção!
>
> — Não, senhor. Trago um certo número de ideias; e, logo que fico só, divirto-me em conversar com elas. Algumas vêm já grávidas de outras, e dão à luz cinco, dez, vinte e todo esse povo salta, brinca, desce, sobe, às vezes lutam umas com outras, ferem-se e algumas morrem; e quando dou acordo de mim, lá se vão muitas semanas.[647]

Bonifácio ao supor que Tobias se referia a um escravizado para dizer que não ficava sozinho, contestou, já que, para ele não era uma companhia, mas sim uma coisa. Tobias sequer se referia a um escravizado quando disse que tinha companhia: referia-se às suas ideias. Ele nem cogitou, nem se recordou que tinha um escravizado, já que este era "algo", uma coisa que estava ali para servi-lo. Caso não tivesse suas ideias, estaria desacompanhado. Esta é mais crítica de Machado ao regime escravista e ao modo pelo qual os escravizados eram vistos e tratados.

3.8.16 – Terpsícore

Publicado em 1886 na Gazeta de Notícias, o conto traz a história do casal Gloria e Porfírio, que veem o fim de seus problemas financeiros quando ganham na loteria.

Machado traz mais uma vez a questão do status social e do dinheiro em uma sociedade capitalista. Nisso, em um trecho, não hesita em mencionar os escravizados, que, na pirâmide social, eram aqueles que a sustentavam e que,

647 MACHADO DE ASSIS, op. cit., v.3, p. 179.

portanto, apenas trabalhavam.[648] Afinal, existe uma grande diferença entre viver e existir. Os escravizados apenas existiam – e resistiam.

3.8.17 – Jogo do bicho

O conto, publicado em 1904 no Almanaque Brasileiro Garnier, já traz no título o vício da personagem Camilo.

Uma das personagens, Germana uma "preta velha", teria sido a responsável pelo casamento em tão pouco tempo entre Camilo e Joaninha. Ele foi motivado pelo fato de que, se houvesse casório, ela os serviria sem que ele precisasse pagar qualquer quantia a Germana. E essa ideia de que "entrou por uma verba eterna no orçamento".[649]

A escravidão teria de fato acabado? Machado aqui traz esta questão, já que Germana trabalharia de graça e, como veremos ao longo do texto, seria tratada como se escravizada fosse.

3.9 – Sobre os contos lidos e analisados

Dos 87 contos presentes nas coletâneas, bem como nos 113 contos avulsos, que somados chegam a 200, podemos perceber que Machado aborda a temática da escravidão, em maior ou menor destaque e das mais variadas formas: utiliza o recurso da ironia, da moral, da sutleza e também da crítica mais expressa. Mesmo quando publicou em jornais ou revistas voltados à família ou ao público feminino, escreveu sobre o sistema escravista, não tentou maquiar a sociedade em que vivia, escrevendo apenas histórias de amor. Após uma análise da obra machadiana, sustentar que Machado não se posicionou ou que o fez de forma pontual em "O caso da vara" e "Pai contra mãe" é, no mínimo, não compreender o estilo literário do autor. Contos como "Mariana",

---

648 "Todos se divertiam; os mais reles sujeitos achavam um dia de festa; eles é que haviam de gastar os anos como se fossem escravos? E ainda ele, Porfírio, espairecia um pouco, via na rua uma coisa ou outra; ela, porém, o que é que via? Nada, não via nada; era só trabalho e mais trabalho". MACHADO DE ASSIS, op. cit., p. 239.

649 Ibid., p. 360.

"Um homem célebre", "O espelho" e "Verba testamentária" nos trazem um Machado que, desde o início de sua carreira literária, em nenhum momento deixou de se posicionar quanto à escravidão.

Conclusão

Ao longo dos anos, inúmeros foram os trabalhos que estudaram vida e obra de Machado de Assis. Seguramente, este não será o último trabalho que abordará a obra machadiana. Como bem escreveu José Candido de Carvalho, tenta-se excursionar por outros escritores, mas "um dia, sem mesmo querer, está de Machado de Assis em pauta".[650] Suassuna diz que, tal qual o morto de um de seus contos volta para zombar de todos, Machado com a sua obra – seu testamento – assim o faz.[651]

Acredito que estudar, analisar a obra machadiana é algo que não se esgota: seus escritos estarão sempre à espera das interpretações de quem atentamente os lê. No entanto, seria bom que não fosse mais preciso defender o posicionamento de Machado contra o regime escravista.

Silvio Romero, crítico fervoroso de Machado, sustentava que "todo escritor nacional na hora presente está carregado do imperioso dever de dizer toda a verdade a nosso povo."[652] Penso que, no tocante a um escritor de crônicas e fatos do cotidiano, de fato isso seria uma verdade. No caso de um autor ficcional, não seria criticável se este não escrevesse sobre fatos que aconteceram durante sua época – se assim desejou o escritor. No entanto, ao tomarmos como análise a obra ficcional machadiana, temos que ele sempre fez questão de deixar marcas do tempo em que viveu em cada uma delas. Quanto a este ponto, o de "dizer toda a verdade", Romero não poderia tecer qualquer crítica desfavorável a Machado.

Machado de Assis retratou em sua obra a sociedade da época, como pode ser verificado com a comparação com fatos e documentos históricos. Retratou a crueldade do regime legal da escravidão, a busca pela ascensão social de pessoas de origem humilde e a alta classe que nada fazia a não ser explorar a mão-de-obra de quem, na verdade, impulsionava a economia do Brasil.

---

650 GUIMARÃES, Hélio de Seixas; LEBENSTAYN, Ieda , op. cit., v.2, p. 295.

651 Ariano Suassuna. In: GUIMARÃES, Hélio de Seixas; LEBENSTAYN, Ieda, ibid., p. 353.

652 SCHWARZ, 2012, p. 188.

Alguns questionam – sem qualquer prova acerca do fato – que Machado não se lia como negro. É preciso diferençar o fato de não se ler como negro ou de passar-se como branco de não fazer "alarde sobre sua identidade racial"[653]. Ainda que ele não se posicionasse tal qual Luiz Gama, em poemas como "Quem sou eu", não há qualquer documento que ateste que ele relegava a sua cor. Ainda, jamais se omitiu diante da escravidão: quer em sua obra, quer em sua vida. Posicionou-se e "deixou um sem-número de pistas de como processou individualmente os limites impostos pela escravidão aos descendentes de africanos na sociedade brasileira"[654].

É inegável que a escravidão é um tema constante na obra de Machado de Assis, desde o seu primeiro romance. Em todos eles, assim como em grande parte de seus contos, os escravizados e escravizadas ou libertos são retratados, expondo assim o sistema escravista. É um número bastante expressivo, o que nos permite concluir que é por demais injusto mencionar o autor como um "homem que não se posicionava".

A respeito disso (de que Machado se calou quanto às questões da escravidão), muito se baseava em teorias de que ele tentava esconder suas origens e que, quando ascendeu socialmente, simplesmente apagou o fato de que era um homem negro. José Lins do Rego chegou ao ponto de dizer que ele deixou crescer uma barba para esconder seu prognatismo e os lábios grossos[655]. Ora, como esconder características físicas que todos já conheciam desde que ele, ainda adolescente, entrou no meio literário? Por que esconderia suas características quando já tinha uma carreira consolidada? Por que problematizar o fato de um homem deixar crescer a barba? Na época, era bastante comum o bigode e a barba e isto não era refutado quando feito por homens brancos. Quem tentou apagar, maquiar os traços estampados em sua face foi a sociedade. Afinal, a branquitude não conseguia conceber e acompanhar a trajetória totalmente ilibada e de sucesso de um homem negro, neto de escravizados, de origem humilde e esta ascensão social custa caro: "ele paga o preço do massacre mais ou menos dramático de sua identidade".[656]

653 PINTO, op. cit., p. 184.

654 Ibid., p. 184.

655 GUIMARÃES, Hélio de Seixas; LEBENSTAYN, Ieda , op. cit., v.2. p.140

656 SOUZA, Neusa Santos. Tornar-se negro. Rio de Janeiro: Graal. 1983, p. 18.

O abolicionista Joaquim Nabuco, por exemplo, ficou escandalizado com o fato de que José Veríssimo retratou Machado como "mulato". No entanto, ao ler a sua justificativa para "tamanho espanto", percebemos que era Nabuco quem tomava Machado por branco, que só via nele "o grego", que jamais escreveria "um romance mulato"[657] e que ele acreditava, supunha que era assim que Machado se via. Na leitura das duas biografias de Machado, não há qualquer evidência de que ele não se via como um homem negro.

Silvio Romero, crítico literário e defensor das teorias raciais[658] e, portanto, da superioridade branca em detrimento dos indígenas e negros, tecia argumentos extremamente grosseiros contra Machado, argumentos que ultrapassavam a esfera da literatura. Chamou o escritor de "tênia literária" e "ente infeliz", "oportunista e anacrônico"[659], mas possuía uma verdadeira fixação em Machado, sendo o primeiro a escrever uma obra sobre ele[660]. Criticava o fato de Machado não possuir diploma[661], de ser indiferente à paisagem brasileira e ao povo. As críticas ao homem negro eram fruto de seu racismo e compreensão de que mestiços seriam uma sub-raça.[662] Ao tecer sua crítica literária à obra machadiana, ele se manifesta neste sentido, com todas as letras: "Ele [Machado de Assis] é um dos nossos, um genuíno representante da sub-raça brasileira cruzada".[663] Mesmo reverberando a ideia de que existia uma raça

---

657 GUIMARÃES, Hélio de Seixas; LEBENSTAYN, Ieda , op. cit., v. 2. p. 108.

658 Guimarães destaca expressões racistas por ele utilizadas em sua crítica: "moléstia da cor", "nostalgia da alvura" e "superioridade da branquidade". GUIMARÃES, 2017, p. 19.

659 GUIMARÃES, 2017, p. 12.

660 Lançado em 1897, o estudo sobre Machado de Assis escrito por Romero tinha o intuito de tecer comparações entre Machado e Tobias Barreto, exaltando a suposta superioridade literária do segundo. Desnecessário dizer que a obra foi alvo de críticas e Romero chegou a chamar Machado de semideus: "É uma clava que costumo brandir contra certos semideuses cá da terra. O famoso Machado, a quem aliás não nego grande mérito, é um destes, e por isso atirei-lhe em cima do outro" (referindo-se a Tobias Barreto). MACHADO, op. cit., p. 335.

661 Ao longo da obra machadiana, percebemos que há inúmeros personagens que "possuem diploma", mas que passam a vida às custas do trabalho dos outros. De que adiantaria ter estudo no exterior e um diploma, afinal? Um homem poderia ser medido por conta disso? Romero, ao que parece, acreditava que sim.

662 Suas críticas pessoais infundadas eram isoladas e foram combatidas fortemente por nomes de peso como Antonio Candido, que o via como "verdadeira catástrofe do ponto de vista crítico. GUIMARÃES, 2017, p. 13.

663 ROMERO, Silvio. História da literatura brasileira (fragmentos) In: MACHADO DE ASSIS, op. cit., v.1, p. 21.

superior à outra, Romero se curva diante da escrita de Machado: "Mas em língua portuguesa ninguém, no gênero, se elevou tão alto quando Machado, nem no Brasil, nem em Portugal, convém afirmá-lo.[664]

Na verdade, Machado retirou a natureza do centro da narrativa e colocou o homem nesta posição.[665] Inclusive, criticava símbolos de entusiasmo e ufanismo e entendia que o texto deveria conter uma "carga subjetiva alimentada pelo comportamento de um povo e de uma nação".[666]

Machado ia na contramão de todas as teorias até então existentes, como o evolucionismo, o determinismo e o positivismo – tudo aquilo em que Romero acreditava. Parecia ser mesmo difícil de aceitar que um homem negro, de origem humilde e sem diploma, ascendesse socialmente e fosse reconhecido e respeitado ainda em vida por sua obra. Roberto Lyra, em um depoimento no ano de 1939, assim falou sobre Machado: "Trata-se de um mestiço, (...) e, apesar de tudo, foi Machado de Assis!"[667] Monteiro Lobato, escritor que defendia a eugenia e que lamentava a inexistência de uma Ku Klux Klan no Brasil, admirava a obra de Machado. Ao fato de este ser um "pardinho", de ter "a pele pigmentada em seu desfavor, por ser característica dos homens primitivos que os brancos caçavam nos kraals africanos",[668] o autor de "Negrinha" e "O presidente negro" justificava o porquê de sua admiração: Machado tinha "recebido a marca divina".[669] Admirava a obra e a genialidade do autor e nem isso o fazia desacreditar nas teorias raciais, muito pelo contrário: não poupava o escritor de comentários racistas acerca de sua cor.[670]

Araripe Junior teceu comentários negativos em torno da obra machadiana. No entanto, mudou de opinião ao longo dos anos, trazendo o seguinte questionamento retórico: Haveria alguém que pudesse dizer que as personagens de Machado não sejam o Brasil?[671]

664 Ibid., p. 24.

665 Alceu Amoroso Lima. GUIMARÃES, Hélio de Seixas; LEBENSTAYN, Ieda, op. cit., v.2. p. 203.

666 SOUZA, op. cit., p. 63.

667 GUIMARÃES, 2017, p. 155.

668 GUIMARÃES, Hélio de Seixas; LEBENSTAYN, Ieda , op. cit., v. 1. p. 317.

669 Ibid., p. 317.

670 Ibid., pp. 314-322.

671 GUIMARÃES, 2017, p. 38-43.

O argumento de que Machado não se posicionava quanto à questão da escravidão, por inexistirem textos explícitos a favor dos escravizados, foi refutado ao longo deste trabalho, através da minuciosa análise de cada um de seus romances e de seus duzentos contos.

Em todos os seus romances e em grande parte de seus contos a questão foi tratada. O escritor tratava seus leitores como pessoas que perceberiam o que estava nas linhas e nas entrelinhas. Sua escrita jamais foi superficial, ou seja, sem profundidade nos temas que abordava. É certo que literatura panfletária não era o seu estilo. Usava e abusava da ironia, da escrita que despertava reflexões ao leitor atento e dialogava ao longo dos textos através do narrador, apontando questões importantes de sua época, como política, ciência, escravidão e religião.

Críticas não precisam ser necessariamente feitas de maneira expressa, escancarada. O ditado popular, "para bom entendedor, meia palavra basta" aqui se encaixa como uma luva. Chalhoub, a respeito da obra machadiana, assim a compreende:

> A contemporaneidade e a universalidade de Machado de Assis residem na agudeza e na complexidade de sua visão sobre a sociedade em que viveu. A sua obra exprime a agonia de quem não acabava de entender, ou se revoltava ao ver o sentido do que pensava entender, por isso tem o poder de desestabilizar a experiência do leitor hodierno diante de sua própria história.[672]

É no mínimo leviano sustentar que Machado não criticou a escravidão. Quer de forma mais sutil, quer de forma mais aberta, fato é que, ao longo de sua trajetória literária, o autor sempre trouxe o tema para suas histórias ficcionais da forma mais realista possível. É certo que em alguns contos e romances o peso dado ao tema é maior, mas isto não quer dizer que nos outros não retratou e denunciou o problema. Ainda quando a trama girava em torno de questões do coração, com uma mocinha, desilusões amorosas e reviravoltas, os escravizados foram retratados sem qualquer tipo de romantização, mas sim de forma nua e crua e de maneira crítica ao sistema.

672 CHALHOUB, 2012, p. 31.

Por ser um homem negro Machado só deveria ter criado personagens principais que ascendem socialmente que tivessem cor idêntica à dele?[673] Este é um dos fracos argumentos a quem defende sua apatia à escravidão. Machado escrevia sobre a sociedade da época e trouxe inúmeras reflexões em cada um de seus textos, já que, ao retratar a cruel sociedade do Brasil oitocentista, posicionou-se contra o regime servil.

Impossível concordar com o argumento de David Bookshaw, que entende que o autor "nunca se preocupou com o problema racial e raramente abordou questões referentes à escravidão, cuja abolição ocorreu enquanto ele ainda estava vivo."[674]

Como dito acima, é preciso compreender que literatura crítica não se confunde com literatura panfletária. De fato, não há nada de panfletário na obra de Machado, que deixava ao leitor e leitora a missão de compreender o que foi dito – e não dito também -, por vezes de maneira expressa, por vezes nas entrelinhas.

Michael Wood indagou em um artigo se a obra machadiana seria uma voz e, se caso fosse, de quem seria.[675] Pedro Monteiro escreve que "a história deixa de ser pano de fundo para fornecer as chaves que permitem romper a criptologia do texto machadiano".[676] Os acontecimentos históricos – e aqui evidentemente que se incluem o processo de elaboração e promulgação das leis – permeiam a obra machadiana. Por isso, muitas vezes é necessário o seu conhecimento para a total compreensão (decodificação) do texto. Como exemplo, temos a menção à lei do ventre livre, à guerra do Paraguai, à abolição e à queda da monarquia. Machado não era um escritor que dava a seus leitores seu pensamento de forma "mastigada", muito pelo contrário. Talvez por isso, assim como Stendhal (autor que ele conhecia e lia[677]), escrevia para um leitor que ainda não existia. Estava à frente do seu tempo,[678] deslocado daquele momento em que vivia.[679]

---

673 SALGUEIRO, Maria Aparecida Ferreira de Andrade. *Machado de Assis* – um olhar aguçado sobre a identidade brasileira do século XIX. In: ROCHA, op. cit., p. 301.

674 Ibid., p. 302.

675 WOOD, Michael. *Um mestre entre ruínas*. In: ROCHA, op. cit., p. 323.

676 MONTEIRO, Pedro Meira. Os sonhos do Conselheiro. In: ROCHA, op. cit., p. 476.

677 GUIMARÃES, Hélio de Seixas; LEBENSTAYN, Ieda, op. cit., v. 2. p. 68.

678 SCHWARZ. 2012, p. 190.

679 GUIMARÃES, Hélio de Seixas; LEBENSTAYN, Ieda, op. cit., v. 2. p. 17.

Isto não quer dizer que não se preocupava com as questões de sua época e que não as retratava, com os seus posicionamentos na vida literária: "sua fórmula narrativa atende meticulosamente às questões ideológicas e artísticas do Oitocentos brasileiro, ligadas à posição periférica do país".[680]

Em uma entrevista de Tony Tornado para o documentário "Simonal – Ninguém sabe o duro que eu dei", ele disse que o sucesso do cantor incomodava, justamente por ser negro[681]. Machado de Assis, um intelectual negro em meio a um mar de homens de elite brancos, também incomodava aos adeptos das teorias raciais. Tempos depois, nomes como Graciliano Ramos e Carlos Drummond de Andrade, que repudiaram o "endeusamento" do escritor,[682] um velho escritor de falsas lições.[683] Ramos afirmava que ele escrevia para poucos leitores, que nunca seria um artista popular.[684] Até hoje é uma (infeliz) verdade: em um país racista em que impera o mito da democracia racial, em que, a cada vinte e três minutos um jovem negro morre, em que se apagam figuras negras importantes de nossa história, como vão admitir que o maior escritor de todos os tempos foi um homem negro?

Assim como Machado, muitos homens e mulheres negros foram apagados (ou sofreram tentativas) de nossa história. Como bem disse Benjamin Costallat, não se pode esperar que do morro desçam gênios literários como Machado, em uma constante frequência. É preciso que se "crie atmosfera própria para a germinação dessas flores".[685] É certo que na senzala havia diversas flores e que da lama surgem os diamantes. Machado "aconteceu" em um país que não lhe deu qualquer probabilidade de ascensão social.[686] Ainda assim, mesmo ascendendo e tendo o respeito de seus pares à época, até hoje há quem tente embranquecer o escritor, diminuir a importância de sua obra ou gritar a plenos pulmões que ele não escreveu sobre questões raciais. É preciso que

680 SCHWARZ, 2012, p. 241.

681 Documentário disponível em: https://www.youtube.com/watch?v=ItVY5xs3_VM. Acesso em: 15 set. 2020.

682 GUIMARÃES, Hélio de Seixas; LEBENSTAYN, Ieda , op. cit., v. 2, p. 17.

683 Ibid., p. 18.

684 Ibid., p. 60.

685 GUIMARÃES, Hélio de Seixas; LEBENSTAYN, Ieda , op. cit., v. 2, p. 80.

686 Ibid., p. 95.

se lute por uma sociedade antirracista, em que a genialidade de Machado seja respeitada e que não seja uma exceção fruto do racismo estrutural.

Rachel de Queiroz tentou invalidar os feitos de Machado, ao dizer que foi um homem que venceu, mas que não se posicionava e que "o mérito real está na luta e não na vitória".[687] Machado foi um grande crítico do regime escravista, um homem que feriu a fundo os escravistas da época e que se posicionou a favor da libertação dos escravizados.[688] Ele escolheu, em seus textos, "enfatizar o sofrimento que a escravidão causava aos escravos, ao mesmo tempo em que reconhecia os fortes interesses sociais a ela associados".[689]

Ao mencionar José de Alencar, Machado disse, em 1897, que "nenhum escritor teve em mais alto grau a alma brasileira". Ouso discordar, concordando aqui com Astrojildo Pereira: esta crítica de Machado melhor caberia a ele próprio. Segundo Pereira, Machado de Assis é, "o mais universal dos nossos escritores, (...) também o mais nacional, o mais brasileiro de todos". Isso porque, "outros escritores terão mostrado mais paisagem brasileira, nenhum outro mostrou mais profundamente o homem brasileiro", [690] já que, segundo Lucia Miguel Pereira, sua obra reflete "o meio social do Império e dos primeiros anos da República".[691]

Machado posicionou-se sobre a escravidão em todos os ramos de sua vida profissional: nos escritos ficcionais e não ficcionais e no trabalho no Ministério de Agricultura. Sua arma contra a escravidão foi a força de sua pena. Nas palavras de Silviano Santiago,

> Como intelectual consciente e probo, espírito crítico dos mais afilados, perscrutador impiedoso da alma cultural brasileira, Machado de Assis assinala ironicamente nossos defeitos. Mas este é um engajamento bem mais profundo e responsável do que o que se pediu arbitrariamente a Machado

---

687 Ibid., v.2. p.173.

688 José Magno Ribeiro da Silveira. In: GUIMARÃES, Hélio de Seixas; LEBENSTAYN, Ieda, ibid., v.2. pp.177-178.

689 CHALHOUB, 2003, p. 162.

690 PEREIRA, Astrojildo. *Machado de Assis, romancista do Segundo Reinado* (fragmentos). In: MACHADO DE ASSIS, op. cit., v.1, p. 37.

691 PEREIRA, Lúcia Miguel. *Prosa de ficção*: de 1870 a 1930 (fragmentos). In: MACHADO DE ASSIS, op. cit., p. 66.

> de Assis. E pensar que se pode falar da filosofia de Machado acreditando que a base de suas ideias se encontrava no 'ressentimento mulato'.[692]

Machado de Assis, no artigo "O passado, o presente e o futuro da literatura", publicado em 1858 n'A Marmota, bem antes de publicar seu primeiro romance, já nos indicava seu pensamento a respeito do literato e de que posicionamento este deveria ter em nossa sociedade: "no estado atual das coisas, a literatura não pode ser perfeitamente um culto, um dogma intelectual e o literato não pode aspirar a uma existência independente, mas sim tornar-se um homem social, participando dos movimentos da sociedade em que vive e de que depende"[693].

Logo em seu romance de estreia de 1872, Ressurreição, Machado fala da importância de amar, seja de que maneira for: "Cada qual sabe amar a seu modo; o modo, pouco importa; o essencial é que saiba amar". Parafraseando o grande escritor, cada um luta a seu modo, com diferentes armas. O importante é que se tenha consciência da importância da luta e que assim o faça.

---

692 SANTIAGO, Silviano. Uma literatura nos trópicos: ensaio sobre dependência cultural. Rio de Janeiro: Rocco. 1996, p. 46.

693 MACHADO DE ASSIS apud PINTO, Ana Flávia Magalhães. *Escritos de liberdade*: literatos negros, racismo e cidadania no Brasil oitocentista. São Paulo: Unicamp. 2018, p. 146.

Referências

ANDRADE, Mario de. **Aspectos da literatura brasileira**. São Paulo: Martins. 1974

ASSIS, Machado de. **Dom Casmurro.** São Paulo: Panda Books. 2019.

ASSIS, Machado de. **Memórias Póstumas de Brás Cubas.** São Paulo: Panda Books. 2018.

ALBUQUERQUE, Wlamyra. **O jogo da dissimulação**: abolição, raça e cidadania no Brasil. São Paulo: Companhia das Letras, 2009.

ALENCAR, José de. **Cartas a favor da escravidão**. São Paulo: Hedra, 2008.

ALMEIDA, Silvio Luiz de. **Racismo estrutural.** São Paulo: Sueli Carneiro; Pólen. 2019. Coleção Feminismos plurais.

ARAUJO, Patricia Vargas Lopes de. **Os festejos de entrudo no século XIX**. Textos escolhidos da cultura e arte populares. v.8, n.2, nov. 2011.

ARBEX, Daniela. **Holocausto brasileiro.** São Paulo: Geração editorial. 2013.

AZEVEDO, Elciene. **O direito dos escravos**. São Paulo: Unicamp, 2010.

AZEVEDO, Elciene. **Orfeu de Carapinha**: a trajetória de Luiz Gama na imperial cidade de São Paulo. São Paulo: Unicamp. 1999

AZEVEDO, Sílvia Maria; DUSILEK, Adriana; CALLIPO, Daniela Mantarro (orgs.). **Machado de Assis**: crítica literária e textos diversos. São Paulo: Unesp. 2013.

BARBOSA, Francisco de Assis. **A vida de Lima Barreto**. 7. ed. Rio de Janeiro: José Olympio: INLMEC, 1988.

BRASIL. **Alvará de 26 de Janeiro de 1818**. Estabelece penas para os que fizerem comércio proibido de escravos. Disponível em: http://bd.camara.gov.br/bd/bitstream/handle/bdcamara/18332/colleccao_leis_1818_parte1.pdf?sequence=1.

BRASIL. **Constituição estadual do Ceará (1989).** Emenda Constitucional n. 73 de 01 de dezembro de 2011. Institui o dia 25 de março como data magna no Estado do Ceará. Disponível em: https://www.ceara.gov.br/wp-content/uploads/2017/03/Const-2015-260-200-Atualizada-emenda-86-4.pdf.

BRASIL. **Decreto 1695 de 15 de setembro de 1869.** Prohibe as vendas de escravos debaixo de pregão e em exposição publica. Disponível em: https://www2.camara.leg.br/legin/fed/decret/1824-1899/decreto-1695-15-setembro-1869-552474-publicacaooriginal-69771-pl.html

BRASIL. **Decreto 3.725-A, de 06 de novembro de 1866.** Concede liberdade gratuita aos escravos da Nação designados para o serviço do exército. Disponível em: https://www2.camara.leg.br/legin/fed/decret/1824-1899/decreto-3725-a-6-novembro-1866-554505-publicacaooriginal-73127-pe.html.

BRASIL. **Lei de 16 de dezembro de 1830.** Manda executar o Código Criminal. Disponível em: http://www.planalto.gov.br/ccivil_03/leis/lim/lim-16-12-1830.htm

BRASIL. **Lei n. 4 de 10 de junho de 1835**. Determina as penas com que devem ser punidos os escravos, que matarem, ferirem ou commetterem outra qualquer offensa physica contra seus senhores, etc.; e estabelece regras para o processo. Disponível em: http://www.planalto.gov.br/ccivil_03/leis/lim/LIM4.htm

BRASIL. **Decreto n. 6.853, de 15 de maio de 2009.** Aprova o Estatuto e o Quadro Demonstrativo dos Cargos em Comissão e das Funções Gratificadas da Fundação Cultural Palmares - FCP, e dá outras providências. Disponível em: http://www.planalto.gov.br/ccivil_03/_Ato2007-2010/2009/Decreto/D6853.htm.

BRASIL. **Lei n. 581 de 04 de setembro de 1850.** Estabelece medidas para a repressão do tráfico de africanos neste Império. Disponível em: http://www.planalto.gov.br/ccivil_03/leis/lim/LIM581.htm

BRASIL. **Lei n. 2.040, de 28 de setembro de 1871**. Declara de condição livre os filhos de mulher escrava que nascerem desde a data desta lei, libertos os escravos da Nação e outros, e providencia sobre a criação e tratamento daqueles filhos menores. Disponível em: http://www.planalto.gov.br/ccivil_03/leis/lim/lim2040.htm.

BRASIL. **Lei n. 3270 de 28 de setembro de 1885**. Regula a extinção gradual do elemento servil. Disponível em: http://www.planalto.gov.br/ccivil_03/leis/lim/LIM3270.htm.

BRASIL. **Lei n. 3353, de 13 de maio de 1888**. Declara extinta a escravidão no Brasil. Disponível em: http://www.planalto.gov.br/ccivil_03/leis/lim/LIM3353.htm.

BROOKSHAW, David. **Raça e cor na literatura brasileira**. Tradução de Marta Kirst. Porto Alegre: Mercado aberto, 1983.

CALDWELL, Helen. **O Otelo brasileiro de Machado de Assis**: um estudo de Dom Casmurro. São Paulo: Ateliê Editorial. Tradução de Fabio Fonseca de Melo. 2008.

CAMPELLO, Andre Barreto. **Manual jurídico da escravidão**. São Paulo: Paco editorial, 2018.

CANDIDO, Antonio. **A educação pela noite e outros ensaios**. São Paulo: Ática, 1987

CANDIDO, Antonio. **Vários escritos**. 3.ed.rev. e ampl. São Paulo: Duas Cidades, 1995.

CASTRO, Hebe Maria Mattos de. **Das cores do silêncio**: os significados da liberdade no sudeste escravista – Brasil, século XIX. São Paulo: Editora da Unicamp, 2010.

CHALHOUB, Sidney; NEVES, MARQUES, Vera Regina Beltrão; SAMPAIO, Gabriela dos Reis; SOBRINHO, Carlos Roberto Galvão. **Artes e ofícios de curar o Brasil.** São Paulo: Unicamp. 2016.

CHALHOUB, Sidney. **A força da escravidão**: ilegalidade e costume no Brasil escravista. São Paulo: Companhia das Letras. 2012

CHALHOUB, Sidney; NEVES, Margarida de Souza; PEREIRA, Leonardo Afonso de Miranda (orgs.). **História em cousas miúdas.** São Paulo: Unicamp. 2011.

CHALHOUB, Sidney. **Machado de Assis, historiador.** São Paulo: Companhia das letras. 2003.

CHALHOUB, Sidney. **Visões de liberdade**: uma história das últimas décadas da escravidão na corte. São Paulo: Companhia de Bolso, 2011.

DEIAB, Rafaela de Andrade. **A mãe preta na literatura brasileira**: a ambiguidade como construção social (1880-1950). Dissertação de mestrado em antropologia, USP, São Paulo, setembro, 2006.

DUARTE, Eduardo de Assis. **Machado de Assis afrodescendente.** São Paulo: Pallas. 2009.

DUARTE, Constância Lima; TOLENTINO, Luana; BARBOSA, Maria Lúcia; COELHO, Maria do Socorro Vieira (orgs.). **Maria Firmina dos Reis**: faces de uma precursora. Rio de Janeiro: Malê, 2018.

FARIAS, Virna L. Cunha de. **Machado de Assis na imprensa do século XIX** – práticas, leitores e leituras. São Paulo: Paco editorial, 2016.

FERNANDES, Florestan. **A integração do negro na sociedade de classes:** ensaio de interpretação sociológica, 2 vols. São Paulo: Globo, 1965.

FERREIRA, Ligia Fonseca. **Luiz Gama**: um abolicionista leitor de Renan. São Paulo: Estudos Avançados, vol. 21, n. 60, 2007.

FLORENTINO, Manolo; GÓES, José Roberto. **A paz nas senzalas**: famílias escravas e tráfico atlântico, Rio de Janeiro, c. 1790- c. 1830. São Paulo: Unesp. 2017.

FLORENTINO, Manolo. **Em costas negras**: uma história do tráfico de escravos entre a África e o Rio de Janeiro (séculos XVIII e XIX). São Paulo: Unesp. 2014.

FREIRE, Paulo. Pedagogia do oprimido. Rio de Janeiro/São Paulo: Paz e terra. 68 ed. 2019.

GATO, Matheus. **O massacre dos libertos: sobre raça e República no Brasil (1888-1889)**. São Paulo: Perspectiva. 2020.

GOMES, Heloisa Toller. **As marcas da escravidão**. Rio: Editora UFRJ/ EDUERJ, 1994.

GOMES, Flavio; SCHWARCZ, Lilia Moritz. (org.). **Dicionário da escravidão e liberdade.** São Paulo: Companhia das letras, 2018.

GOMES, Laurentino. **Escravidão: do primeiro leilão de cativos em Portugal até a morte de Zumbi dos Palmares.** Rio de Janeiro: Globo Livros, 2019. v. 1.

GONZALEZ, Lélia. **Por um feminismo afro latino americano.** RIOS, Flavia; LIMA, Marcia (orgs.). Rio: Zahar. 2020.

GRAHAM, Maria. **Diário de uma viagem ao Brasil.** São Paulo: Brasiliana, 1956.

GUIMARÃES, Hélio de Seixas; LEBENSTAYN, Ieda (orgs.). **Escritor por escritor:** Machado de Assis segundo seus pares 1908-1939. São Paulo: Imprensa Oficial. 2019. v.1

GUIMARÃES, Hélio de Seixas; LEBENSTAYN, Ieda (orgs.). **Escritor por escritor:** Machado de Assis segundo seus pares 1959-2008. São Paulo: Imprensa Oficial. 2019. v.2.

GUIMARÃES, Hélio de Seixas. **Machado de Assis, o escritor que nos lê.** São Paulo: Unesp. 2017.

HOOKS, bell. **Teoria feminista - da margem ao centro**. São Paulo: Perspectiva. 2019. (Palavras negras).

HUNGRIA, Nelson. **Comentários ao Código Penal**. Vol. VIII. 3 ed. Rio de Janeiro: Forense. 1956.

JACOBS, Harriet Ann. **Incidentes na vida de uma menina escrava**. São Paulo: Todavia. 2019.

KILOMBA, Grada. **Memórias da Plantação** – episódios de racismo cotidiano. São Paulo: Cobogó. 2020.

KOUTSOUKOS, Sandra Sofia. **Negros no estúdio do fotógrafo**. São Paulo: Unicamp, 2010.

MACHADO, Ubiratan. **Dicionário de Machado de Assis.** São Paulo: Imprensa Oficial do Estado de São Paulo; Rio: Academia Brasileira de Letras; Lisboa: Imprensa Nacional. 2 ed. 2021.

MARCHELLI, Paulo Sergio. **As minorias alfabetizadas no final do período colonial e sua transição para o império**: um estudo sobre a história social e educação no Brasil. Educação Unisinos. Rio Grande do Sul. v.10. n. 3. pp. 187-202. set-dez. 2006.

MASSA, Jean-Michel. **A juventude de Machado de Assis, 1839-1870**: ensaio de biografia intelectual. 2 ed. São Paulo: Unesp. 2009.

MATTOS, Hebe Maria. Políticas de reparação e identidade coletiva no meio rural: Antônio Nascimento Fernandes e o quilombo São José. Revista Estudos Históricos, Rio de Janeiro, v. 1, n. 37, p. 167-189, jan. 2006.

MATTOSO, Katia de Queiros. **Ser escravo no Brasil.** 2 ed. São Paulo: Braziliense, 1988.

MAZZOCCO, Phillip J; GREEN, Melanie C. **Narrative Persuasion in Legal Settings**: What's the story?". American society of trial consultants, may 2011.

MENDONÇA, Joseli Maria Nunes Mendonça. **Entre a mão e os anéis.** São Paulo: Unicamp, 1999.

MERQUIOR, José Guilherme. **De Anchieta a Euclides**: breve história da literatura brasileira - *I*. 4 ed. São Paulo: É Realizações, 2014.

MOREIRA, Adilson. **Racismo recreativo.** São Paulo: Sueli Carneiro; Pólen. 2019. Coleção Feminismos plurais.

NASCIMENTO, Abdias. **O genocídio do negro brasileiro** – Processo de um racismo mascarado. São Paulo: Perspectiva. 2017.

NOGUEIRA, Sidnei. **Intolerância religiosa.** São Paulo: Sueli Carneiro; Pólen. 2020. Coleção Feminismos Plurais.

NUNES, Benedito. **O tempo da narrativa.** Série fundamentos. São Paulo: Ática. 1988.

PENA, Eduardo Spiller. **Pajens da Casa Imperial**: jurisconsultos, escravidão e a lei de 1871. São Paulo: Unicamp, 2001.

PEREIRA, Lucia Miguel. Machado de Assis: estudo crítico e biográfico. Brasília: Edições do Senado Federal. 2019.

PINTO, Ana Flávia Magalhães. **Escritos de liberdade**: literatos negros, racismo e cidadania no Brasil oitocentista. São Paulo: Unicamp. 2018.

PIROLA, Ricardo Figueiredo. **Senzala insurgente**: malungos, parentes e rebeldes nas fazendas de Campinas (1832). São Paulo: Unicamp, 2011.

PROENCA FILHO, Domício. **A trajetória do negro na literatura brasileira**. Estudos avançados, São Paulo, v.18, n.50, pp. 161-193. abr. 2004. Disponível em <http://www.scielo.br/scielo.php?script=sci_arttext&pid=S0103-40142004000100017&lng=pt&nrm=iso>.

REIS, João José. **Ganhadores**: A greve negra de 1857 na Bahia. São Paulo: Companhia das Letras. 2019 v

REIS, Maria Firmina dos. **Úrsula.** Belo Horizonte: Editora PUC Minas. 2019, p. 15.

RICOEUR, Paul. **A memória, a história, o esquecimento.** São Paulo: Unicamp, 2007.

ROCHA, João Cezar de Castro (org). **Machado de Assis lido e relido.** São Paulo: Unicamp. 2016.

SANTIAGO, Silviano. **Uma literatura nos trópicos**: ensaios sobre dependência cultural. Rio: Rocco. 1996.

SCHWARCZ, Lilia Moritz. **Nem preto, nem branco, muito pelo contrário: cor e raça da sociabilidade brasileira.** São Paulo: Claro Enigma, 2012.

SCHWARCZ, Lilia Moritz. **O espetáculo das raças**: cientistas, instituições e questão racial no Brasil – 1870-1930. São Paulo: Companhia das Letras, 2016.

SCHWARZ, Roberto. **Ao vencedor as batatas.** São Paulo: Editora 34. 6 ed. 2017. Coleção Espírito Crítico.

SCHWARZ, Roberto. **Um mestre na periferia do capitalismo.** São Paulo: Editora 34. 5 ed. 2012. Coleção Espírito Crítico.

SELA, Eneida M.M. **Modos de ser, modos de ver**: viajantes europeus e escravos africanos no Rio de Janeiro (1808-1850). São Paulo: Unicamp, 2008.

SHUCMAN, Lia Vainer. **Entre o encardido, o branco e o branquíssimo**: branquitude, hierarquia e poder na cidade de São Paulo. São Paulo: Annablume. 2015.

SHECAIRA, Fábio Perin. **Direito e literatura.** Curitiba: Alteridade. Coleção Direito, retórica e argumentação. v.5. 2019.

SILVEIRA, Daniela Magalhães da. **Fábrica de contos**: ciência e literatura em Machado de Assis. São Paulo: Unicamp. 2010.

SLENES, Robert. **Na senzala, uma flor**: esperanças e recordações na formação da família escrava. 2 ed. São Paulo: Unicamp, 2011.

SOARES, Carlos Eugênio Líbano. **A capoeira escrava** e outras tradições rebeldes no Rio de Janeiro (1808-1850). São Paulo: Unicamp. 2020

SONTAG, Susan. **Diante da dor dos outros.** São Paulo: Cia das Letras, 2003.

SOUSA, Neusa Santos. **Tornar-se negro.** Rio: Zahar. 2021.

SOUZA, Josuelene da Silva. **Narrador e leitor machadianos**: figurações em Memórias Póstumas de Brás Cubas. Curitiba: Appris. 2018.

SOUZA, Neusa Santos. **Tornar-se negro**. Rio de Janeiro: Graal. 1983.

TEIXEIRA, Juliana. **Trabalho doméstico**. São Paulo: Sueli Carneiro; Jandaíra. 2021.

TRIPOLI, Mailde Jerônimo. **Imagens, máscaras e mitos**: o negro na obra de Machado de Assis. São Paulo: Unicamp. 2006.

THOMSON-DEVEAUX, Flora. **Nota sobre o calabouço**: Brás Cubas e os castigos aos escravos no Rio. Revista Piauí, edição 140, mai. 2018.

VERGÉS, Françoise. **Um feminismo decolonial**. São Paulo: Ubu editora. 2020

WILLIAM, Rodney. **Apropriação Cultural.** São Paulo: Sueli Carneiro; Pólen. 2019. Coleção Feminismos plurais.

Posfácio

Thiago Celli Moreira de Araujo[694]

O livro que o estimado leitor tem em mãos é resultante de um projeto que acompanho há tempos, desde quando era somente um entre tantos outros lampejos de interesse, natural e espontaneamente estimulados pelo formidável universo machadiano – universo este que, diga-se de passagem, a autora domina com notável erudição. No entanto – e todos os que têm algum contato com escritores hão de reconhecer –, o acesso a esboços preliminares, rascunhos, ou mesmo a provas de alguns capítulos, nunca nos prepara plenamente para o produto final, que, neste caso, é admirável.

A despeito de todo o merecido prestígio de que goza o escritor máximo da literatura brasileira, não são poucas as controvérsias que enovelaram o nome de Machado de Assis. De caráter vário, aquela que acabou despertando a atenção da autora foi a que lhe pareceu tão equívoca quanto injusta: a hipótese, levantada por Lucia Miguel Pereira (entre outros), de que Machado de Assis teria assumido uma postura absenteísta, omitindo-se politicamente em face das mazelas da escravidão – hipótese que soa ainda mais grave por se tratar de autor negro, neto de alforriados.

Nutro uma profunda admiração por Lucia Miguel Pereira (1901-1959), desde que me calhou de encontrar, em um café e sebo, no centro do Rio de Janeiro, o seu "Machado de Assis: Estudo Crítico e Biográfico", revelador de uma prodigiosa pesquisadora, e o seu "História da Literatura Brasileira: Prosa de Ficção (de 1870 a 1920)", testemunho de rigor analítico e sensibilidade estética. Ainda assim, adiro desembaraçadamente à posição do presente livro: não há que falar em absenteísmo, neutralidade ou omissão de Machado de Assis no que concerne à escravidão.

---

694 Doutorando em Criminologia e Direito Penal (UERJ), Mestre em Direito (UFRJ), Mestre em Sociologia (IUPERJ), Graduado em Direito (UCAM).

Todavia, como se sabe, a mera discordância não é suficiente: é imprescindível argumentar com base nas evidências disponíveis. E assim foi feito. Em se tratando de um protagonista da estatura de um Machado, bastou deixar que seu próprio texto falasse por si. A autora, então, fez um esforço surpreendente, percorrendo uma vastíssima parcela do *opus* machadiano, investigando, com rigor e competência, as páginas deste incontornável mestre da periferia do capitalismo.

Isto posto, estou certo de que o livro não é apenas recomendado aos interessados na controvérsia mencionada, de modo específico, ou nos rumos da pesquisa erudita na interface jurídico-literária, de modo mais abrangente. Em prosa límpida e cristalina, produziu-se um livro que é perfeitamente indicado, também, aos não iniciados; uma defesa apaixonada e objetivamente embasada, sem incorrer em soberba ou jargão – vícios quase instintivos no âmbito jurídico. De fato, é como se a autora nos tomasse pela mão e conduzisse, calma, atenta e pedagogicamente, pela obra machadiana, com os cuidados típicos de quem, despida de pedantice ou arrogância, preocupa-se em ser entendida, e justamente por isso opta por construir pontes, e não erguer muros. Por isso, afirmo sem pestanejar: este é um livro para *todos*.

Além do mais, estou convicto de que a autora acaba entregando mais do que promete: não apenas refuta, com forte respaldo nas fontes primárias, a hipótese levantada pela eminente biógrafa e crítica literária. Através do caminho teórico-metodológico escolhido, compôs um trabalho modelar de direito *na* literatura, uma vez que se manteve atenta ao fato de que tanto o direito quanto a literatura não existem no vácuo – ambos emanam de uma determinada formação sócio-histórica, que nos fornece a "costura", por assim dizer, para uma análise enriquecida e complexificada dos fenômenos. Debruçar-se sobre a obra deste realista impenitente é, ao fim e ao cabo, (re)encontrar-se com o Brasil, enfrentando todas as nossas contradições mais elementares. Afinal, venhamos e convenhamos: nenhum país passa impunemente por quatro séculos de latifúndio e escravidão.

A bem da verdade, no curso das últimas décadas, marcadas por uma profunda aceleração no desenvolvimento das forças produtivas, com todas as consequências que tal fato comporta, não é de admirar que Machado venha sendo paulatinamente inserido no imenso conjunto dos clássicos não lidos, o que é uma lástima. Compreende-se bem a relutância dos mais jovens. Com uma parcela significativa das relações sociais ocorrendo em meio virtual, onde impera a celeridade na comunicação, restringindo-se a linguagem escrita a um pequeno número de toques, é natural que a belicosidade impeça a mais singela tentativa de reflexão.

Este parece ser, afinal, um dos mais importantes desafios do nosso tempo histórico: como compatibilizar a leitura dos clássicos com as novas formas de sociabilidade? Como fazer com que um adolescente, que dispõe de uma quantidade infinita de informação a alguns cliques de distância, ao ponto de parecer umbilicalmente ligado ao seu *smartphone*, aceite deixar tudo isso de lado, ainda que por um curto período, e leia um clássico do século XIX? Penso que a autora contribui com uma importante mediação, elaborando um texto que serve, inclusive, como introdução à obra machadiana.

Ainda assim, é preciso que se diga que a leitura de tal obra pode ser uma experiência extremamente prazerosa, ao contrário do que as novas gerações poderiam supor. Por óbvio, qualquer artista que se preze persegue o belo (o termo que, em Estética, traduz o perfeito), mas apenas um artista extraordinário é capaz de fazer de sua obra um instrumento de apropriação do mundo, da vida social, naquilo que há de mais fundamental. Ao lermos Machado de Assis, não apenas nos apropriamos do Brasil de finais do século XIX, mas também podemos compreender, de um modo muito mais profundo, o nosso próprio tempo. Este me parece ser, aliás, um dos maiores indicadores da genialidade de Machado de Assis: à medida que o tempo passa, ele parece rejuvenescer – e nós decididamente não estamos à sua altura.

O que Lucia Miguel Pereira não compreendeu – e este é o núcleo-duro deste livro – é que para ser um crítico radical não é necessário ser panfletário. Sempre elegante e dono de uma fina ironia, Machado retrata a corte carioca de seu tempo, protagonizando boa parte de seus escritos com membros das classes mais abastadas, de sorte que o trabalho aparece apenas residualmente, porquanto atividade circunscrita à escravaria. Se fizermos uma leitura rigorosa, observaremos uma estrutura social erigida à base da exploração, favorecedora de uma classe parasitária, que se apropria da integralidade do valor produzido por homens e mulheres escravizados, reduzidos, portanto, à condição de coisas.

Onde a condição de sujeito é alicerçada na objetificação do outro, não é de espantar que mesmo aqueles que sofreram na própria carne as barbaridades do escravismo não estejam livres de reproduzir, quando alforriados, comportamentos análogos àqueles de seus ex-senhores, no trato com outros escravizados. Tem-se, portanto, uma imagem das mais bem-acabadas de uma estrutura social constituída pela suprema indignidade, e Machado nos faz ver que a vida social nessas condições materiais é insustentável.

O Bruxo do Cosme Velho parece inscrever-se, assim, naquela bela tradição republicana, que remonta a Maquiavel (1469-1527) – o dos *Discorsi*, e não o d'*O Príncipe* –, para quem a liberdade não se resume à dimensão negativa (liberdade como não intervenção de terceiros): liberdade é, acima de tudo, ausência de dependência. É esse o nosso ponto de partida para compreendermos a situação de homens e mulheres escravizados: onde quer que haja um senhor, não haverá liberdade. Ademais disso, mesmo quando alforriados, ex-escravos não gozam de uma liberdade plena: o racismo e a proletarização garantem uma nova forma de dependência, estruturada por novas relações de produção, impedindo a autorrealização individual e o florescimento da humanidade como um todo.

Por fim, confesso que me senti genuinamente honrado por ter sido convidado a escrever este posfácio. Para além dos laços familiares e afetivos que me unem à autora e de todas as nossas convergências teórico-políticas, devo dizer que este livro me veio como um alento. Considerando a torrente de publicações lançadas todos os dias, somos frequentemente obrigados a repetir aquele lugar-comum, segundo o qual "quantidade não se confunde com qualidade": ao invés de separarmos o joio do trigo, somos cotidianamente forçados a buscar o trigo no joio. Eis aqui um verdadeiro achado. Dito isto, desejo a todos uma leitura tão agradável e inspiradora quanto a que tive e deixo, mais uma vez, os meus cumprimentos à autora.

Rio de Janeiro, 09.01.2022